本書の使い方

「監査論短答肢別チェック」は，短答式本試験対策として最適な問題集です。この問題集を繰り返し解くことで，自然に一肢（あし）ごとの正誤判断を素早く，正確に行うことができるようになると同時に，復習に時間をかける必要のある分野や論点を明確にすることができます。

本書においては，テキストレベル（Ａランク）の基本的な問題を掲載しております。法律関係等，一部Ｂランクの問題も掲載しておりますが，テキストレベルの問題が大部分を占めています。

公認会計士試験においては，細かい知識が問われることがありますが，必ずしもそれらに対応できるようにすることが合格へつながるとはいえません。細かい知識を多くおさえても，テキストレベルの知識があいまいでそれらに関する問題で失点してしまっていては，合格は遠のきます。まずは，テキストレベルの知識を正確におさえ，それらの知識に関する問題で安定した点数を稼げるようにし，可能な範囲で細かい知識をおさえることが正しい学習方針です。

よって，本書に掲載されているＡランクの問題は，可能な限り早く知識をおさえ，それを維持するようにしてください。なお，Ｂランクについては，概ねテキストレベルを超えているものとなりますので，Ａランクの問題に関する知識がおさえられるまで，確認する必要はありません。

また，本書の巻末には，簡易的な出題実績を掲載しております。監査論の短答式試験においては，必ず出題される分野が一定数存在します。巻末にて当該頻出分野を確認し，その分野を苦手とすることがないよう，繰り返し取り組んでください。

監査論肢別チェックを，効果的かつ効率的にご利用いただければ，必ずや合格の栄冠を勝ち取っていただけるでしょう。皆様の合格を祈念しております。

2024年１月

大原簿記学校　監査論科スタッフ

JN115892

［ 目 次 ］

第１章　財務諸表監査総論

第２章　意見表明の対象である財務諸表

第３章　監査主体論、監査基準論

第４章　監査実施論

第５章　監査報告論

第６章　継続企業の前提

第７章　中間監査

第８章　特別目的の財務諸表、準拠性の財務諸表の監査等

第９章　内部統制報告制度

第10章　会社法会計監査人監査

第11章　金融商品取引法

第12章　公認会計士法

第13章　職業倫理

第14章　保証業務

第15章　監査の歴史

第1章
財務諸表監査総論

第１節　監査とは

・　該当する問題なし

第２節　監査の分類

A　1　財務諸表監査における監査対象は企業の公表する財務諸表であるから、財務諸表作成上の経営者の判断・見積り、財務諸表作成の基礎となった会計記録やその作成に関する行為・取引事実は調査の対象とはならない。

A　2　財務諸表の適否について意見を表明するためには、それに関連する取引等を調査する必要がある。よって、財務諸表の監査は、実態監査であるといえる。

第３節　公認会計士の監査領域

A　1　任意監査も含め、財務書類の監査証明業務は、公認会計士の独占業務である。

第４節　財務諸表の監査の必要性

A　1　財務諸表監査が必要な理由の４つのうち、最も重要なのは、利害の対立である。

A　2　財務諸表監査が必要な理由の一つとして挙げられる利害の対立は、それ単独で監査を必要とさせるものである。

第５節　財務諸表の監査の機能

A　1　財務報告は、企業の財政状態、経営成績及びキャッシュ・フローの状況に関する情報を財務諸表の利用者に提供することを目的とする。監査人は、財務諸表の適正表示に関する意見を表明することで、企業の財政状態、企業活動の有効性や効率性等について保証を与えることになる。

A　2　内部統制の不備を発見した場合、指導機能を発揮して被監査会社にその改善を求めることは、実態監査の領域であるから、財務諸表の監査を担当する監査人は行ってはならない。

A　3　財務諸表監査には、財務諸表とそのもととなった会計処理を批判的に検討する機能及び当該会計処理に対し助言する機能があるが、被監査会社の会計システムの構築支援を行うことは、後者の機能に該当する。

Personal-Date-Check

第１節　監査とは

第２節　監査の分類

１：　【×】　対象とはならない　→　対象となる

監査人は、財務諸表の適否に関する意見を表明するために、財務諸表作成上の経営者の判断・見積り、財務諸表作成の基礎となった会計記録やその作成に関する行為・取引事実を調査対象とする。上巻p. 15

２：　【×】　実態監査とはいえない。

財務諸表監査は、財務諸表の適否について意見を表明するため、たとえその過程で取引行為等を調査したとしても情報監査であり、実態監査ではない。上巻p. 15

第３節　公認会計士の監査領域

１：　【○】　正しい。上巻p. 17

第４節　財務諸表の監査の必要性

１：　【○】　正しい。上巻p. 19

２：　【×】　単独で監査を必要とさせるものではなく、複数の理由が相互に作用することにより監査への需要を作り出す。　上巻p. 19

第５節　財務諸表の監査の機能

１：　【×】　財務諸表監査の監査意見は、企業の財政状態、企業活動の有効性や効率性等について保証したりするものではない。（監基報200Ａ１項）令和２年第Ｉ回本試験　上巻p. 20

２：　【×】　実態監査と情報監査は、何を監査意見の対象とするかどうかで区別される。したがって、内部統制の不備につき被監査会社にその改善を要求することが必ずしも実態監査の領域となるわけではない。よって、監査人は、内部統制の不備を発見することについて、被監査会社に改善を求めることができる。上巻 p. 20

３：　【×】　被監査会社の会計システムの構築支援は、監査証明業務において果たされる、会計処理に対し助言する機能を超えるものであり、非監査証明業務に該当する。(独立性に関する法改正対応解釈指針第４号第５項（２）①）平成 31 年本試験第Ⅱ回　上巻 p. 20

A　4　資本市場における財務諸表監査の目的は､企業の財務内容に関する情報を提供することではなく、当該情報の信頼性を担保することである。

B　5　公認会計士による財務諸表監査の制度は、企業内容に関する情報を提供することを第一義的な目的とするものではないが、財務諸表の信頼性を担保することにより、企業による財務状況の的確な把握と適正な開示を確保し、適正・円滑な経済活動を支えるインフラストラクチャーとしての役割を担っている。

B　6　公認会計士監査は，財務情報の信頼性を担保する役割があるが，その過程で発見した内部統制の不備や不正行為の是正を促す機能を有することから，コーポレート・ガバナンスを支援するという役割も有している。

第６節　監査の固有の限界

A　1　監査の固有の限界は、財務報告の性質、監査手続の性質、監査を合理的な期間内に合理的なコストで実施する必要性を原因として生じる。

A　2　監査人は、財務諸表に対して絶対的な程度の信頼性の保証を付与することができない。これは、財務諸表の特性や監査の固有の限界に起因する。

A　3　監査を合理的な期間内に合理的なコストで実施する必要性など、財務諸表監査には固有の限界があるため、監査人が結論を導き、意見表明の基礎となる監査証拠の大部分は、絶対的というより心証的なものとなる。

A　4　監査人は、関連する全ての情報を入手したという保証を得るための監査手続を実施することにより、情報の網羅性について確信を持つことができる。

A　5　監査人は、記録や証憑書類の鑑定の技能を習得していないし、そのような鑑定の専門家であることも期待されていない。

A　6　監査手続の実施が容易でないこと、又は実施の時期や費用の問題は、監査人が代替手続のない監査手続を省略したり、心証を形成するに至らない監査証拠に依拠したりする理由となる。

Personal-Date-Check

4：　【○】　正しい。企業に関する情報を提供する責任を負うのは経営者であり、監査人による意見の表明は、財務諸表に対する信頼性を担保するために行われる。平成31年本試験第Ⅱ回　上巻p. 20・25

5：　【○】　正しい。(監査基準の改訂について（平成14年）一１）令和４年第Ⅰ回本試験

6：　【○】　正しい。令和５年第Ⅱ回本試験

第６節　監査の固有の限界

1：　【○】　正しい。上巻p. 22

2：　【○】　正しい。(監基報200A44項）平成31年本試験第Ⅱ回　上巻p. 22

3：　【○】　正しい。(監基報200A44項）平成31年本試験第Ⅰ回　上巻p. 22

4：　【×】　監査人は、関連する全ての情報を入手したという保証を得るための監査手続を実施しても、情報の網羅性について確信を持つことはできない。（監基報200A46項）　上巻p. 23

5：　【○】　正しい。(監基報200A46項）　上巻p. 23

6：　【×】　監査手続の実施が容易でないこと、又は実施の時期や費用の問題は、監査人が代替手続のない監査手続を省略したり、心証を形成するに至らない監査証拠に依拠したりする理由とはならない。(監基報200A47項）　上巻p. 24

第７節　二重責任の原則

A　1　二重責任の原則とは、経営者が負う財務諸表の作成責任と、当該財務諸表の適正表示に関する意見表明に対する監査人の責任を明確に区別する原則をいう。

A　2　監査人は、財務諸表の作成について経営者が新しい会計基準の適用に関する助言を求めてきた場合、二重責任の原則に反しなければ、助言の要請に応じることができる。

A　3　経営者に対し、財務諸表の作成に関する命令を与えることも監査人の指導機能に含まれる。

A　4　監査人が、財務諸表監査の実施過程において発見した財務諸表上の不適切な事項について、経営者に対し訂正を勧告し、経営者が勧告を受け入れた場合、訂正された表示に関しては、監査人が責任を負う。

A　5　監査人による指導機能の発揮は、二重責任の原則に反するものであるが、経営者と監査人が協力して、真実かつ公正な財務諸表を利害関係者に提供するという財務諸表の監査制度の目的を果たすために必要とされている。

A　6　財務諸表監査における二重責任の原則とは，経営者と公認会計士が，適正な財務諸表を作成する責任を分担して負うことを意味するものであり，利用者の意思決定に有用な財務諸表を提供するために必要不可欠な原則である。

A　7　経営者の責任と監査人の責任が明確に区別されず、財務諸表の作成過程に監査人自身が関与することになれば、監査人の結論の客観性が失われ、監査人による監査が自己監査になるため、これを防ぐことに二重責任の原則の意義がある。

B　8　監査人は、二重責任の原則に抵触しないようにするために、経営者が財務諸表を完成するまでの間は指導・助言を行ってはならない。

Personal-Date-Check

第７節　二重責任の原則

１：　【○】　正しい。（監基報（序）付録５）上巻p. 25

２：　【○】　正しい。上巻 p. 25

３：　【×】　命令を与えることはできない
財務諸表の作成責任は経営者が負っており、監査人は財務諸表の修正等について命令を与えることはできない。　上巻p. 25

４：　【×】　監査人による訂正の勧告を経営者が受け入れた場合でも、訂正された表示も含めて、財務諸表に責任を負うのは、経営者である。平成 31 年本試験第Ⅱ回　上巻 p. 25

５：　【×】　二重責任の原則に反しない
指導機能とは、被監査会社が適正な財務諸表を作成し公表できるよう、監査人が発見した会計処理の誤りや内部統制の不備等を修正、改善するように被監査会社に対して必要な助言を行い指導する機能であり、財務諸表の作成に関与しない範囲で発揮されるものである。したがって、監査人による指導機能の発揮は、二重責任の原則に反しない。　上巻p. 25

６：　【×】　二重責任の原則とは，経営者の財務諸表作成責任と，監査人の意見表明責任を区別する原則であり，経営者と公認会計士が，適正な財務諸表を作成する責任を分担して負うわけではない。(監査基準の改訂について（平成 14 年）三１（１)）令和５年第Ｉ回本試験　上巻 p. 25

７：　【○】　正しい。令和３年第Ｉ回本試験　上巻 p. 25

８：　【×】　二重責任の原則との関係で問題になるのは、監査人が経営者に財務諸表を修正するよう強制することや監査人自身が財務諸表を修正することであり、監査人が指導機能を発揮し、経営者が適正な財務諸表を作成できるように、財務諸表を完成させる前に助言・指導することが問題となるわけではない。平成24年第Ⅱ回本試験

第2章
意見表明の対象である財務諸表

第１節　財務諸表の作成責任

第２節　財務諸表の作成基準

第３節　内部統制システム

第１節　財務諸表の作成責任

Ａ　１　株式会社において，経営者は株主が拠出した資本を適切に管理・運用する受託責任を負い，この結果について株主に会計報告を行う。この会計報告に対する公認会計士の監査は，経営者の説明責任の適切な履行に貢献する。

第２節　財務諸表の作成基準

・　該当する問題なし

第３節　内部統制システム

Ａ　１　内部統制システムは、基本的に、事業経営の有効性及び効率性、財務報告の信頼性を確保するなどの目的の達成のために経営者のみによって遂行されるプロセスである。

Ａ　２　内部統制の目的はそれぞれに独立しているが、相互に関連している。

Ａ　３　誠実性や倫理観は、統制環境と考えられるが、取締役会や監査役等が有する機能は統制環境には該当しない。

Ａ　４　内部統制システムを監視する企業のプロセスは、企業の内部統制システムの有効性を評価し、必要な是正措置を適時に行うための継続的なプロセスであり、日常的監視活動、独立的評価、又はその二つの組合せによって構成される。

Ａ　５　内部統制は、判断の誤り、不注意、複数の担当者による共謀によって有効に機能しなくなる場合がある。

Ａ　６　我が国の内部統制の基本的枠組みは、国際的な内部統制の枠組みである米国のＣＯＳＯ報告書を基本的に踏襲しているため、両者には相違がない。

Personal-Date-Check

□ □ □

第１節　財務諸表の作成責任

１：　【○】　正しい。令和５年第Ⅱ回本試験　上巻p. 28

第２節　財務諸表の作成基準

・　該当する問題なし

第３節　内部統制システム

１：　【×】　内部統制システムは、企業内のすべての者により、整備及び運用されている仕組みである。（監基報315第11項（12））　上巻p. 29

２：　【○】　正しい。（財務報告に係る内部統制の評価及び監査の基準Ⅰ１（注））上巻p. 31

３：　【×】　取締役会及び監査役等の有する機能も誠実性や倫理観同様、統制環境と考えられる。（財務報告に係る内部統制の評価及び監査の基準Ⅰ２（１）①・④）　上巻p. 32

４：　【○】　正しい。（監基報315付録３　10）上巻p. 34

５：　【○】　正しい。（監基報315付録３　22・23）上巻p. 39

６：　【×】　相違がない　→　相違はある

我が国の内部統制の基本的枠組みは、ＣＯＳＯ報告書の枠組みを基本的に踏襲しつつも、我が国の実情を反映し、ＣＯＳＯ報告書の３つの目的と５つの構成要素にそれぞれ１つずつ加え、４つの目的と６つの基本的要素としている。（財務報告に係る内部統制の評価及び監査の基準並びに財務報告に係る内部統制の評価及び監査に関する実施基準の設定について二（１））　上巻p. 31、37

A　7　内部統制の目的を達成するには、全ての基本的要素が有効に機能していることが必要であるが、それぞれの基本的要素は、内部統制の目的の全てに必要になるというわけではない。

A　8　内部統制は、その目的を達成するための要件が定められており、企業ごとに異なることは認められず、どのように整備・運用するのかについて一律に示されている。

A　9　企業において「ガバナンスに責任を有する者」とは、企業の戦略的方向性と説明責任を果たしているかどうかを監視する責任を有する者又は組織をいい、我が国においては、会社法の機関の設置に応じて、取締役会、監査役若しくは監査役会、監査等委員会又は監査委員会が該当する。

7：　【×】　内部統制の目的を達成するためには、全ての基本的要素が有効に機能していることが必要であり、それぞれの基本的要素は、内部統制の目的の全てに必要になるという関係にある。（財務報告に係る内部統制の評価及び監査の基準Ⅰ１）　上巻 p. 38

8：　【×】　内部統制をどのように整備し、運用するかについては、個々の組織が置かれた環境や事業の特性等によって異なるものであり、一律に示すことはできず、内部統制は、企業ごとに異なるものである。　上巻p. 40

9：　【○】　正しい。（監基報200第12項（14））令和４年第Ⅰ回本試験　上巻p. 39

第3章
監査主体論、監査基準論

第１節　監査主体論

第２節　職業倫理

第３節　一般に公正妥当と認められる監査の基準

第１節　監査主体論

・　該当する問題なし

第２節　職業倫理

・　専門能力及び知識

A　1　監査人は、職業的専門家として、その専門能力の向上と実務経験等から得られる知識の蓄積に常に努めなければならない。

A　2　監査人に求められる専門能力及び実務経験等から得られる知識は、資本市場の国際化、会計処理の技術的進展、会計基準の高度の専門化などにより、絶えず変化する可能性がある。そのため、監査人には、こうした能力の維持・研鑽に努め、実務経験を積むことが要求される。

A　3　監査人に要求される職業的専門家としての専門能力の向上と、実務経験等から得られる知識の蓄積は、法令によって強制されておらず、日本公認会計士協会が自主的に設けている研修制度によって担保されている。

・　独立性

A　1　監査人は、監査を行うに当たって、常に公正不偏の態度を保持し、独立の立場を損なう利害や独立の立場に疑いを招く外観を有してはならない。

A　2　監査人は、監査の実施に当たって、精神的に公正不偏の態度を保持することが求められ、独立性の保持を最も重視しなければならない。

A　3　監査人に精神的独立性が要求されるのは、公正な監査意見を表明し、監査の公正性を確保することによって、財務諸表の監査における証明水準を一定以上に維持・確保し、財務諸表の監査の社会的信頼性を確保するためである。

A　4　監査人が有すべき独立性は、一般に精神的独立性と外観的独立性からなるが、外観的独立性が損なわれれば精神的独立性も失われてしまう可能性がある。

A　5　監査人は、監査の実施に当たって、独立の立場を損なう特定の利害関係や外観を呈することがあってはならない。その主な理由は、こうした利害関係や外観が、公正不偏の態度に影響を及ぼす可能性があるからである。

Personal-Date-Check

第１節　監査主体論

第２節　職業倫理

・　専門能力及び知識

1：　【○】　正しい。（一般基準１）上巻p. 44

2：　【○】　正しい。（監査基準の改訂について（平成14年）三２（１））令和２年第Ⅰ回本試験　上巻p. 45

3：　【×】　公認会計士法第28条においては、「公認会計士は、内閣府令で定めるところにより、日本公認会計士協会が行う資質の向上を図るための研修を受けるものとする。」と規定されており、法令によって強制されている。（公認会計士法第28条）平成29年第Ⅱ回本試験　上巻p. 44

・　独立性

1：　【○】　正しい。（一般基準２）上巻p. 46

2：　【○】　正しい。（監査基準の改訂について（平成14年）三２（２））上巻p. 46

3：　【○】　正しい。上巻p. 47

4：　【○】　正しい。（一般基準２、監査基準の改訂について（平成14年）三２（３））令和２年第Ⅱ回本試験　上巻p. 48

5：　【○】　正しい。令和３年第Ⅰ回本試験　上巻p. 48

A　6　公正不偏性と外観的独立性からなる監査人の独立性は、財務諸表監査の最も重要な存立基盤の一つであり、監査人はその保持に努めなければならない。

A　7　監査人が，監査の過程で矛盾する監査証拠に直面したが，これまで大きな問題がなかったため，追加的な監査手続を実施しなかった状況は、精神的独立性の欠如が直接的に認められる状況である。

A　8　監査人が，当初計画していた子会社への往査について，経営者から合理的な理由がないにもかかわらず往査を拒否されたため，やむをえず，往査を実施しなかった状況は、精神的独立性の欠如が直接的に認められる状況である。

A　9　監査人は，被監査会社より，当年度の利益目標を達成するために，一部の費用を次年度に繰り延べたいと相談されたため，次年度に繰り延べることを容認した状況は、精神的独立性の欠如が直接的に認められる状況である。

C　10　監査人が有してはならない外観的独立性を損なう利害関係は、法令によって具体的に規定されており、また監査人が有すべき精神的独立性の具体的な判断基準に関しても、法令上規定されている。

6：　【○】　正しい。（監査基準の改訂について（平成14年）三２（２））平成31第Ⅱ回本試験　上巻p. 46

7：　【×】　本肢の状況で追加的な監査手続を実施しないことは，正当な注意を払っていない状況であると言えるため，精神的独立性の欠如が直接的に認められる状況とはならない。令和５年第Ⅱ回本試験　上巻p. 47・49

8：　【○】　正しい。経営者により監査の妨害を受けている状況において，それを受け入れているのは，他者の影響力を受けていると言え，精神的独立性が欠如している状況である。よって，本肢の状況は，精神的独立性の欠如が直接的に認められる状況となる。令和５年第Ⅱ回本試験　上巻p. 47

9：　【○】　正しい。一部の費用を次年度に繰り延べることを認めるのは，他者の影響力を受けており、意図的に虚偽表示を看過することであるため，本肢の状況は，精神的独立性の欠如が直接的に認められる状況となる。令和５年第Ⅱ回本試験　上巻p. 47

10：　【×】　監査人が有してはならない外観的独立性を損なう利害関係は、公認会計士法などにより具体的に規定されている。しかし、監査人が有すべき精神的独立性（公正不偏の態度）の保持を求める法令上の規定はなく、具体的な判断基準に関しても法令上は規定されていないため、誤りである。なお、精神的独立性の保持を求める法令以外の規定（監査基準等）は存在する。（公認会計士法第24条参考）令和２年第Ⅱ回本試験

・　職業的専門家としての正当な注意及び職業的懐疑心

A　1　監査人は、職業的専門家としての正当な注意を払い、懐疑心を保持して監査を行わなければならない。

A　2　正当な注意の内容は固定的なものであり、状況に応じて異なるものではない。

A　3　正当な注意として求められる水準は、監査業務に従事する監査人として当然に払うべき注意の水準であって、職業的専門家がその職業や社会的地位等に鑑みて、通常、期待されるものである。

A　4　監査人が、誤った意見を表明した際に責任を負うのは、故意に誤った意見を表明した場合及びその業務に過失がある場合である。

A　5　正当な注意は、監査人が虚偽の監査証明を行ったときに、監査人の故意又は過失の有無を判断するという側面がある。

A　6　抽象的な正当な注意を具体化したものが一般に公正妥当と認められる監査の基準である。

A　7　正当な注意の具体的内容は、企業会計審議会が公表する「監査基準」や日本公認会計士協会が公表する「監査基準報告書」などの実務指針において規定されている。

A　8　懐疑心とは、誤謬又は不正による虚偽表示の可能性を示す状態に常に注意し、監査証拠を鵜呑みにせず、批判的に評価する姿勢をいう。また、懐疑心の考え方は、経営者が誠実であるとも不誠実であるとも想定しないというという中立的な観点である。

A　9　現在の職業的懐疑心の考え方は、監査を行うに際して経営者が誠実でないと想定している。そのため、監査人が行った質問に経営者が誠実に対応したとしても、監査人は、財務諸表の重要な虚偽表示の可能性がありうることを認識し、監査手続を慎重に実施する姿勢で臨むことが求められる。

A　10　金融商品取引法監査を前提とした場合、投資者が、財務計算に関する書類について重要な事項について虚偽の記載があることを知らず、これにより投資意思決定を誤って損害を被った場合、当該財務計算に関する書類を監査した公認会計士又は監査法人は、その虚偽の記載を看過したことにつき、自ら故意又は過失がなかったことを証明しない限り、当該投資者に対して、その損害を賠償する責任を負う。

Personal-Date-Check

・　職業的専門家としての正当な注意及び職業的懐疑心

1：　【○】　正しい。（一般基準３）上巻p. 49

2：　【×】　正当な注意の内容は固定的なものではなく、状況に応じて異なるものである。上巻p. 49

3：　【○】　正しい。正当な注意は、社会的役割期待の反映と言われている。令和２年第Ⅱ回本試験　上巻p. 49

4：　【○】　正しい。上巻p. 50

5：　【×】　故意又は過失の有無　→　過失の有無

正当な注意を払ったか否かは、過失責任の有無を決定するのであって、故意か否かは、精神的独立性（公正不偏の態度）を保持したか否かの問題である。　上巻p. 50

6：　【○】　正しい。上巻p. 50

7：　【○】　正しい。上巻p. 50

8：　【○】　正しい。上巻p. 52

9：　【×】　現在の職業的懐疑心の考え方は、監査を行うに際し、経営者が誠実であるとも不誠実であるとも想定していない。（監査における不正リスク対応基準の設定について二４（２））令和３年第Ⅰ回本試験　上巻p. 52

10：　【○】　正しい。（金融商品取引法第21条第１項第３号、第22条、第24条の４）令和４年第Ⅱ回本試験改題　上巻p. 51

A　11　監査人は、職業的専門家としての過去の経験に基づいて、取締役や監査役は信頼できると認識した場合、監査の効率的な実施の観点から、職業的懐疑心を保持する必要性を軽減できる。

A　12　監査人は、財務諸表において重要な虚偽表示となる状況が存在する可能性のあることを認識し、監査計画の策定から、その実施、監査証拠の評価、意見の形成に至るまで、職業的懐疑心を保持しなければならない。

A　13　職業的懐疑心は、監査証拠を批判的に評価するために必要である。これは、監査証拠の矛盾や、記録や証憑書類の信頼性、又は経営者や監査役等から入手した質問への回答又はその他の情報の信頼性について、疑念を抱くことを含む。

A　14　職業的懐疑心は、監査を行うに際して経営者が不誠実であるとは想定しないが、監査証拠の評価は批判的に行う姿勢をいう。

A　15　職業的懐疑心は、誤謬又は不正による虚偽表示の可能性を示す状態に常に注意し、監査証拠を鵜呑みにせず、批判的に評価する姿勢をいい、経営者に対しては不誠実であるとの前提を置くことである。

A　16　監査人が、記録や証憑書類の真正性に疑いを抱く理由がない場合であっても、記録や証憑書類の真正なものとして受け入れてはならない。

A　17　監査人は、真正なものとして受け入れた記録や証憑書類を監査証拠として利用する場合には、その信頼性を検討しなければならない。

A　18　監査人は、一般に公正妥当な監査の基準に準拠して、全体としての財務諸表に重要な虚偽表示がないことについての合理的な保証を得たが、重要な虚偽表示が事後的に発見された場合には、一般に公正妥当と認められる監査の基準に準拠して監査が実施されなかったとみなされる。

A　19　監査人に求められる職業的懐疑心の保持は、正当な注意義務に含まれるものであり、監査人が職業的懐疑心を常に保持して監査を行うことが、重要な虚偽の表示の指摘につながることを特に強調するために、監査基準では正当な注意とともに列記されている。

Personal-Date-Check

11：　【×】　監査人が、過去の経験に基づいて、経営者、取締役等及び監査役等は信頼が置ける、又は誠実であると認識していたとしても、それによって職業的懐疑心を保持する必要性が軽減されるわけではない。（監基報200Ａ21項）令和３年第Ⅰ回本試験　上巻p. 52

12：　【○】　正しい。（監査基準の改訂について（平成14年）三２（３））令和３年第Ⅰ回本試験　上巻p. 52

13：　【○】　正しい。（監基報200Ａ19項）　上巻p. 52

14：　【○】　正しい。（監査における不正リスク対応基準の設定について二４（２））平成29年第Ⅱ回本試験　上巻p. 52

15：　【×】　職業的懐疑心の考え方は、監査を行うに際し、経営者が誠実であるとも不誠実であるとも想定しないという中立的な観点である。よって、本肢後半の「経営者に対しては不誠実であるとの前提を置くことである」の部分が誤りである。なお、前半部分は正しい。（監査における不正リスク対応基準の設定について二４（２）、監基報200第12項（11））令和２年第Ⅱ回本試験　上巻p. 52

16：　【×】　監査人は、記録や証憑書類の真正性に疑いを抱く理由がある場合を除いて、通常、記録や証憑書類を真正なものとして受け入れることができる。（監基報200Ａ20項）上巻p. 52

17：　【○】　正しい。（監基報200Ａ20項）令和２年第Ⅱ回本試験　上巻p. 52

18：　【×】　財務諸表の重要な虚偽表示が事後的に発見された場合でも、そのこと自体が、一般に公正妥当と認められる監査の基準に準拠して監査が実施されなかったことを示すものではない。監査が一般に公正妥当と認められる監査の基準に準拠して実施されたかどうかは、監査人の総括的な目的に照らして、状況に応じて実施された監査手続、その結果得られた監査証拠の十分性と適切性、及びその監査証拠の評価に基づいた監査報告書の適切性によって判断される。(監基報 200Ａ51 項）平成 31 年第Ⅱ回本試験　上巻 p. 50

19：　【○】　正しい。(一般基準３、監査基準の改訂について（平成 14 年）三２（３))平成 30 年第Ⅰ回本試験　上巻 p. 49、52

A　20　監査人による職業的懐疑心の保持や発揮が適切であったか否かは、具体的な状況において監査人が行った監査手続の内容で判断される。

A　21　監査人に求められる職業的懐疑心は、現在特に重視されており、監査人は、財務諸表監査を行うに際し、経営者が誠実であるという想定は認められず、経営者は不誠実であるという想定をして監査を行う場合がある。

B　22　監査において、職業的懐疑心を保持することは、実施する監査手続の種類、時期及び範囲の決定並びにその結果の評価において不適切な仮定を使用するリスクを抑えることに役立つ。

・　秘密の保持義務

A　1　監査人は、業務上知り得た秘密を正当な理由なく他に漏らし、又は窃用してはならない。

A　2　監査人は、業務上知り得た事項を正当な理由なく他に漏らし、又は窃用してはならず、その対象は、未公表の情報の全てに及ぶ。

A　3　守秘義務は、監査人に対する被監査会社側からの根強い不信感を背景として、監査人の守秘義務を規定したもので、職業的専門家としての正当な注意の一面をなすものであるが、監査を受ける企業との信頼関係及び、監査業務の効率的な遂行のために重要であることから別に規定されている。

A　4　監査人による守秘義務の遵守は、被監査会社との間の信頼関係の上に立った監査業務の有効かつ効率的な遂行を可能にするものであることから、公正不偏の態度の保持の一環であり、それに包含されるものである。

A　5　守秘義務は、正当な理由があっても解除されることはない。

第３節　一般に公正妥当と認められる監査の基準

A　1　我が国において一般に公正妥当と認められる監査の基準とは、監査人が準拠すべき基準をいい、監査の実施時に適用される監査基準（法令により準拠が求められている場合は、監査における不正リスク対応基準を含む。）並びに日本公認会計士協会が公表する監査実務指針から構成される。

A　2　監査人が財務諸表は適正に表示されているとの意見を表明することには、財務諸表には全体として重要な虚偽の表示がないことの合理的な保証を得たとの自らの判断が含まれている。

Personal-Date-Check

20：【○】 正しい。(監査における不正リスク対応基準の設定について二４（２）) 平成 31 年第Ⅰ回本試験　上巻 p. 49、50

21：【×】 監査人に求められる職業的懐疑心は、監査を行うに際し、経営者が誠実であるとも不誠実であるとも想定しないという中立的な観点に基づくものである。（監査における不正リスク対応基準の設定について二４（２））平成31年第Ⅰ回本試験　上巻p. 52

22：【○】 正しい。本肢のリスクの他に、通例でない状況を見落とすリスク、監査手続の結果について十分な検討をせずに一般論に基づいて結論を導いてしまうリスクを抑えることにも役立つ。（監基報200Ａ18項）令和３年本試験

・　秘密の保持義務

1：【○】 正しい。（一般基準８）上巻p. 53

2：【×】 監査人は、業務上知り得た秘密を正当な理由なく他に漏らし、又は窃用してはならず、その対象は、未公表の情報の全てではない。（一般基準８）上巻p. 53

3：【○】 正しい。上巻p. 53

4：【×】 監査人による守秘義務の遵守は、職業的専門家としての正当な注意の一面をなすものであるが、特に重要であることから、一般基準８として別に規定されている。ゆえに、公正不偏の態度の保持の一環とする本肢は誤りである。（監査基準の改訂について（平成14年）三２（７））上巻p. 53

5：【×】 守秘義務は、正当な理由があれば解除されるものである。上巻p. 53

第３節　一般に公正妥当と認められる監査の基準

1：【○】 正しい。（監基報（序）付録５）上巻p. 55

2：【○】 正しい。（監査基準の改訂について（平成14 年）三１（４））上巻p. 56

A　3　我が国においては、監査基準が最初に公表されたときから監査の目的が明確に規定されていた。

A　4　かつて、監査基準は、監査実務の中に慣習として発達したもののなかから、一般に公正妥当と認められたところを帰納要約した原則であると述べられていた。現在の監査基準の設定においては、監査基準は、国際的な議論の動向や、日本の公認会計士監査をより実効性のあるものとする観点から改訂されることもある。

A　5　合理的な保証を得たとは、監査が対象とする財務諸表の性格的な特徴や監査の特性などの条件がある中で、職業的専門家としての監査人が一般に公正妥当と認められる監査の基準に従って監査を実施して、絶対的ではないが相当程度の心証を得たことを意味する。

A　6　「監査の目的」では、財務諸表の監査の目的は、財務諸表が企業の財政状態、経営成績及びキャッシュ・フローの状況を適正に表示しているかどうかについて、監査人が意見を表明すること並びに財務諸表には全体として重要な虚偽の表示がないことについて監査人が合理的な保証を得ることとされている。

A　7　「監査基準」では、財務諸表の作成に対する経営者の責任と、その財務諸表の適正表示に関する意見表明に対する監査人の責任との区別を明示している。

A　8　監査基準に監査の目的が規定された理由の一つに、利害関係者を啓発することによって期待ギャップの縮小を図り、財務諸表監査の信頼性を回復させることが挙げられる。

A　9　監査基準は、監査実務の中に慣習として発達したものの中から一般に公正妥当と認められたものを帰納要約したものであり、公認会計士や監査法人が実施する法定された財務諸表監査のみに対する質的下限を定めたものである。

A　10　監査基準は、任意監査には適用されない。

A　11　監査基準は、財務諸表監査に関係する法令の規定が監査基準の定めと異なる場合には、監査基準ではなく当該法令が優先して適用されることになる。

Personal-Date-Check

3：　【×】　監査基準において、「監査の目的」が規定されたのは、平成14年の監査基準の改訂時である。（監査基準の改訂について（平成14年）三１）上巻p. 57

4：　【○】　正しい。(監査基準の改訂について（平成 14 年）二１）平成 29 年第Ⅰ回本試験　上巻 p. 60

5：　【○】　正しい。(監査基準の改訂について（平成 14　年）三１（５））上巻 p. 57

6：　【×】　財務諸表の監査の目的は、財務諸表が企業の財政状態、経営成績及びキャッシュ・フローの状況を「すべての重要な点において」適正に表示しているかどうかについて、監査人が意見を表明することである。（監査基準の改訂について（平成14年）三１（２））平成29年第Ⅱ回本試験　上巻p. 56

7：　【○】　正しい。（監査基準の改訂について（平成14年）三１（１））平成28年第Ⅰ回本試験　上巻p. 56

8：　【○】　正しい。（監査基準の改訂について（平成14年）三１）平成31年第Ⅱ回本試験　上巻p. 57

9：　【×】　監査基準は、法定監査のみではなく、公認会計士監査のすべてに共通するものである。（監査基準の改訂について（平成14年）二３）平成31年第Ⅱ回本試験　上巻p. 59

10：　【×】　監査基準は、公認会計士監査のすべてに共通するものであり、任意監査にも適用される。(監査基準の改訂について（平成 14 年）二３）上巻 p. 59

11：　【○】　正しい。（監基報200Ａ54項）上巻p. 60

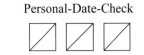

A　12　監査実務指針を実務に適用するに当たって、日本公認会計士協会が公表する監査に関する実務ガイダンス、周知文書、研究文書及び一般的に認められている監査実務慣行が参考になることがあるため、これらは監査実務指針の一部を構成するものとみなされる。

A　13　監査人は、監査の対象となる財務諸類がどのような構成であったとしても、監査報告書においては同様の文言で意見を表明する必要がある。

A　14　監査人が、発見事項に従って財務諸表について監査意見を表明するとともに、監査基準報告書により要求されるコミュニケーションを行うことは、財務諸表監査の実施における監査人の総括的目的に含まれる。

A　15　「一般基準」は、かつては職業的専門家としての監査人の人的要件を定めるものであったが、現在では人的要件に加えて、重要な虚偽の表示が財務諸表に含まれる可能性の考慮や、監査報告書の基本的な機能等、監査の実施と報告に関する基本的な事項も含まれている。

A　16　法令の規定が監査基準及び監査実務指針と異なる場合，法令のみに準拠して実施された監査であっても，一般に公正妥当と認められる監査の基準に準拠したものとはならないことがある。

A　17　公認会計士又は監査法人は、金融商品取引法に基づき上場会社の財務諸表の監査を行うに当たって、日本公認会計士協会が定める監査の実務指針にしたがって監査を行っているが、この監査の実務指針は監査の慣行に当たり、法令上は、こうした監査の慣行に従うことまでは求められていない。

A　18　公認会計士又は監査法人は、親会社の依頼に基づき、任意監査として子会社の財務諸表の監査を行う場合、企業会計審議会が公表する監査基準に準拠して監査を行うことが求められる。

A　19　監査基準報告書は、企業会計審議会が公表する監査基準（法令により準拠が求められている場合は、監査における不正リスク対応基準を含む。）を実務に適用するために具体的・詳細に規定したものであり、「監査実務指針」の中核となるものである。

A　20　一般に公正妥当と認められる監査の基準に準拠した監査は、経営者が監査実施の基礎となる自らの責任を認識しているという前提に基づいて実施される。したがって、監査人による無限定適正意見の表明は、この前提を含めて当該財務諸表の信頼性を保証し、経営者の責任を軽減する。

Personal-Date-Check

12：【×】 監査実務指針を実務に適用するに当たって、日本公認会計士協会が公表する監査に関する実務ガイダンス、周知文書、研究文書及び一般的に認められている監査実務慣行が参考になることがあるが、これらは監査実務指針の一部を構成するものではない。（監基報（序）第３項）平成29年第Ⅱ回本試験類題　上巻p. 61

13：【×】 例えば、計算書類には、キャッシュ・フロー計算書は含まれないことから、会社法監査の監査報告書においては、キャッシュ・フローの状況に関する意見は表明されない。ゆえに、本肢は誤りである。(監査の目的１、監基報 700 実１文例 11）上巻 p. 59

14：【○】 正しい。(監基報 200 第 10 項（２)）平成 29 年本試験第Ⅱ回　上巻 p. 58

15：【×】 一般基準には、監査報告書の基本的な機能等や、監査の実施と報告に関する基本的な事項に関する規定は含まれていない。(監査基準の改訂について（平成 14 年）三２、一般基準）平成 29 年第Ⅱ回本試験　上巻 p. 58

16：【○】 正しい。（監基報200Ａ54項）令和５年第Ⅰ回本試験　上巻p. 60

17：【×】 日本公認会計士協会が定める監査実務指針（監基報等）は、企業会計審議会が公表する監査基準を実務に適用するために具体的・詳細に規定したものであり、我が国における一般に公正妥当と認められる監査の基準の一部を構成するものである。そして、監査実務慣行ではない。また、監査実務慣行は、監査実務指針を構成するものではない。（監基報（序）第２・３項）令和２年第Ⅰ回本試験　上巻p. 61

18：【○】 正しい。（監査基準の改訂について（平成14年）二１）令和２年第Ⅰ回本試験　上巻p. 59

19：【○】 正しい。（監基報（序）第２項）　上巻p. 61

20：【×】 一般に公正妥当と認められる監査の基準に準拠した監査は、経営者が監査実施の基礎となる経営者の責任を認識しているという前提に基づいて実施される。財務諸表監査は、経営者又は監査役等のこれらの責任を軽減するものではない。(監基報 200 第４項）令和３年本試験　上巻 p. 61

第4章
監査実施論

第１節　監査業務の一年の流れ

・　該当する問題なし

第２節　財務諸表の適正性の立証プロセス、監査証拠

・　立証プロセス、アサーション、意見を表明するための基礎

A　1　アサーションとは、経営者が財務諸表において明示的に提示するものであり、明示的ではないものは、アサーションではない。

A　2　監査要点とは、監査人が、自己の意見形成の基礎となる十分かつ適切な監査証拠を入手するために、経営者が提示するアサーションに対して設定する立証すべき目標をいい、実在性、網羅性、権利と義務の帰属、評価の妥当性、期間配分の適切性及び表示の妥当性等をいう。

・　監査証拠、十分かつ適切な監査証拠

A　1　監査証拠とは、監査人が意見表明の基礎となる個々の結論を導くために利用する情報をいう。監査証拠は、財務諸表の基礎となる会計記録に含まれる情報及びその他の情報源から入手した情報からなる。

A　2　監査証拠は、監査意見及び監査報告書を裏付けるために必要である。監査証拠は、累積的な性質のものであり、監査の過程で実施した監査手続のみから入手する。

A　3　監査証拠は、アサーションを裏付ける情報と情報がないことそれ自体から構成される。しかし、アサーションと矛盾する情報は監査証拠ではない。

A　4　監査証拠の十分性は、監査証拠の量的尺度である。

A　5　必要な監査証拠の量は、監査人が評価した虚偽表示リスクの程度によって影響を受ける。

A　6　必要な監査証拠の量は、監査証拠の質が高いほど、より少ない監査証拠で済む。しかし、数多くの監査証拠を入手したとしても、監査証拠の質の低さを補完することはない。

Personal-Date-Check

第１節　監査業務の一年の流れ

第２節　財務諸表の適正性の立証プロセス、監査証拠

1：　【×】　アサーションとは、経営者が財務諸表において明示的か否かにかかわらず提示するものである。(監基報 315 第 11 項（4)）上巻 p. 70

2：　【○】　正しい。(監基報（序）付録５）上巻 p. 73

・　監査証拠、十分かつ適切な監査証拠

1：　【○】　正しい。(監基報 500 第４項（2)）上巻 p. 74

2：　【×】　監査証拠は、過年度の監査において入手した情報、又は監査契約の新規の締結及び更新に関する監査事務所の品質管理手続において入手した情報など、その他の情報源から入手した情報も含むことがある。(監基報 500A1-5、A26 項）上巻 p. 74

3：　【×】　監査証拠は、アサーションを裏付ける情報と矛盾する情報の両方から構成される。さらに、情報がないことそれ自体が監査証拠となる場合（例えば、依頼した陳述を経営者が拒んだ場合）がある。(監基報 500A1-5 項）上巻 p. 74

4：　【○】　正しい。(監基報 500A４項）上巻 p. 75

5：　【○】　正しい。(監基報 500A４項）上巻 p. 75

6：　【×】　数多くの監査証拠を入手したとしても、監査証拠の質の低さを補完しないことがあるが、補完することもある。(監基報 500A４項）上巻 p. 75

A　7　適切性は監査証拠の質的尺度である。すなわち、意見表明の基礎となる監査証拠の十分性と証明力である。

A　8　全ての監査証拠の質は、監査証拠の基礎となる情報の適合性と信頼性により影響される。

A　9　監査証拠として利用する情報の適合性は、手続の目的によって影響される。

A　10　監査証拠の証明力は、情報源及び種類により影響を受け、適合性により異なる。

A　11　期末日後の売掛金の回収に関連した記録や文書の閲覧は、実在性と評価の妥当性の両方に関する監査証拠を提供し、期末の期間帰属の適切性についても必ず監査証拠を提供する。

A　12　監査人は、買掛金の網羅性に関して過小計上の有無を確かめる場合には、期末日後の支払、未払の請求書、仕入先の支払通知書、不一致がある検収報告書などの情報を検討することがある。

A　13　監査人は、過年度の監査で実施した監査手続から得られた情報を利用することがある。その場合には、その情報が当年度においても依然として適合性と信頼性を有しているかどうかについて判断することが求められる。

A　14　監査証拠は累積的な性質のものであるが、過年度の監査において入手した監査証拠は、監査人がその継続的な適合性を確かめる監査手続を実施したとしても、当年度の監査証拠にはならない。

第３節　監査手続(監査技術)

・　閲覧

A　1　記録や文書の閲覧は、紙媒体、電子媒体又はその他の媒体による企業内外の記録や文書を確かめる監査手続である。このため、記録や文書の閲覧で入手される監査証拠は文書的証拠となり、証明力は一律に弱いものとなる。

A　2　文書には、株券や債券など、資産の実在性を直接に示す監査証拠を提供するものがある。しかし、そのような文書の閲覧からは、所有権又は評価に関する監査証拠を入手できない。

7： 【×】 適切性は監査証拠の質的尺度である。すなわち、意見表明の基礎となる監査証拠の適合性と証明力である。（監基報 500Ａ５項） 上巻 p. 75

8： 【○】 正しい。（監基報 500Ａ26 項） 上巻 p. 75

9： 【○】 正しい。（監基報 500Ａ27 項） 上巻 p. 76

10： 【×】 監査証拠の証明力は、情報源及び種類により影響を受け、入手する状況により異なる。（監基報 500Ａ５項） 上巻 p. 80

11： 【×】 必ずではない

期末日後の売掛金の回収に関連した記録や文書の閲覧は、実在性と評価の妥当性の両方に関する監査証拠を提供するが、期末の期間帰属の適切性については必ずしも監査証拠を提供しない。（監基報500Ａ28項） 上巻p. 76

12： 【○】 正しい。（監基報 500Ａ27 項） 上巻 p. 76

13： 【○】 正しい。（監基報 315Ａ38 項） 上巻 p. 81

14： 【×】 監査人は、過年度の監査において入手した監査証拠について、当年度においても適合性と信頼性を有していることを確かめることができれば、当年度において利用することができる。（監基報 315Ａ38 項） 平成 29 年第Ⅱ回本試験 上巻 p. 81

第３節 監査手続（監査技術）

・ 閲覧

1： 【×】 記録や文書の閲覧で入手される監査証拠の証明力が一律に弱いわけではない

記録や文書の閲覧で入手される監査証拠は、記録や文書の内容や情報源によって、さらに、企業内部の記録や文書の場合にはそれらの作成に係る内部統制の有効性によって、その証明力が異なる。（監基報500Ａ31項） 上巻p. 80、81

2： 【×】 本肢のような文書の閲覧からは、必ずしも、所有権又は評価に関する監査証拠を入手できるわけではないが、できることもある。（監基報 500Ａ15 項） 上巻 p. 84

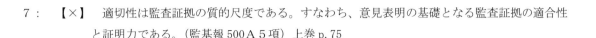

・　突合

A　1　証憑突合には、証憑それ自体の信憑性を吟味することは含まれない。

A　2　前進法の証憑突合は、実在性の検証に有用である。

・　実査

A　1　有形資産の実査からは、資産に係る権利と義務に関する証明力のある監査証拠を入手できるが、必ずしも評価に関する監査証拠を入手できるわけではない。

A　2　実査は、現物を実際に確かめる監査手続であるため、売掛金のような物理的な形態を有さない資産に対しては適用できない。

A　3　土地の実査及び登記簿謄本の閲覧は、土地の実在性及び権利の帰属に関する証明力のある監査証拠を提供するが、当該土地の評価に関する監査証拠を提供しないことがある。

・　観察

A　1　観察を行うことにより入手できる監査証拠は、観察を行った時点に関する監査証拠に限定され、また、プロセスや手続の実施は観察されているという事実により影響を受けることがある。

・　再実施

A　1　再実施とは、企業が内部統制の一環として実施している手続又は内部統制を監査人が観察することによって確かめる手続である。

・　質問

A　1　質問は、監査人が経営者、従業員又は外部の関係者に問い合わせて、説明又は回答を求める監査手続であるため、必ず、口頭によって行われる。

A　2　質問から得られる監査証拠は、証明力の弱いものであるため、質問に対する回答から、監査人は、新たな情報を入手することはあるが、既に入手していた監査証拠を裏付ける情報を入手することはない。

Personal-Date-Check

・　**突合**

1：　【×】　証憑突合には、証憑それ自体の信憑性を吟味することも含まれる。上巻 p. 85

2：　【×】　前進法の証憑突合は、網羅性の検証に有用である。上巻 p. 85

・　**実査**

1：　【×】　資産に係る権利と義務　→　資産の実在性

有形資産の実査からは、資産の実在性に関する証明力のある監査証拠を入手できるが、必ずしも資産に係る権利と義務又は評価に関する監査証拠を入手できるわけではない。（監基報500 A16項）　上巻p. 86

2：　【○】　正しい。上巻 p. 86

3：　【○】　正しい。（監基報 500 A15・16 項）令和４年第Ⅱ回本試験　上巻 p. 84・86

・　**観察**

1：　【○】　正しい。上巻 p. 87

・　**再実施**

1：　【×】　観察　→　自ら実施

再実施は、企業が内部統制の一環として実施している手続又は内部統制を監査人が自ら実施することによって確かめる手続である。（監基報500 A20項）　上巻p. 88

・　**質問**

1：　【×】　質問は書面によることもある

質問は、公式な書面又は電磁的記録による質問から非公式な口頭による質問まで様々である。（監基報500 A22項）　上巻p. 88

2：　【×】　既に入手していた監査証拠を裏付ける情報を入手することがある

質問に対する回答から、監査人は、新たな情報又は既に入手していた監査証拠を裏付ける情報を入手することがある。また、質問に対する回答から、監査人は既に入手した情報とは大きく異なる情報、例えば、経営者による内部統制の無効化の可能性に関する情報を入手することがある。（監基報500 A23項）　上巻p. 88

A　3　質問は、監査人が財務又は財務以外の分野に精通している企業内の関係者に情報を求める監査手続であり、企業外の関係者に情報を求めることを含まない。

A　4　質問に対する回答を評価することは、質問のプロセスの不可欠な部分である。

A　5　質問は、重要な監査証拠を提供することがあり、虚偽表示の証拠を提供する可能性もあるが、通常、質問のみでは、アサーション・レベルの重要な虚偽表示がないこと又は内部統制の運用状況の有効性について十分な監査証拠を提供しない。

B　6　監査人は、識別した訴訟事件に関する重要な虚偽表示リスクを評価する場合、又は実施した監査手続によって重要な訴訟事件が存在する可能性があると判断した場合には、実務的に不可能でない限り、企業の顧問弁護士と面談しなければならない。

・　立会

A　1　監査人は、棚卸資産が財務諸表において重要ではない場合であっても、棚卸資産の実在性と状態について十分かつ適切な監査証拠を入手しなければならない。

A　2　実地棚卸の立会時に棚卸資産を実査することは、監査人が棚卸資産の実在性を確かめることに役立つとともに、例えば、陳腐化品、破損品、又は老朽品を識別することにも役立つ。

A　3　期中に実地棚卸が実施されることがあるが、これは、企業が継続記録法を採用している場合のみ行われる。

A　4　監査人は、実地棚卸が期末日以外の日に実施される場合には、実地棚卸日と期末日の間における棚卸資産の増減が適切に記録されているかどうかについて監査証拠を入手するため、監査手続を実施しなければならない。

A　5　監査人は、予期し得ない事態により実地棚卸の立会を実施することができない場合には、代替的な日に一部について実地棚卸又はその立会を実施するとともに、その間の取引に対して監査手続を実施しなければならない。

Personal-Date-Check

3：　【×】　質問は、監査人が財務又は財務以外の分野に精通している企業内外の関係者に情報を求める監査手続である。(監基報 500A22 項) 上巻 p. 88

4：　【○】　正しい。(監基報 500A22 項) 上巻 p. 88

5：　【○】　正しい。(監基報 500A２項) 上巻 p. 88

6：　【×】　本肢の場合、監査人は企業の顧問弁護士と直接コミュニケーションをしなければならない。当該コミュニケーションは質問書によって行われ、必要に応じて面談が行われる。(監基報 501 第９項、A24 項) 令和２年第Ⅱ回本試験

・　**立会**

1：　【×】　監査人は、棚卸資産が財務諸表において重要である場合には、立会を実施すること等によって、棚卸資産の実在性と状態について十分かつ適切な監査証拠を入手しなければならない。(監基報 501 第３項)　上巻 p. 90

2：　【○】　正しい。(監基報 501A６項)　上巻 p. 90

3：　【×】　棚卸資産の棚卸数量の把握方法は実地棚卸の実施時期とは関係がない

経営者が年次の実地棚卸によって棚卸数量を決定するか、又は継続記録を実施しているかにかかわらず実地棚卸が期末日以外の日に実施されることがある。(監基報501A９項)　上巻p. 92

4：　【○】　正しい。(監基報 501 第４項)　上巻 p. 92

5：　【○】　正しい。(監基報 501 第５項)　上巻 p. 92

Ａ６　監査人は、実地棚卸の立会を実施することが実務的に不可能な場合には、代替的な日に一部について実地棚卸又はその立会を実施するとともに、その間の取引に対して監査手続を実施しなければならない。

Ａ７　監査人にとって不都合であるということだけで、立会が実務的に不可能であるという監査人の決定の十分な理由とすることができる場合がある。

Ａ８　監査人は、第三者が保管し、管理している棚卸資産が財務諸表において重要である場合には、棚卸資産の数量及び状態に関して、第三者に対して確認を実施すること、及び実査、又は個々の状況において適切な他の手続を実施することの両方の手続を実施することによって、棚卸資産の実在性と状態について十分かつ適切な監査証拠を入手しなければならない。

・　確認

Ａ１　確認依頼への口頭による回答は、監査人への直接の文書による回答ではないため、確認を実施したことにはならない。

Ａ２　確認は、第三者である確認回答者から直接、紙媒体、電子媒体又はその他の媒体による証拠を入手するという手続である。よって、特に積極的確認を実施した結果入手する証拠は、一般的に証明力が強い。

Ａ３　確認の対象は勘定残高のみに限定される。

Ａ４　積極的確認とは、確認回答者が確認依頼で提供された情報に同意しない場合にのみ、監査人に直接回答する方法をいう。

Ａ５　経営者が監査人の確認依頼の送付に同意しない場合、監査人は、適合性と証明力のある監査証拠を入手するため立案した代替的な監査手続を実施し、十分かつ適切な監査証拠を入手できたのであれば、経営者が同意しない理由について質問し、その正当性と合理性に関する監査証拠を求める責任が免除される。

Personal-Date-Check

6：【×】 監査人は、実地棚卸の立会を実施することが実務的に不可能な場合には、棚卸資産の実在性と状態について十分かつ適切な監査証拠を入手するため、代替的な監査手続を実施しなければならない。（監基報 501 第６項） 上巻 p. 93

7：【×】 監査人にとって単に不都合であるということだけでは、立会が実務的に不可能であるという監査人の決定の十分な理由とはならない。（監基報 501 A12 項） 上巻 p. 93

8：【×】 監査人は、第三者が保管し、管理している棚卸資産が財務諸表において重要である場合には、棚卸資産の数量及び状態に関して、第三者に対して確認を実施すること、又は実査、又は個々の状況において適切な他の手続を実施することのいずれか又は両方の手続を実施することによって、棚卸資産の実在性と状態について十分かつ適切な監査証拠を入手しなければならない。（監基報 501 第７項） 上巻 p. 93

・ 確認

1：【○】 正しい。（監基報 505 第５項（１）、A15 項）平成 25 年第Ⅱ回本試験 上巻 p. 94

2：【○】 正しい。上巻 p. 94・96

3：【×】 確認は、企業と第三者との間の合意、契約又は取引に係る条件や付帯契約のような一定の条件の有無を確認するために実施されることがある。（監基報 505 A１項） 上巻 p. 95

4：【×】 積極的確認とは、確認回答者が、確認依頼の情報に同意するか、又は不同意かを示したり、依頼された情報を提供することにより、監査人に直接回答する方法をいう。（監基報 505 第５項（２）（３）） 上巻 p. 95

5：【×】 経営者が監査人の確認依頼の送付に同意しない場合、監査人は、(1)経営者が同意しない理由について質問し、その正当性と合理性に関する監査証拠を求めること、(2)不正リスクを含む、関連する重要な虚偽表示リスクに関する監査人の評価及びその他の監査手続の種類、時期及び範囲に及ぼす影響を評価すること、(3)適合性と証明力のある監査証拠を入手するため立案した代替的な監査手続を実施することを行わなければならず、いずれかを実施すれば、他の手続が不要となるわけではない。（監基報505第７項）上巻p. 97

A　6　監査人は、確認依頼の送付に経営者が同意しないことに合理性がないと結論付けた場合又は代替的な監査手続から適合性と証明力のある監査証拠を入手できなかった場合、監査役若しくは監査役会、監査等委員会又は監査委員会に報告しなければならない。

A　7　監査人は、確認依頼の送付に経営者が同意しないことに合理性がないと結論付けた場合又は代替的な監査手続から適合性と証明力のある監査証拠を入手できなかった場合、監査の継続と監査意見に対する影響を判断しなければならない。

A　8　監査人は、確認依頼への回答の信頼性について疑義を抱く場合、不正リスクを含む、関連する重要な虚偽表示リスクに関する評価及び関連するその他の監査手続の種類、時期及び範囲に及ぼす影響を評価しなければならない。

A　9　監査人は、確認依頼の結果、未回答の場合はそれぞれの状況に応じて、適合性と証明力のある監査証拠を入手するための代替的な監査手続を実施しなければならない。

A　10　確認の回答により生じた確認差異は、財務諸表における虚偽表示を意味する。

A　11　監査人は、確認差異が虚偽表示の兆候を示しているか否かを判断するために、当該事項を調査しなければならない。

A　12　確認差異は、企業の財務報告に係る内部統制の不備を示唆していることもある。

A　13　消極的確認から入手する監査証拠は、積極的確認から入手する監査証拠と比べ証明力が弱いため、監査人は、アサーション・レベルで評価した重要な虚偽表示リスクに対応するための単独の実証手続として、消極的確認を利用することはできない。

B　14　確認依頼への回答には、紙媒体、電子媒体又はその他の媒体によるかに関係なく改ざん又は不正に係るリスクが存在し、監査人はこれらのリスクを低いと評価することはできない。

6：　【○】　正しい。（監基報 505 第８項）上巻 p. 97

7：　【○】　正しい。（監基報505第８項）上巻p. 97

8：　【×】　監査人は、確認依頼への回答の信頼性について疑義を抱く場合、疑義を解消するため、追加の監査証拠を入手しなければならない。本肢の対応は、信頼性がないと判断した場合に求められる対応である。（監基報 505 第９項）上巻 p. 98

9：　【○】　正しい。（監基報 505 第 11 項）上巻 p. 98

10：　【×】　確認差異は必ずしも虚偽表示を意味するとは限らない。（監基報 505 A22 項）上巻 p. 99

11：　【○】　正しい。（監基報 505 第 13 項）上巻 p. 100

12：　【○】　正しい。（監基報 505 A21 項）上巻 p. 100

13：　【×】　消極的確認から入手する監査証拠は、積極的確認から入手する監査証拠と比べ証明力が弱いため、４つの条件をすべて満たさない限り、アサーション・レベルで評価した重要な虚偽表示リスクに対応するための単独の実証手続として用いることはできない。それゆえ、４つの条件をすべて満たした場合には、消極的確認を単独の監査手続として用いることができるため本肢は誤りである。（監基報 505 第 14 項）平成 27 年第Ⅱ回本試験　上巻 p. 101

14：　【×】　確認依頼の回答には、紙媒体、電子媒体又はその他の媒体によるかに関係なく改ざん又は不正にかかるリスクが存在するが、そのリスクは一定ではない。例えば回答をコピーやファックス等、電子的に受領した場合よりも、原本の回答の方がこれらのリスクは低いと評価できる。また回答を電子的に受領した場合であっても、確認依頼の送付及び回答に利用する電子的なプロセスが信頼できる環境にある場合、これらのリスクを低いと評価することができる。（監基報 500 A31 項、同 505 A12 項）令和３年本試験

・　**分析的手続**

A　1　分析的手続とは、財務データ相互間の間に存在すると推定される関係を分析・検討することによって、財務情報を評価することをいい、非財務データを用いて検討することはない。

A　2　分析的手続では、過年度情報や予算や見込みなどの企業の業績予想を用いて検討することは認められない。

A　3　監査人は、リスク評価手続、実証手続、監査の最終段階において、分析的手続を実施しなければならない。

A　4　リスク評価手続として実施する分析的手続によって、気付いていなかった企業の状況を識別したり、変化などの固有リスク要因がどのようにアサーションにおける虚偽表示の生じやすさに影響を及ぼすのかについて理解することがあり、それゆえ、分析的手続は重要な虚偽表示リスクを識別し評価するのに役立つ。

A　5　監査人は、分析的実証手続を立案し実施する場合には、該当する場合には詳細テストを考慮に入れ、アサーションに対して特定の分析的実証手続が適切かどうかを判断しなければならない。

A　6　監査人は、分析的実証手続を立案し実施する場合に、計上された金額と監査人の推定値との差異に対して、追加的な調査を行わなくても監査上許容できる差異の金額を決定しないことがある。

A　7　計画した分析的実証手続は、反証がない限り、データ間の関係が存在し継続するという推定に基づいて実施されるが、これらの関係を変化させ得る状況の例として、通例でない取引や事象、会計処理の変更、事業の変化、虚偽表示等が挙げられる。

A　8　監査人は、計上された金額と監査人の推定値との差異に対して、追加的な調査を行わなくても監査上許容できる差異の金額を決定しなければならないが、評価した重要な虚偽表示リスクが高く、より確かな心証が得られる証拠を入手する必要がある場合、当該許容可能な差異の金額は小さくなる。

A　9　分析的手続により、他の関連情報と矛盾する、又は推定値と大きく乖離する変動若しくは関係が識別された場合、監査人は、経営者への質問及び経営者の回答に関する適切な監査証拠の入手、及び状況に応じて必要な他の監査手続を行うことにより当該矛盾又は乖離の理由を調査しなければならない。

Personal-Date-Check

・　分析的手続

1：　【×】　分析的手続とは、財務データ相互間又は財務データと非財務データとの間に存在すると推定される関係を分析・検討することによって、財務情報を評価することをいい、非財務データを用いて検討することもある。（監基報520第３項）上巻p. 104

2：　【×】　分析的手続では、過年度情報や予算や見込みなどの企業の業績予想を用いて検討することがある。（監基報520Ａ１項）上巻p. 104

3：　【×】　実証手続の段階においては、分析的手続（分析的実証手続）を実施しないこともある。上巻p. 106

4：　【○】　正しい。（監基報 315Ａ26 項）上巻 p. 106

5：　【○】　正しい。（監基報 520 第４項）上巻 p. 108

6：　【×】　監査人は、分析的実証手続を立案し実施する場合には、計上された金額と監査人の推定値との差異に対して、追加的な調査を行わなくても監査上許容できる差異の金額を決定しなければならない。（監基報 520 第４項）上巻 p. 108

7：　【○】正しい。（監基報 520Ａ６項）平成 31 年第Ⅱ回本試験　上巻 p. 109

8：　【○】　正しい。（監基報 520Ａ15 項）平成 29 年第Ⅰ回本試験　上巻 p. 111

9：　【○】　正しい。（監基報 520 第６項）上巻 p. 112

A　10　監査人は、分析的実証手続の実施により、監査人の推定値と大きく乖離する変動が識別された場合は、乖離の理由を調査しなければならないが、当該調査は、差異の内容に関する定性的な回答を経営者への質問を通じて入手することだけでは不十分である。

A　11　監査人は、監査の最終段階において、企業に関する監査人の理解と財務諸表が整合していることについて全般的な結論を形成するために実施する分析的手続を立案し、実施しなければならない。

A　12　監査の最終段階において実施された分析的手続の結果から得られた結論は、財務諸表の個別の構成単位又は構成要素について結論を導く。

A　13　監査の最終段階において実施された分析的手続は、リスク評価手続として利用される手続と同様である場合がある。

・　経営者確認書

A　1　監査人が必要と判断した事項を確認するために経営者から書面で入手することの目的の一つは、財務諸表又は財務諸表における特定のアサーションに関して入手した他の監査証拠を裏付けることである。

A　2　経営者確認書は、必要な監査証拠であり、経営者確認書自体が、記載されている事項に関する十分かつ適切な監査証拠とはなる。

A　3　経営者確認書は、財務諸表、財務諸表におけるアサーション又はこれらの基礎となる帳簿及び記録を含む。

A　4　監査人は、ある特定の監査要点について、重要な監査手続を実施できない場合には、当該監査要点に関して記載された経営者確認書を入手することによって、他の監査証拠を補完して無限定適正意見を表明することができる。

A　5　経営者確認書の入手が義務づけられた背景には、利害関係者に真実かつ公正な財務諸表を提供するために、財務諸表の作成者と監査人の協力関係が重視されたことがあり、こうした協力関係を経営者の立場から明らかにするために経営者確認書が作成された。

A　6　監査人は、財務諸表に対する最終的な責任を有し、確認事項についての知識を有する経営者に対して経営者確認書を提出するように要請しなければならない。

10：　【○】　正しい。監査人の推定値と大きく乖離する変動が識別された場合の調査として、経営者に質問するだけでなく、その回答に関する適切な監査証拠の入手や、状況に応じて他の監査手続の実施も必要となる。（監基報520第６項）平成31年第Ⅱ回本試験　上巻 p. 112

11：　【○】　正しい。（監基報520第５項）上巻 p. 113

12：　【×】　監査の最終段階においては、既に財務諸表の個別の構成単位又は構成要素について結論付けられており、当該分析的手続の結果から得られた結論は、財務諸表の個別の構成単位又は構成要素について監査中に形成された結論を裏付けることが意図されている。（監基報520A16項）上巻 p. 113

13：　【○】　正しい。（監基報520A18項）上巻 p. 113

・　経営者確認書

1：　【○】　正しい。（監基報580第５項（２））平成30年第Ⅰ回本試験　上巻 p. 114

2：　【×】　経営者確認書は、必要な監査証拠であるが、経営者確認書自体は、記載されている事項に関する十分かつ適切な監査証拠とはならない。（監基報580第４項）上巻 p. 114

3：　【×】　経営者確認書は、財務諸表、財務諸表におけるアサーション又はこれらの基礎となる帳簿及び記録を含まない。（監基報580第６項）上巻 p. 114

4：　【×】　経営者から信頼性のある経営者確認書を入手したとしても、特定の監査要点に関して監査人が入手する他の監査証拠の種類又は範囲には影響を及ぼさない。よって監査人は、本肢の状況で経営者確認書の入手により他の監査証拠を補完して無限定適正意見を表明することはできない。（監基報580第４項）令和３年本試験　上巻 p. 114

5：　【○】　正しい。（監査基準の改訂について（平成３年）三２（３））平成30年第Ⅰ回本試験　上巻 p. 115

6：　【○】　正しい。（監基報580第８項）上巻 p. 115

A　7　適用される財務報告の枠組みが適正表示の枠組みの場合、監査人は、経営者に対して、監査契約書に記載されたとおり、適用される財務報告の枠組みに準拠して作成し適正に表示する責任を果たした旨の経営者確認書を提出するように要請しなければならない。

A　8　状況によっては、監査人は、財務諸表における特定のアサーションに関して、監査の過程で経営者確認書を入手することが適切なことがある。

A　9　経営者確認書の日付は、財務諸表に対する監査報告書日より後でなければならない。

A　10　経営者確認書の日付は、通常、監査報告書の日付とする。

A　11　監査人が確認を要請した事項の全部又は一部について経営者から確認を得られない場合、監査人は、当該事項について経営者と協議しなければならない。

A　12　監査人は、経営者の財務諸表の作成責任に関する経営者確認書の記載について、信頼性に疑念がある場合、財務諸表に対する意見を表明してはならない。

A　13　経営者確認書は、監査人を宛先とする書面又は電磁的記録でなければならない。

A　14　監査報告書が対象とする事業年度以後に経営者が交代している場合であっても、財務諸表全体に対する経営者の責任は経営者の交代の事実によって軽減されないため、監査人は、現在の経営者に対して関連するすべての事業年度を対象とする経営者確認書を要請しなければならない。

B　15　監査人は、経営者確認書において確認を要請した事項について経営者によって変更が加えられている場合には、かかる変更を理由として当該確認を得られなかったものとしなければならない。

第４節　リスク・アプローチ

A　1　リスク・アプローチとは、重要な虚偽表示が生じる可能性が高い事項について重点的に監査の人員や時間を充てることにより、監査を効果的かつ効率的なものとすることができる監査の実施の方法をいう。

A　2　リスク・アプローチが必要となるのは、監査人が、費やすことができる監査資源(時間や費用)には制約がある中で、効果的かつ効率的な監査を実施するためである。

Personal-Date-Check

7： 【○】 正しい。(監基報 580 第 9 項) 上巻 p. 116

8： 【○】 正しい。(監基報 580 A 15 項) 上巻 p. 117

9： 【×】 経営者確認書の日付は、財務諸表に対する監査報告書日より後であってはならない。(監基報 580 第 13 項) 上巻 p. 118

10： 【○】 正しい。(監基報 580 A 14 項) 上巻 p. 118

11： 【○】 正しい。(監基報 580 第 18 項) 上巻 p. 120

12： 【×】 信頼性に疑念がある場合ではなく、当該記載に信頼性がないと判断した場合に、監査人は、財務諸表に対する意見を表明してはならない。(監基報 580 第 19 項) 上巻 p. 120

13： 【○】 正しい。(監基報 580 第 14 項) 上巻 p. 121

14： 【○】 正しい。(監基報 580 A 17 項) 上巻 p. 120

15： 【×】 監査人が経営者確認書への記載を要請した事項に経営者が変更を加えている場合であっても、そのこと自体が、要請した事項の確認が得られなかったことを必ずしも意味するわけではない。それゆえ、経営者確認書に経営者の変更が認められる場合に、当該変更を理由として確認が得られなかったものとする本肢は誤りである。(監基報 580 A 23 項) 平成 27 年第Ⅰ回本試験

第４節 リスク・アプローチ

1： 【○】 正しい。上巻 p. 124

2： 【○】 正しい。上巻 p. 124

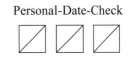

A　3　監査リスクとは、監査人が、財務諸表の重要な虚偽表示の有無を問わず、誤った意見を形成する可能性をいう。

A　4　監査リスクは、監査のプロセスに関連して使用される用語であり、財務諸表監査に関連して発生する訴訟、風評、又はその他の事象から発生する損失など、監査人の事業上のリスクを含む。

A　5　監査リスクは、重要な虚偽表示リスクと発見リスクの二つから構成される。

A　6　監査人は、合理的な保証を得るため、監査リスクを許容可能な低い水準に抑える十分かつ適切な監査証拠を入手しなければならない。それにより、監査人は、意見表明の基礎となる結論を導くことができる。

A　7　監査人は、監査意見の表明に当たっては、重要な虚偽表示リスクを合理的に低い水準に抑えた上で、自己の意見を形成するに足る基礎を得なければならない。

A　8　重要な虚偽表示リスクとは、監査が実施されている状態で、財務諸表に重要な虚偽表示が存在するリスクをいい、誤謬による重要な虚偽表示リスクと不正による重要な虚偽表示リスクがある。

A　9　重要な虚偽表示リスクは、財務諸表全体レベルとアサーション・レベルの二つのレベルで存在する可能性がある。

A　10　財務諸表全体レベルの重要な虚偽表示リスクは、財務諸表全体に広く関わりがあり、アサーションの多くに潜在的に影響を及ぼす。当該リスクは、アサーション・レベル、すなわち、取引種類、勘定残高及び注記事項における特定のアサーションと結び付けられるものではない。

A　11　アサーション・レベルの重要な虚偽表示リスクは、環境リスクと統制リスクの二つの要素で構成される。

A　12　重要な虚偽表示リスクは、定量的に表現されるものであり、定性的に表現することはできない。

Personal-Date-Check

3：【×】 監査リスクには、財務諸表に重要な虚偽表示がない場合に、監査人が重要な虚偽表示があるという意見を表明するリスクを含まない。よって、財務諸表の重要な虚偽表示の有無を問わずという点が誤りである。（監基報 200 A 32 項）上巻 p. 125

4：【×】 監査リスクには、監査人の事業上のリスクを含まない。（監基報200 A 32項）上巻p. 125

5：【○】 正しい。（監基報 200 第 12 項（5））上巻 p. 125

6：【○】 正しい。（監基報 200 第 16 項）上巻 p. 126

7：【×】 監査人は意見表明に当たっては、監査リスクを合理的に低い水準に抑えた上で、自己の意見を形成するに足る基礎を得なければならない。重要な虚偽表示リスクは、監査人が評価するものであり、合理的に低い水準に抑えるという点が誤りである。（報告基準一３）平成 30 年第Ⅱ回本試験　上巻 p. 126

8：【×】 重要な虚偽表示リスクとは、監査が実施されていない状態で、財務諸表に重要な虚偽表示が存在するリスクをいう。（監基報200第12項（10））上巻p. 127

9：【○】 正しい。（監基報 200 A 33 項）上巻 p. 127

10：【×】 前半は正しい。財務諸表全体レベルの重要な虚偽表示リスクは、取引種類、勘定残高及び注記事項における特定のアサーションに結びつけることができることもあり、結び付けられるものではないとする本肢は誤りである。（監基報 315 A 182 項）上巻 p. 128

11：【×】 アサーション・レベルの重要な虚偽表示リスクは、固有リスクと統制リスクの二つの要素で構成される。（監基報315第４項）上巻p. 129

12：【×】 重要な虚偽表示リスクは、高い、中位、低い等の定性的な表現（数値以外）をすることもあれば、100%、25%、３%等、定量的な表現（数値）をすることもある。（監基報200 A 39項）上巻p. 129

A　13　固有リスクとは、関連する内部統制が存在していないとの仮定の上で、取引種類、勘定残高及び注記事項に係るアサーションに、個別に又は他の虚偽表示と集計すると重要となる虚偽表示が行われる可能性をいう。

B　14　固有リスクは、取引種類、勘定残高及び注記事項に係るアサーションに重要な虚偽の表示が行われる可能性であり、被監査会社に固有に存在するリスクであることから、監査人は、金利や為替相場などの経済状況を検討することはない。

A　15　事業上のリスクを生じさせる外部環境が固有リスクに影響を与えることがある。

A　16　多くの又は全ての取引種類、勘定残高及び注記事項に関係する、企業と企業環境のある要因が、特定のアサーションに関連する固有リスクに影響を与えることもある。

A　17　固有リスクの評価の判断においては、虚偽表示の発生可能性と影響の度合いの評価及び固有リスク要因が考慮される。

A　18　固有リスクの評価においては、虚偽の表示が生じる可能性と虚偽の表示が生じた場合の影響を組み合わせて評価しなければならないが、この影響とは、金額的な影響であり、質的な影響は含まれない。

A　19　固有リスクの程度は高いものから低いものまで様々であり、様々な場所に分布する様を固有リスクの分布と呼ぶことがある。

A　20　固有リスクの程度は、発生可能性と影響の度合いの組合せに基づく。発生可能性と影響の度合いの両方が高いと評価された場合にのみ固有リスクが高いと評価される。

A　21　固有リスク要因とは、関連する内部統制が存在しないとの仮定の上で、不正か誤謬かを問わず、取引種類、勘定残高又は注記事項に係るアサーションにおける虚偽表示の生じやすさをいう。

A　22　固有リスク要因は定性的又は定量的な要因であり、複雑性、主観性、変化、不確実性、経営者の偏向又はその他の不正リスク要因が固有リスクに影響を及ぼす場合における虚偽表示の生じやすさを含んでいる。

Personal-Date-Check

13：　【○】　正しい。(監基報200第12項（10）①）上巻p. 129

14：　【×】　監査人は、固有リスクの評価にあたって、金利や為替相場などの経済状況を検討する。(監基報315第18項（１）②、A64項）令和４年第Ⅰ回本試験

15：　【○】　正しい。(監基報200A37－２項）上巻p. 129

16：　【○】　正しい。

例えば、事業継続のために必要な運転資本の不足や倒産の多発に象徴される産業衰退等が挙げられる。(監基報200A37-2項）上巻p. 129

17：　【○】　正しい。(監基報315A195項）上巻p. 130

18：　【×】　固有リスクの評価においては、虚偽の表示が生じる可能性と虚偽の表示が生じた場合の影響を組み合わせて評価しなければならないが、この影響には、金額的な影響だけでなく質的影響も含まれる。(監査基準の改訂について（令和２年）二２（２)）令和４年第Ⅰ回本試験上巻p. 130

19：　【○】　正しい。(監基報315第５項）上巻p. 130

20：　【×】　固有リスクの程度は、発生可能性と影響の度合いの組合せに基づく。発生可能性と影響の度合いの両方が高いと評価された場合にのみ固有リスクが高いと評価されるわけではない。(監基報315A199項）上巻p. 130

21：　【×】　固有リスク要因とは、関連する内部統制が存在しないとの仮定の上で、不正か誤謬かを問わず、取引種類、勘定残高又は注記事項に係るアサーションにおける虚偽表示の生じやすさに影響を及ぼす事象又は状況の特徴をいう。(監基報315第11項（６)）上巻p. 131

22：　【○】　正しい。(監基報315第11項（６)）上巻p. 131

A　23　統制リスクとは、取引種類、勘定残高及び注記事項に係るアサーションで発生し、個別に又は他の虚偽表示と集計すると重要となる虚偽表示が、企業の内部統制によって防止又は適時に発見・是正されないリスクをいう。

A　24　統制リスクは、財務諸表の作成に関連する企業目的の達成を妨げるおそれがあると識別したリスクに対応するために監査人が実施する監査手続の有効性により影響を受ける。

A　25　統制リスクがゼロとなることもある。

A　26　発見リスクとは、虚偽表示が存在し、その虚偽表示が個別に又は他の虚偽表示と集計して重要になり得る場合に、監査リスクを許容可能な低い水準に抑えるために監査人が監査手続を実施してもなお発見できないリスクをいう。

A　27　発見リスクは、監査リスクを許容可能な低い水準に抑えるために監査人が実施する監査手続の種類、時期及び範囲に関係している。したがって、発見リスクは、実施した監査手続の有効性によって影響を受ける。

A　28　発見リスクがゼロになることはない。

A　29　監査リスクを一定水準にするためには、設定する発見リスクの水準は、アサーション・レベルの重要な虚偽表示リスクの評価と同水準になる。

A　30　監査人は、重要な虚偽表示リスクの程度が高いと判断した場合には、発見リスクの水準を低く設定する必要があり、監査人は、より確かな心証が得られる監査証拠を入手する必要がある。

A　31　発見リスクの水準は、実施する監査手続に関係する。このため、監査人は、より証明力の強い監査証拠が得られるような監査手続を選択すること、監査手続の実施時期を期末日近くに設定すること、監査範囲を拡大することによって、発見リスクを低くすることができる。

Personal-Date-Check

23：　【○】　正しい。(監基報 200 第 12 項（10）②）上巻 p. 133

24：　【×】　統制リスクは、財務諸表の作成に関連する企業目的の達成を妨げるおそれがあると識別したリスクに対応するために経営者が整備及び運用する内部統制の有効性により影響を受ける。(監基報 200 A38 項）上巻 p. 133

25：　【×】　統制リスクは常に存在する。(監基報 200 A38 項）上巻 p. 133

26：　【○】　正しい。(監基報 200 第 12 項（15)）上巻 p. 134

27：　【○】　正しい。(監基報 200 A42 項）上巻 p. 134

28：　【○】　正しい。監査の固有の限界のため、監査人は、発見リスクを抑えることはできても、それをなくすことはできない。したがって、発見リスクは常に存在する。(監基報 200 A43 項）上巻 p. 134

29：　【×】　監査リスクを一定水準にするためには、設定する発見リスクの水準は、アサーション・レベルの重要な虚偽表示リスクの評価と逆の関係になる。よって、常に同水準になるという関係にはない。(監基報 200 A41 項）上巻 p. 135

30：　【○】　正しい。(監基報 200 A41 項）上巻 p. 135

31：　【○】　正しい。(監基報 200 A42 項）令和 4 年第Ⅱ回本試験　上巻 p. 135・170

第５節　重要な虚偽表示リスクの識別と評価及び評価したリスクに対応する手続

A　1　リスク評価手続とは、不正か誤謬かを問わず、財務諸表全体レベルの重要な虚偽表示リスクとアサーション・レベルの重要な虚偽表示リスクを識別し評価するために立案され、実施される監査手続をいう。

A　2　監査人は、不正又は誤謬による、財務諸表全体レベルの重要な虚偽表示リスク及びアサーション・レベルの重要な虚偽表示リスクの識別及び評価、リスク対応手続の立案に関する適切な基礎を提供する監査証拠を入手するために、リスク評価手続を立案し実施しなければならない。

A　3　監査人は、適用される財務報告の枠組みに従って財務諸表を作成する過程で、固有リスク要因がどのように及びどの程度、アサーションにおける虚偽表示の生じやすさに影響を及ぼすかを理解できるようにリスク評価手続を実施しなければならない。

A　4　企業の目的、戦略及びビジネスモデルを理解することにより、監査人が企業戦略の観点から企業を理解し、企業がどのような事業上のリスクに直面し対処しているかを理解することができる。事業上のリスクの多くは財務諸表に影響を与えるため、財務諸表に影響を与える事業上のリスクを理解することは、監査人が重要な虚偽表示リスクを識別するのに役立つ。

A　5　監査人は、監査の実施において、内部統制を含む、企業及び企業環境を理解し、これらに内在する事業上のリスク等が財務諸表に重要な虚偽の表示をもたらす可能性を考慮しなければならない。

A　6　事業上のリスクは、財務諸表の重要な虚偽表示リスクを含み、これよりも狭義のリスクである。

A　7　事業上のリスクは、企業の事業活動に関わるリスクであるという性質上、アサーション・レベルの重要な虚偽表示リスクには影響を与えるが、財務諸表全体レベルの重要な虚偽表示リスクには影響を与えることはない。

A　8　事業上のリスクは、直ちにアサーション・レベルの重要な虚偽表示リスクにつながるわけではない。

A　9　全ての事業上のリスクが必ずしも重要な虚偽表示リスクとなるわけではないため、監査人は全ての事業上のリスクを理解し識別する責任を負うものではない。

Personal-Date-Check

第５節　重要な虚偽表示リスクの識別と評価及び評価したリスクに対応する手続

１：　【○】　正しい。(監基報 315 第 11 項（13)) 上巻 p. 138

２：　【○】　正しい。(監基報 315 第 12 項) 上巻 p. 138

３：　【○】　正しい。(監基報 315 第 18 項（３)) 上巻 p. 138

４：　【○】　正しい。(監基報 315 A55 項) 上巻 p. 139

５：　【○】　正しい。(実施基準　一２) 上巻 p. 141

６：　【×】　事業上のリスクは、財務諸表の重要な虚偽表示リスクを含み、これよりも広義のリスクである。(監基報 315 A56 項) 上巻 p. 141

７：　【×】　事業上のリスクには、直ちにアサーション・レベルの重要な虚偽表示リスクにつながるものもあれば、財務諸表全体レベルの重要な虚偽表示リスクにつながるものもある。よって、事業上のリスクが財務諸表全体レベルの重要な虚偽表示リスクに影響を与えることもあるため、本肢は誤りである。(監基報 315 付録１　４) 令和３年本試験　上巻 p. 141

８：　【×】　事業上のリスクには、直ちにアサーション・レベルの重要な虚偽表示リスク又は財務諸表全体レベルの重要な虚偽表示リスクにつながるものがある。例えば、不動産の市場価格の大幅な下落から生じる事業上のリスクは、中期の不動産担保付ローンの貸手にとって、評価のアサーションに関連する重要な虚偽表示リスクを増加させる場合がある。(監基報 315 付録１　４) 上巻 p. 141

９：　【○】　正しい。(監基報 315 A56 項) 上巻 p. 142

A　10　複雑性又は主観性から生じる取引種類、勘定残高又は注記事項における虚偽表示の生じやすさの程度は、多くの場合、状況の変化又は不確実性の影響をどの程度受けるかに密接に関係している。

A　11　複雑性又は主観性は、監査人が職業的懐疑心を保持する必要度に影響を与えるものではない。

A　12　固有リスク要因と不正リスク要因は、異なる概念であるため、経営者の偏向による虚偽表示の生じやすさに影響を及ぼす可能性のある事象や状況は、その他の不正リスク要因による虚偽表示の生じやすさに影響を及ぼすものではない。

A　13　監査人は、企業の内部統制システムの各構成要素の評価に基づき、内部統制の不備が識別されたかどうかを判断しなければならない。

A　14　識別された内部統制のデザインの評価は、内部統制が単独で、重要な虚偽表示を有効に防止又は発見・是正できるかどうかを検討することであり、監査人は、適切な内部統制の評価のためにも、特定の内部統制が、他の内部統制との組合せで、重要な虚偽表示を有効に防止又は発見・是正できるかどうかを考慮してはならない。

A　15　内部統制が存在し、実際に企業が利用していることを確認することでは、識別された内部統制が業務に適用されているかどうかを判断するのに十分とは言えない。

A　16　統制活動において識別された内部統制のデザインと業務への適用についての監査証拠を入手するためのリスク評価手続には、企業の担当者への質問、特定の内部統制の適用状況の観察、文書や報告書の閲覧を含めなければならない。

A　17　質問のみで、内部統制のデザインと業務への適用についてのリスク評価手続の目的に十分となることがある。

A　18　デザインが有効でない内部統制について、業務への適用を評価することは、監査上意義がないので、内部統制のデザインが最初に検討される。

A　19　リスク評価手続には経営者への質問、その他の適切な企業構成員への質問、分析的手続、観察及び記録や文書の閲覧を含めなければならないが、内部監査機能がある場合でも、内部監査の活動に従事する者への質問が義務付けられるわけではない。

Personal-Date-Check

10：　【○】　正しい。（監基報 315A76 項）上巻 p. 144

11：　【×】　複雑性又は主観性に起因して、取引種類、勘定残高又は注記事項の虚偽表示の生じやすさが高いほど、監査人が職業的懐疑心を保持する必要度は高まる。（監基報 315A77 項）上巻 p. 144

12：　【×】　経営者の偏向による虚偽表示の生じやすさに影響を及ぼす可能性のある事象や状況は、その他の不正リスク要因による虚偽表示の生じやすさにも影響を及ぼす可能性がある。（監基報 315A78 項）上巻 p. 144

13：　【○】　正しい。（監基報 315 第 26 項）上巻 p. 148

14：　【×】　識別された内部統制のデザインの評価は、内部統制が単独で又は他の内部統制との組合せで、重要な虚偽表示を有効に防止又は発見・是正できるかどうか（すなわち、内部統制の目的）を検討することを含む。（監基報 315A163 項）上巻 p. 148

15：　【×】　監査人は、内部統制が存在し、実際に企業が利用していることを確認することで、識別された内部統制が業務に適用されているかどうかを判断する。（監基報 315A164 項）上巻 p. 148

16：　【×】　本肢の手続は、内部統制のデザインと業務への適用に関して検討する際に、含めることがあるだけであり、必ず含めなければならないわけではない。（監基報 315A165 項）上巻 p. 149

17：　【×】　質問のみでは、内部統制のデザインと業務への適用についてのリスク評価手続の目的には十分ではない。（監基報 315A165 項）上巻 p. 149

18：　【○】　正しい。（監基報 315A164 項）上巻 p. 150

19：　【×】　内部監査の活動に従事する者への質問は、内部監査機能がある場合に義務付けられるものである。（監基報 315 第 13 項）上巻 p. 151

A　20　監査人は、リスク評価手続において、質問及び分析的手続を必ず実施しなければならないが、重要な虚偽表示リスクが高いと見込まれる場合には、追加的に記録や文書の閲覧も実施しなければならない。

A　21　企業及び企業環境並びに適用される財務報告の枠組みを理解するための監査人のリスク評価手続は、複雑でない企業の監査と比べ、複雑な企業の監査ではより広範囲となる場合がある。ただし、監査人に求められる理解の程度は、経営者の理解の程度よりも低いものとなる。

A　22　監査人は、裏付けとなるであろう監査証拠を入手する方向に偏らないように、又は矛盾するであろう監査証拠を除外する方向に偏らないよう、リスク評価手続を立案し実施しなければならない。

A　23　監査人は、リスク評価手続においては、監査契約の新規の締結及び更新に関する監査人の手続から得られた情報を考慮しなければならないが、監査責任者が企業の監査以外の業務に関与している場合に、その業務から得られた情報を考慮することは推奨されるにとどまり、そのことが求められているわけではない。

A　24　監査人は、企業での過去の経験と過年度の監査で実施した監査手続から得られた情報を利用しようとする場合には、その情報が当年度の監査における監査証拠として信頼性を有していると評価できれば、当該情報を利用することができる。

A　25　監査責任者と監査チームの主要メンバーは、適用される財務報告の枠組みの適用状況及び財務諸表の重要な虚偽表示の生じやすさについて討議しなければならない。

A　26　監査チーム内の討議に参加していない監査チームメンバーがいる場合、監査責任者は、当該メンバーに全ての事項が伝達されるよう努めなければならない。

A　27　監査人は、財務諸表全体レベル、アサーション・レベルの二つのレベルで重要な虚偽表示リスクを識別しなければならない。

A　28　重要な虚偽表示リスクの識別は、関連する内部統制を考慮した後に実施される。

Personal-Date-Check

20：　【×】　リスク評価手続においては、質問、分析的手続、観察及び記録や文書の閲覧を含めなければならない。よって、記録や文書の閲覧の実施が、重要な虚偽表示リスクが高いと見込まれる場合に限定されているかのような点が誤りとなる。（監基報 315 第５項）平成 31 年第Ⅰ回本試験　上巻 p. 151

21：　【○】　正しい。（監基報 315A48 項）上巻 p. 152

22：　【○】　正しい。（監基報 315 第 12 項）上巻 p. 153

23：　【×】　監査人は、リスク評価手続においては、監査契約の新規の締結及び更新に関する監査人の手続から得られた情報、監査責任者が企業の監査以外の業務に関与している場合には、その業務から得られた情報を考慮しなければならない（監基報 315 第 14 項）上巻 p. 153

24：　【×】　監査人は、企業での過去の経験と過年度の監査で実施した監査手続から得られた情報を利用しようとする場合には、その情報が当年度の監査における監査証拠として適合性と信頼性を依然として有しているかについて評価しなければならない。（監基報 315 第 15 項）上巻 p. 153

25：　【○】　正しい。（監基報 315 第 16 項）上巻 p. 153

26：　【×】　監査チーム内の討議に参加していない監査チームメンバーがいる場合、監査責任者は、当該メンバーに伝達する事項を決定しなければならないのであり、全ての事項を伝達するわけではない。（監基報 315 第 17 項）上巻 p. 153

27：　【○】　正しい。（監基報 315 第 27 項）上巻 p. 154

28：　【×】　重要な虚偽表示リスクの識別は、関連する内部統制を考慮する前に実施される。（監基報 315A174 項）上巻 p. 154

A　29　重要な虚偽表示リスクを識別することは、監査人が重要な取引種類、勘定残高又は注記事項を決定する際に役立つものではない。

A　30　監査人は、関連するアサーションとそれに関連する重要な取引種類、勘定残高又は注記事項を決定しなければならない。

A　31　関連するアサーションとは、取引種類、勘定残高又は注記事項に係るアサーションのうち、重要な虚偽表示リスクが最も高いアサーションをいう。

A　32　重要な取引種類、勘定残高又は注記事項とは、関連するアサーションが一つ以上存在する取引種類、勘定残高又は注記事項をいう。

A　33　監査人は識別した財務諸表全体レベルの重要な虚偽表示リスクについて、当該リスクを評価し、当該リスクが、アサーション・レベルのリスクの評価に影響を及ぼすかどうかの判断、当該リスクが、財務諸表に対して及ぼす広範な影響の内容とその程度の評価を実施しなければならない。

A　34　監査人は、重要な虚偽表示リスクが財務諸表に広範な影響を及ぼすことで、全般的な対応が必要となるかどうかを判断するために、財務諸表全体レベルの重要な虚偽表示リスクを識別する。

A　35　監査人は、アサーション・レベルの重要な虚偽表示リスクについて、実証手続のみでは十分かつ適切な監査証拠を入手することができないリスクかどうかを判断しなければならない。

A　36　監査人が内部統制の運用状況の有効性を評価する場合は、統制リスクを評価しなければならない。監査人が内部統制の運用状況の有効性を評価しない場合は、重要な虚偽表示リスクと固有リスクは逆の関係になる。

A　37　監査人は、当初の重要な虚偽表示リスクの識別又は評価の基礎となった監査証拠と矛盾する新たな情報を入手した場合には、リスクの識別及び評価を修正しなければならない。

A　38　監査人は、評価した財務諸表全体レベルの重要な虚偽表示リスクに応じて、リスク対応手続を立案し実施しなければならない。

29：　【×】　重要な虚偽表示リスクを識別することは、監査人が関連するアサーションを決定するための基礎も提供し、監査人が重要な取引種類、勘定残高又は注記事項を決定する際に役立つ。（監基報 315A175 項）上巻 p. 154

30：　【○】　正しい。（監基報 315 第 28 項）上巻 p. 154

31：　【×】　関連するアサーションとは、取引種類、勘定残高又は注記事項に係るアサーションのうち、重要な虚偽表示リスクが識別されたアサーションをいう。（監基報 315 第 11 項（５））上巻 p. 154

32：　【○】　正しい。（監基報 315 第 11 項（８））上巻 p. 154

33：　【○】　正しい。（監基報 315 第 29 項）上巻 p. 155

34：　【○】　正しい。（監基報 315A180 項）上巻 p. 155

35：　【○】　正しい。（監基報 315 第 32 項）上巻 p. 156

36：　【×】　監査人が内部統制の運用状況の有効性を評価する場合は、統制リスクを評価しなければならない。監査人が内部統制の運用状況の有効性を評価しない場合は、重要な虚偽表示リスクと固有リスクは同じ評価となる。（監基報 315 第 33 項）上巻 p. 157

37：　【○】　正しい。（監基報 315 第 36 項）上巻 p. 158

38：　【×】　監査人は、評価した財務諸表全体レベルの重要な虚偽表示リスクに応じて、全般的な対応を立案し実施しなければならない。（監基報 330 第４項）上巻 p. 159

A　39　監査人は、事業上のリスクを識別した場合には、補助者の増員等の全般的な対応を行わなければならない。

A　40　監査人は、財務諸表全体レベルの重要な虚偽表示リスクに応じた全般的な対応として、監査手続の実施の時期を変更することがあるが、リスク対応手続に含まれる実証手続の実施時期の変更は、全般的な対応には含まれない。

A　41　評価した財務諸表全体レベルの重要な虚偽表示リスクに応じた全般的な対応には、例えば、企業が想定しない要素の組込みが含まれる。

A　42　運用評価手続とは、アサーション・レベルの重要な虚偽表示を防止又は発見・是正する内部統制について、その運用状況の有効性を評価するために立案し実施する監査手続をいう。

A　43　監査人は、アサーション・レベルの重要な虚偽表示リスクを評価した際に、内部統制が有効に運用されていると想定する場合には、必要に応じて、関連する内部統制の運用状況の有効性に関して、十分かつ適切な監査証拠を入手する運用評価手続を立案し実施する。

A　44　監査人は、リスク評価手続によって理解した全ての内部統制に対して、内部統制の運用状況の有効性に関する監査証拠を入手するために運用評価手続を実施しなければならない。

A　45　定型的な取引が、ほとんど又は全く手作業を介在させずに高度に自動処理されている場合には、実証手続のみを実施することで関連するリスクに対応することが不可能なことがある。

A　46　運用評価手続は、アサーション・レベルの重要な虚偽表示を防止又は発見・是正するために適切にデザインされていると監査人が判断する内部統制に対してのみ実施するわけではない。

Personal-Date-Check

39：　【×】　事業上のリスクが財務諸表全体レベルの重要な虚偽表示リスクにつながる場合には、全般的な対応を行わなければならないが、全ての事業上のリスクが財務諸表全体レベルの重要な虚偽表示リスクにつながるわけではないため、事業上のリスクを識別した場合には、必ず全般的な対応を行わなければならないわけではない。（監基報 315 付録１　４、同 330 第４項）上巻 p. 142・159

40：　【×】　全般的な対応には含まれない　→　全般的な対応に含まれる
監査人は、全般的な対応として、実施すべき監査手続、その実施の時期及び範囲について変更を行うことがあり、例えば、実証手続を実施する基準日を期末日前から期末日へ変更することがある。（監基報330Ａ１項）　上巻p. 159

41：　【○】　正しい。（監基報 330Ａ１項）上巻 p. 159

42：　【○】　正しい。（監基報 330 第３項（１））上巻 p. 160

43：　【×】　監査人は、アサーション・レベルの重要な虚偽表示リスクを評価した際に、内部統制が有効に運用されていると想定する場合には、関連する内部統制の運用状況の有効性に関して、十分かつ適切な監査証拠を入手する運用評価手続を立案し実施しなければならない。（監基報 330 第７項）上巻 p. 160

44：　【×】　監査人は、アサーション・レベルの重要な虚偽表示リスクに関する評価において内部統制が有効に運用されていると想定する場合、及び実証手続のみでは、アサーション・レベルで十分かつ適切な監査証拠を入手できない場合には、関連する内部統制の運用状況の有効性に関して、十分かつ適切な監査証拠を入手するために運用評価手続を実施しなければならない。（監基報 330 第７項）上巻 p. 160

45：　【○】　正しい。（監基報 315Ａ209 項）上巻 p. 162

46：　【×】　運用評価手続は、アサーション・レベルの重要な虚偽表示を防止又は発見・是正するために適切にデザインされていると監査人が判断する内部統制に対してのみ実施される。（監基報 330Ａ19 項）上巻 p. 162

A　47　監査人は、運用評価手続の立案と実施に当たって、内部統制の運用状況の有効性に関する監査証拠を入手するために、閲覧とその他の監査手続を組み合わせて実施しなければならない。

A　48　観察は観察を実施する時点だけに関連するものであるから、質問と観察を実施するよりも、記録や文書の閲覧又は再実施を組み合わせて質問を実施する方が、より確かな心証を得られる監査証拠を入手することができる。

A　49　運用評価手続は、内部統制のデザインと業務への適用を理解し評価することとは異なるが、同一種類の監査手続が利用される。しかし、監査人は、効率的であると判断したとしても、内部統制のデザインと業務への適用を理解し評価すると同時に、内部統制の運用評価手続を実施してはならない。

A　50　監査人は、リスク評価手続を、運用評価手続や実証手続と同時に実施することがある。

A　51　監査人は、内部統制への依拠を予定している場合には、依拠に関する適切な基礎を入手するために、特定の期間に対して、運用評価手続を実施しなければならない。

A　52　監査人は、ある時点で内部統制が有効に運用されていることが確かめられれば、当該会計期間の全期間において内部統制が有効に運用されていると判断することができる。

A　53　監査人は、期中で内部統制の運用状況の有効性に関する監査証拠を入手する場合、運用評価手続を実施した後の当該内部統制の重要な変更についての監査証拠の入手、又は、期末日までの残余期間に対してどのような追加的な監査証拠を入手すべきかの決定を実施しなければならない。

A　54　ロール・フォワード手続とは、期末日を対象として実施される監査手続のことである。

Personal-Date-Check

47： 【×】 監査人は、運用評価手続の立案と実施に当たって、内部統制の運用状況の有効性に関する監査証拠を入手するために、質問とその他の監査手続を組み合わせて実施しなければならない。（監基報 330 第９項） 上巻 p. 163

48： 【○】 正しい。（監基報 330Ａ25 項） 上巻 p. 163

49： 【×】 運用評価手続は、内部統制のデザインと業務への適用を理解し評価することとは異なるが、同一種類の監査手続が利用される。したがって、監査人は、内部統制のデザインと業務への適用を理解し評価すると同時に、内部統制の運用評価手続を実施することが効率的であると判断することもある。そして、その場合には、同時に実施する。（監基報 330Ａ20 項） 上巻 p. 163

50： 【○】 正しい。（監基報 315Ａ19 項） 上巻 p. 152

51： 【×】 監査人は、内部統制への依拠を予定している場合には、依拠に関する適切な基礎を入手するために、特定の時点で又は期間に対して、運用評価手続を実施しなければならない。（監基報 330 第 10 項） 上巻 p. 164

52： 【×】 当該会計期間の全期間において → その時点でのみ

監査人は、ある時点で内部統制が有効に運用されていることを確かめたとしても、その時点でのみ内部統制が有効に運用されていることに関する監査証拠を入手することになるのであって、当該会計期間の全期間において内部統制が有効に運用されていると判断することができるわけではない。（監基報315Ａ31項） 上巻p. 164

53： 【×】 本肢の２つの事項を実施しなければならない。（監基報 330 第 11 項） 上巻 p. 165

54： 【×】 残余期間を対象として実施される手続である

ロール・フォワード手続とは、期末日前における実証手続の結果を期末日まで更新し利用するために、残余期間について実施する手続である。上巻p. 169

A　55　最後に運用評価手続を実施した後から変更されていない、かつ、特別な検討を必要とするリスクに関連しない内部統制について、過年度の監査で入手した監査証拠に依拠するかどうかは、監査人の職業的専門家としての判断による。

A　56　内部統制の運用評価手続のインターバルは職業的専門家としての判断によるが、少なくとも4年に1回の実施が必要である。

A　57　監査人は、過年度の監査で入手した内部統制の運用状況の有効性に関する監査証拠を利用する場合、当該内部統制の重要な変更が過年度の監査終了後に発生しているかどうかについての監査証拠を入手し、過年度の監査から引き継ぐ監査証拠の適合性と信頼性を確認しなければならない。

A　58　監査人は、毎期の監査において内部統制の一部について運用評価手続を実施しなければならず、依拠する全ての内部統制の運用評価手続をある年度で実施し、その後2年間運用評価手続を実施しないとすることはできない。

A　59　監査人は、過年度の監査で入手した内部統制の運用状況の有効性に関する監査証拠を利用する場合、当該内部統制の重要な変更が過年度の監査終了後に発生していないことを確かめ、過年度の監査から引き継ぐ監査証拠の適合性を確認できたとしても、毎期の監査において依拠を予定している内部統制の一部については、運用評価手続を実施する必要がある。

A　60　実証手続とは、アサーション・レベルの重要な虚偽表示を看過しないよう立案し実施する監査手続をいい、詳細テストと総括的評価で構成される。

A　61　監査人は、実証手続を立案し実施することが要求される場合には、評価した重要な虚偽表示リスクの程度にかかわらず、分析的実証手続だけでなく詳細テストによる検討も実施しなければならない。

A　62　監査人は、期末日前を基準日として実証手続を実施する場合には、期末日前を基準日として実施した実証手続の結果を期末日まで更新して利用するための合理的な根拠とするため、残余期間について、運用評価手続と組み合わせて、実証手続を実施すること、又は、監査人が十分と判断する場合、実証手続のみを実施することのいずれかの手続を実施しなければならない。

Personal-Date-Check

55：　【○】　正しい。（監基報330A36項）上巻p. 166

56：　【×】　少なくとも３年に１回である。（監基報330A36項）上巻p. 166、167

57：　【○】　正しい。（監基報330第13項）上巻p. 166

58：　【○】　正しい。（監基報330第13項（２））上巻p. 167

59：　【○】　正しい。監査人は、毎期の監査において内部統制の一部について運用評価手続を実施しなければならず、依拠する全ての内部統制の運用評価手続をある年度で実施し、その後の期間で運用評価手続を実施しないとすることはできない。（監基報330第13項（２））令和２年第Ⅱ回本試験　上巻p. 166・167

60：　【×】　詳細テストと分析的実証手続で構成される。（監基報330第３項（２））上巻p. 168

61：　【×】　実証手続の種類として、①分析的実証手続のみ、②詳細テストのみ、③分析的実証手続と詳細テストの組合せがある。よって、分析的実証手続だけでなく詳細テストによる検討も実施しなければならないという点が誤りとなる。（監基報330A42項）平成31年第Ⅱ回本試験p. 168

62：　【○】　正しい。（監基報330第21項）上巻p. 169

A　63　実証手続を、期末日前を基準日として実施し、残余期間に対して追加手続を実施しない場合には、監査人が期末日に存在する虚偽表示を発見できないリスクは低くなる。このリスクは、残余期間が長いほど低くなる。

A　64　リスク対応手続の実施の基準日として、期末日前と期末日の二つがあるが、重要な虚偽表示リスクの程度が高いほど、監査に要する時間を確保するために、監査人は、可能な限り実証手続を期末日前に実施すべきである。

A　65　監査人は、重要な虚偽表示リスクの評価が許容可能な低い水準を下回っている場合であっても、リスク対応手続を立案し実施しなければならない。

A　66　監査人は、関連するアサーションを識別していないが重要性のある取引種類、勘定残高又は注記事項に対して、実証手続を立案し実施しなければならない。

A　67　監査人は、重要な取引種類、勘定残高又は注記事項に対して、実証手続を立案し実施しなければならない。

A　68　関連するアサーションを識別していないが重要性のある取引種類、勘定残高又は注記事項における全てのアサーションについて実証手続を立案し実施しなければならない。

A　69　監査人が、重要な取引種類、勘定残高又は注記事項に対して、実証手続を立案し実施しなければならないのは、監査人のリスク評価が判断に基づくものであり重要な虚偽表示リスクの全てを識別していない場合があること、及び内部統制には経営者による内部統制の無効化を含む固有の限界があることといった事実を反映している。

第６節　ＩＴ

・　該当する問題なし

Personal-Date-Check

63： 【×】 実証手続を、期末日前を基準日として実施し、残余期間に対して追加手続を実施しない場合には、監査人が期末日に存在する虚偽表示を発見できないリスクは高まる。このリスクは、残余期間が長いほど高まる。（監基報 330A55 項）上巻 p. 170

64： 【×】 監査人は、重要な虚偽表示リスクの程度が高いほど、実証手続を期末日により近い時期又は期末日を基準日として実施すること、又は事前の通知なしに若しくは容易に予測できない時期に監査手続を実施することを決定することがある。よって、可能な限り実証手続を期末日前に実施すべきとする本肢は誤りとなる。（監基報330A11項）平成30年第Ⅰ回本試験　上巻p. 170

65： 【×】 監査人は、重要な虚偽表示リスクの評価が許容可能な低い水準を下回っている場合には、リスク対応手続を立案し実施する必要はない。（監基報 330A４項）上巻 p. 171

66： 【○】 正しい。（監基報 330A４項）上巻 p. 171

67： 【○】 正しい。（監基報 330A４項）上巻 p. 171

68： 【×】 関連するアサーションを識別していないが重要性のある取引種類、勘定残高又は注記事項における全てのアサーションについて実証手続が要求されているわけではない。（監基報 330 A41-2 項）上巻 p. 172

69： 【○】 正しい。（監基報 330A41 項）上巻 p. 172

第６節　ＩＴ

第７節　監査業務の契約

Ａ　１　監査人は、当年度の監査の開始に当たって、監査契約に係る予備的な活動を実施することにより、監査基準報告書220に従った個々の監査業務における品質の管理及び達成に影響を及ぼす可能性のある事象又は状況を識別し評価することが可能となる。

Ａ　２　監査責任者は、監査業務の契約の新規締結又は更新を行うに当たって、依頼されている業務が監査の前提条件を満たしているかだけではなく、監査実施者が独立性や職業的専門家としての能力を含む職業倫理に関する規定を遵守できるかという判断をしなければならない。

Ａ　３　当年度の監査業務における監査契約の更新の可否等の当初の検討は、他の重要な監査業務の実施に先立って完了する。したがって、継続監査においては、前年度の監査の終了前に開始しなければならない。

Ａ　４　監査人は、監査業務の契約条件について経営者と合意しなければならない。

Ａ　５　経営者が責任を有する監査の前提条件が満たされていることを明確にすることは、監査契約締結後に検討すべき事項であり、監査業務の契約条件の合意には含まれない。

Ａ　６　多くの場合は、監査人は、適用される財務報告の枠組みについて受入可能なものであると推定できる。

Ａ　７　監査業務の契約条件の合意された内容として、経営者の責任を監査契約書又はその他の適切な形式による合意書に記載しなければならない。

Ａ　８　経営者は、自社に関する重要な機密情報を除き、財務諸表の作成に関連すると認識している全ての情報を監査人に提供しなければならない。

Ａ　９　経営者には、監査人が監査証拠を入手するために必要と判断した企業構成員への無制限の質問や面談の機会を監査人に提供する責任がある。監査人は、経営者が当該責任を認識し理解している旨の合意を得られないことのみによって、監査契約の新規の締結又は更新を禁止されることはない。

Personal-Date-Check

第７節　監査業務の契約

１：　【○】　正しい。（監基報 300Ａ５項）　上巻 p. 178

２：　【○】　正しい。（監基報 210 第２項（１）、同 220 第 21 項）平成 30 年第Ⅱ回本試験　上巻 p. 178

３：　【×】　当年度の監査業務における監査契約の更新の可否等の当初の検討は、他の重要な監査業務の実施に先立って完了する。したがって、継続監査においては、前年度の監査の終了直後又は前年度の監査の最終段階からこの検討手続を開始することとなる。（監基報 300Ａ７項）上巻 p. 178

４：　【○】　正しい。（監基報 210 第７項）上巻 p. 179

５：　【×】　監査業務の契約条件の合意には、経営者が責任を有する監査の前提条件が満たされていることを明確にすることが含まれる。（監基報 210 第１項）上巻 p. 179

６：　【○】　正しい。（監基報 210Ａ３項）上巻 p. 179

７：　【○】　正しい。（監基報 210 第８項）上巻 p. 180

８：　【×】　経営者は、機密情報も含め、経営者及び監査人が必要と判断した情報の全てを監査人に提供しなければならない。（監基報 200 第 12 項（２）③ア・イ）令和２年第Ⅱ回本試験　上巻 p. 180

９：　【×】　監査人は、契約を締結するにあたり監査の前提条件が満たされているかどうかを明確にする必要があり、それには「監査人が監査証拠を入手するために必要と判断した、企業構成員への制限のない質問や面談の機会」を監査人に提供する責任が含まれる。監査人は、経営者が当該条件を満たしていない場合には協議し、合意が得られない場合には、監査契約を新規に締結又は更新してはならない。（監基報 200 第 12 項（２）③、同 210 第６項（２））平成 31 年第Ⅱ回本試験　上巻 p. 179～181

A　10　経営者が重要な虚偽表示のない財務諸表を作成するため、自らが必要と判断した内部統制を整備及び運用する責任があることに合意していることは、監査人が監査を受嘱する前提の一つである。

第８節　監査計画

A　1　監査計画には､監査業務に対する監査の基本的な方針の策定と詳細な監査計画の作成が含まれる。

A　2　詳細な監査計画の策定により、詳細な監査計画で識別した事項に対応する監査の基本的な方針の作成に着手することが可能となる。

A　3　監査計画には，監査の基本的な方針と詳細な監査計画がある。監査の基本的な方針で策定される監査手続には，リスク評価手続が含まれる。

A　4　監査人は，監査チームメンバーが実施すべき全てのリスク対応手続に係る詳細な監査計画を作成する前であっても，一部の取引種類，勘定残高及び注記事項に関するリスク対応手続を実施することがある。

A　5　監査計画の策定は、前年度の監査の終了直後、又は前年度の監査の最終段階から始まり、当年度の監査の終了まで継続するが、監査計画には、例えば専門家の業務の利用の程度の決定のようなリスク対応手続の実施前に完了することが必要な活動が含まれる。

A　6　監査計画の策定における監査上の重要性の決定等は、重要な虚偽表示リスクの識別と評価の実施前に、考慮しておく必要がある。

A　7　監査チームのすべてのメンバーは、監査計画の策定に参画しなければならない。

A　8　監査は、監査経験や洞察力を十分に有する監査責任者の責任の下で行われるため、監査責任者自らが監査計画を他の監査チームメンバーに頼らず策定し、当該監査計画を監査チームの主要メンバーに伝達しなければならない。

A　9　監査人は、内部統制の運用評価手続により入手した監査証拠と実証手続の実施過程で入手した監査証拠が矛盾するだけで、監査計画を修正することはない。

A　10　監査の基本的な方針と詳細な監査計画とは、必ずしも別個の、又は前後関係が明確なプロセスではなく、一方に修正が生じれば他方にも修正が生じることがある、相互に密接に関連するものである。

Personal-Date-Check

10：　【○】　正しい。（監基報 200 第 12 項（２）②）令和２年第Ⅱ回本試験　上巻 p. 180

第８節　監査計画

１：　【○】　正しい。（監基報 300 第２項）　上巻 p. 184

２：　【×】　監査の基本的な方針の策定により、監査の基本的な方針で識別した事項に対応する詳細な監査計画の作成に着手することが可能となる。（監基報 300 A 10 項）　上巻 p. 185

３：　【×】　リスク評価手続は，監査の基本的な方針ではなく詳細な監査計画において策定される。前半は正しい。（監基報 300 第８項）令和５年第Ⅱ回本試験　上巻 p. 184・185

４：　【○】　正しい。（監基報 300 A 12 項）令和５年第Ⅰ回本試験　上巻 p. 186

５：　【○】　正しい。（監基報300Ａ２項）平成31年第Ⅰ回本試験　上巻p. 186

６：　【○】　正しい。（監基報 300 Ａ２項）　上巻 p. 186

７：　【×】　監査責任者と監査チームの主要メンバーは、監査計画の策定に参画しなければならないが、すべてのメンバーが監査計画の策定に参画しなければならないわけではない。（監基報300第４項、Ａ４項）　上巻p. 186

８：　【×】　監査責任者と監査チームの主要メンバーは、監査計画の策定に参画しなければならない。よって、監査責任者が、他のチームメンバーを頼らず監査計画を策定し、主要メンバーに伝達するという本肢は誤りである。（監基報300第４項）平成30年第Ⅱ回本試験　上巻p. 186

９：　【×】　監査人は、当該状況において、監査計画を修正することがある。（監基報 300 A 15 項）　上巻 p. 187

10：　【○】　正しい。（監基報300Ａ10項）上巻p. 187

A　11　監査人は、監査手続を計画した時点での利用可能な情報と著しく異なる情報に気付いた場合、改訂されたリスク評価の結果に基づいて監査計画を修正することが必要となるが、この修正は監査の基本的な方針まで及ぶことがある。

A　12　監査人は、監査計画の内容について、監査役等とコミュニケーションを実施する必要があるが、経営者に対しては、監査の有効性を阻害することになるため、その内容を知らせることはできない。

第９節　監査証拠の入手方法

A　1　項目の抽出を伴わない十分かつ適切な監査証拠の入手方法として例えば、分析的手続、質問等の監査手続がある。これらの手続は、常に、母集団全体に対して実施される監査手続であって、試査によって行われることはない。

A　2　精査は、監査サンプリングによる試査に含まれないが、特定項目抽出による試査は監査サンプリングによる試査に含まれる。

A　3　精査は、内部統制の運用評価手続には通常適用しない。しかしながら、詳細テストにおいては、用いられることがある。

A　4　監査人は、十分かつ適切な監査証拠を入手するに当たっては、財務諸表における重要な虚偽表示のリスクを暫定的に評価し、リスクに対応した監査手続を、試査に基づき実施しなければならない。

A　5　サンプル項目の無作為抽出、及びサンプリングリスクの測定を含めサンプルのテスト結果を評価するに当たっての確率論の利用特性を持たないサンプリング手法は、非統計的サンプリングとみなされる。

A　6　統計的サンプリング又は非統計的サンプリングのいずれの手法を用いるかは、監査人の判断により決定される。抽出されるサンプル数が、統計的サンプリング又は非統計的サンプリングの選択を決定付ける判断基準となる。

Personal-Date-Check

11：　【○】　正しい。（監基報300Ａ10項）平成31年第Ⅰ回本試験　上巻p. 187

12：　【×】　監査人は、監査の実施と管理を円滑にするために、監査計画の内容について経営者と協議することがある。監査の基本的な方針又は詳細な監査計画について協議を行う場合には、監査の有効性を損なわないための配慮が必要であるが、経営者に対し、監査計画の内容を知らせることができないわけではない。（監基報300Ａ３項）令和４年第１回本試験　上巻p. 188

第９節　監査証拠の入手方法

１：　【×】　抽出された項目に対して実施されることもある

分析的手続、質問等の監査手続は、項目の抽出を行わずに母集団全体に対して実施されることもあるが、試査又は精査によって、その母集団から抽出した個々の項目に対して実施される場合もある。　上巻p. 191

２：　【×】　取引種類又は勘定残高から特定項目を抽出する試査は、監査証拠を入手する効率的な方法ではあるが、それは監査サンプリングによる試査には該当しない。（監基報 500Ａ55 項）　上巻 p. 190

３：　【○】　正しい。（監基報 500Ａ53 項）　上巻 p. 192

４：　【×】　監査人は、十分かつ適切な監査証拠を入手するに当たっては、財務諸表における重要な虚偽表示のリスクを暫定的に評価し、リスクに対応した監査手続を、原則として試査に基づき実施しなければならない。（実施基準一４）　上巻 p. 195

５：　【○】　正しい。（監基報 530 第４項（４））　上巻 p. 197

６：　【×】　抽出されるサンプル数自体は、統計的サンプリング又は非統計的サンプリングの選択を決定付ける判断基準とはならない。（監基報 530Ａ９項）　上巻 p. 197

A 7 監査人は、監査サンプリングを立案する場合、監査手続の目的と、サンプルを抽出する母集団の特性を考慮しなければならない。

A 8 監査手続の目的の考慮には、監査手続の目的に関連する状況のみを網羅的に内部統制の逸脱の評価又は虚偽表示の推定の対象にするために、何が内部統制の逸脱又は虚偽表示になるかを明確に理解することが含まれる。

A 9 監査人は、母集団の特性を考慮するに当たり、内部統制からの逸脱率を予想し決定する。これは、監査サンプリングを立案し、サンプル数を決定するために行われる。

A 10 サンプリングにより運用評価手続を実施する場合、監査人のリスク評価において、内部統制の運用評価手続の実施の計画を考慮に入れる程度が増加すると、必要なサンプル数は減少する。

A 11 監査人は、母集団の特性を考慮するに当たり、内部統制の運用評価手続における予想逸脱率を決定し、予想逸脱率が受け入れられないほど高い場合、通常、運用評価手続を実施しない。

A 12 サンプリングにより実証手続を実施する場合、監査人の重要な虚偽表示リスクの評価が高くなると、必要なサンプル数は増加する。

A 13 母集団の階層化の目的は、各階層に含まれる項目の持つ特性のバラツキを抑え、それによってサンプリングリスクを低くすることなくサンプル数を減少させることにある。

A 14 監査サンプリングでは、監査人は、母集団内の全てのサンプリング単位に抽出の機会が与えられるような方法で、サンプルを抽出しなければならない。

A 15 監査人は、抽出したサンプルが監査手続の適用対象として適当でない場合、当該サンプルを、運用評価手続においては内部統制の逸脱として、詳細テストにおいては虚偽表示として扱わなければならない。

A 16 監査サンプリングによる試査で、抽出したサンプルに関連する証拠書類が紛失しているときなど、抽出したサンプルに監査人が立案した監査手続を適用できない場合、又は適切な代替手続を実施できない場合、監査人は、当該サンプルを詳細テストにおいては虚偽表示として扱わなければならない。

A 17 監査人は、運用評価手続においては、サンプルの逸脱率が母集団全体に対する推定逸脱率とみなすことができるので、母集団全体に対する逸脱率について明確に推定する必要はない。

Personal-Date-Check

7：　【○】　正しい。（監基報530第５項）　上巻 p. 198

8：　【○】　正しい。（監基報530Ａ６項）　上巻 p. 198

9：　【○】　正しい。（監基報530Ａ７項）　上巻 p. 199

10：　【×】　本肢の状況では、必要なサンプル数は増加する。（監基報530付録２）　上巻 p. 200

11：　【○】　正しい。（監基報530Ａ７項）　上巻 p. 201

12：　【○】　正しい。（監基報530付録３）　上巻 p. 202

13：　【×】　母集団の階層化の目的は、各階層に含まれる項目の持つ特性のバラツキを抑え、それによってサンプリングリスクを高めることなくサンプル数を減少させることにある。（監基報530付録１）　上巻 p. 203

14：　【○】　正しい。（監基報530第７項）　上巻 p. 204

15：　【×】　監査人は、抽出したサンプルが監査手続の適用対象として適当でない場合、代わりのサンプルを抽出して手続を実施しなければならない。（監基報530第９項）　上巻 p. 205

16：　【○】　正しい。（監基報530第10項、A15項）令和２年第Ⅱ回本試験　上巻 p. 205

17：　【○】　正しい。（監基報530Ａ20項）　上巻 p. 206

A　18　監査人は、詳細テストにおいて、サンプルで発見した虚偽表示額から母集団全体の虚偽表示額を推定しなければならない。

A　19　詳細テストの場合、推定による虚偽表示から、該当ある場合には例外的な虚偽表示を除いた額が、母集団における虚偽表示に係る監査人の最善の見積りとなる。

A　20　虚偽表示が例外的事象であることが確かめられた場合、当該虚偽表示は、母集団における虚偽表示額の推定から除外されることがある。しかし、母集団を代表しない例外的な虚偽表示の影響については、それが訂正されなかった場合、推定された虚偽表示額とは別に考慮する必要がある。

A　21　推定による虚偽表示に例外的な虚偽表示（該当ある場合）を加えた額が、許容虚偽表示額を上回っている場合には、テストされたサンプルは、母集団に関する結論に対して合理的な基礎を提供しない。

A　22　監査人は、監査サンプリングによって、母集団に関する結論に対して合理的な基礎を得られなかったと判断した場合、合理的な基礎を得るために必要なリスク対応手続の種類、時期及び範囲を見直す等を行う。例えば、運用評価手続の場合、監査人は、サンプル数を増やしたり、代替的な内部統制をテストしたり、又は関連する実証手続を修正する。

A　23　詳細テストにおいて、サンプルにおける予想を超えた多額の虚偽表示は、重要な虚偽表示がないという追加の監査証拠を入手できない場合には、取引種類又は勘定残高に重要な虚偽表示があると監査人が判断する原因になることがある。

A　24　サンプリングリスクには、例えば、不適切な監査手続の適用、又は監査証拠の誤った解釈により、虚偽表示又は内部統制の逸脱を識別できないことが含まれる。

A　25　特定項目抽出による試査では、監査サンプリングによる試査とは異なり、その実施した監査手続の結果からは、母集団の中から抽出されなかった残余部分に関する監査証拠は得られない。

A　26　監査人の判断による特定項目の抽出は、サンプリングリスクを伴う。

Personal-Date-Check

18： 【○】 正しい。（監基報 530 第 13 項） 上巻 p. 206

19： 【×】 詳細テストの場合、推定による虚偽表示に例外的な虚偽表示（該当ある場合）を加えた額が、母集団における虚偽表示に係る監査人の最善の見積りとなる。（監基報 530A22 項） 上巻 p. 207

20： 【○】 正しい。（監基報 530A19 項） 上巻 p. 207

21： 【○】 正しい。（監基報 530A22 項） 上巻 p. 209

22： 【○】 正しい。（監基報 530A23 項） 上巻 p. 209

23： 【○】 正しい。（監基報 530A21 項） 上巻 p. 209

24： 【×】 本肢のリスクは、サンプリングリスクではなく、ノンサンプリングリスクである。（監基報 530A 1 項） 上巻 p. 211

25： 【○】 正しい。（監基報 500A55 項）平成 29 年第Ⅱ回本試験 上巻 p. 212

26： 【×】 監査人の判断による特定項目の抽出は、ノンサンプリングリスクを伴う。（監基報 500A54 項） 上巻 p. 213

第10節　監査上の重要性

A　1　監査人は、監査を計画及び実施する際に重要性の概念を適用する。また、識別した虚偽表示が監査に与える影響や、未修正の虚偽表示が財務諸表に与える影響及び監査意見の形成に与える影響を評価する際にも、重要性の概念を適用する。

A　2　監査人は、監査計画の策定に際して、重要と考える虚偽表示の金額について判断を行うが、この判断は、リスク評価手続の種類、時期及び範囲の決定、重要な虚偽表示リスクの識別と評価、リスク対応手続の種類、時期及び範囲の決定の全てを実施するための基礎となる。

A　3　脱漏を含む虚偽表示は、個別に又は集計すると、当該財務諸表の利用者の経済的意思決定に影響を与えると合理的に見込まれる場合に、重要性があると判断される。

A　4　監査人は、虚偽表示が重要性の基準値を下回る場合でも、当該虚偽表示が、個別に又は監査の過程で集計した他の虚偽表示と合わせて検討した結果、重要であると評価することがある。当該評価に影響を与える状況には、虚偽表示が、借入に係る財務制限条項又はその他の契約上の要求事項に影響を与えている場合が含まれる。

A　5　重要性の基準値とは、監査計画の策定時に決定した、財務諸表全体において重要であると判断する虚偽表示の金額をいい、監査計画の策定後改訂した金額を含まない。

A　6　監査計画の策定時に決定する重要性の基準値は、全ての未修正の虚偽表示が、いかなる場合においても個別に又は集計しても重要性がないと評価できる金額として設定しなければならない。

A　7　監査の過程で識別した虚偽表示の評価の際には、監査人は、虚偽表示が重要性の基準値を下回っていたとしても、状況によっては当該虚偽表示に重要性があると評価することがある。

A　8　監査人は、監査の過程で識別した未修正の虚偽表示が重要性の基準値を上回っている場合であっても、全体としての財務諸表との関連で重要ではないと判断することができる場合がある。

A　9　監査計画の策定時においては質的な内容のみにより重要となり得る全ての虚偽表示を発見するための監査手続を立案しなければならない。

Personal-Date-Check

第10節　監査上の重要性

1：　【○】　正しい。(監基報320第５項) 上巻p. 216

2：　【○】　正しい。(監基報320第６項) 上巻p. 216

3：　【○】　正しい。(監基報320第２項) 上巻p. 217

4：　【○】　正しい。(監基報450 A20項) 平成29年第Ｉ回本試験　上巻p. 217

5：　【×】　重要性の基準値とは、監査計画の策定時に決定した、財務諸表全体において重要であると判断する虚偽表示の金額をいい、監査計画の策定後改訂した金額を含む。(監基報320第８項（１))　上巻p. 218

6：　【×】　監査計画の策定時に決定する重要性の基準値は、全ての未修正の虚偽表示が、いかなる場合においても個別に又は集計しても重要性がないと評価できる金額として設定する必要はない。(監基報320第６項)　上巻p. 219

7：　【○】　正しい。(監基報450 A20項) 上巻p. 219

8：　【○】　正しい。(監基報450 A19項) 上巻p. 219

9：　【×】　監査計画の策定時においては質的な内容のみにより重要となり得る全ての虚偽表示を発見するための監査手続を立案するのは実務的とはいえない。よって、そのようなことは求められていない。(監基報320第６項) 上巻p. 219

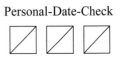

A　10　監査人は、全ての未修正の虚偽表示が財務諸表に与える影響を評価する際、金額だけでなく、内容や、虚偽表示が生じた特有の状況についても考慮する。

A　11　企業の特定の状況において、特定の取引種類、勘定残高又は注記事項に関する虚偽表示が、重要性の基準値を下回る場合でも、財務諸表の利用者が財務諸表に基づいて行う経済的意思決定に影響を与えると合理的に見込まれる場合以外は、監査人は、当該特定の取引種類、勘定残高又は注記事項について適用される重要性の基準値を決定する必要はない。

A　12　手続実施上の重要性とは、合算リスクを適切な低い水準に抑えるために、監査人が重要性の基準値より低い金額として設定する金額をいう。

A　13　手続実施上の重要性とは、一会計年度の監査において１つだけ設定されるものである。

A　14　監査人は、重要な虚偽表示リスクを評価し、リスク対応手続の種類、時期及び範囲を決定するために、手続実施上の重要性を決定しなければならない。

A　15　監査人は、監査の基本的な方針を策定する際に重要性の基準値を決定しなければならないが、この重要性の基準値は、財務諸表における未修正の虚偽表示と未発見の虚偽表示を考慮して、手続実施上の重要性と一致させる必要がある。

A　16　個別に重要な虚偽表示を発見することのみを意図した監査計画を策定すると、個別には重要ではないが集計すると重要な虚偽表示となる場合があること、さらに、未発見の虚偽表示が存在する可能性があることを考慮していないことになる。

A　17　手続実施上の重要性は、単純で機械的な計算により決定されるものである。

A　18　手続実施上の重要性は、財務諸表全体に対する重要性の基準値に対して設定されるものであり、特定の取引種類、勘定残高、注記事項に対する重要性の基準値に対して設定されるものではない。

Personal-Date-Check

10： 【○】 正しい。(監基報 3

11： 【○】 正しい。(監基報 320

12： 【○】 正しい。(監基報 320 第

13： 【×】 １つだけ設定されるもの る（監基報 320 第８項（３））
上巻 p. 221

14： 【○】 正しい。(監基報 320 第 1

15： 【×】 監査人は、監査の基本的な 準値を決定しなければならず、
前半は正しい。しかし、手続 未修正の虚偽表示と未発見の虚
偽表示の合計が、重要性の基 い水準に抑えるために設定する
のであって、重要性の基準値よ て設定される。（監基報 320 第８項（３））平
成 30 年第Ⅱ回本試験　上巻 p. 221

16： 【○】 正しい。(監基報 320A10 項）上巻 p. 221

17： 【×】 手続実施上の重要性は、単純で機械的な計算により決定されるものではなく、その決定には職業的専門家としての判断を伴う。(監基報 320A10 項）上巻 p. 222

18： 【×】 手続実施上の重要性は、特定の取引種類、勘定残高又は注記事項に対する重要性の基準値に対しても設定される。　上巻 p. 222

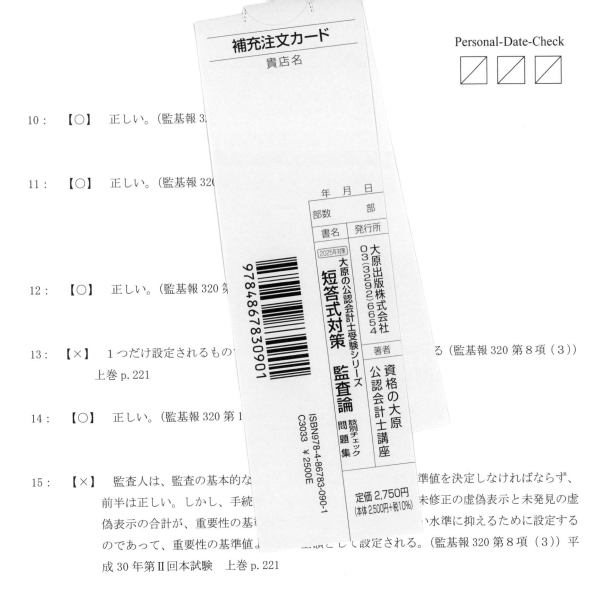

A　19　監査サンプリングにおける許容虚偽表示額は、手続実施上の重要性と同額か、それより小さい金額となる場合がある。

A　20　重要性の決定には、職業的専門家としての判断を伴う。監査人は、通常、重要性の基準値を決定する際に、最初に指標を選択し、その指標に対して特定の割合を適用する。

A　21　選択する指標に適用する割合も指標の性質により異なり、売上高に適用する割合は、通常、税引前利益に適用する割合よりも大きい。

A　22　選択した指標に関連する財務データには、通常、過年度や期中の実績又は財政状態、当年度の予算又は見込みがあるが、それらに対して企業の状況の重要な変化や企業が属する産業や経済の環境変化に応じて修正した数値も含まれる。

A　23　監査人は、監査の実施過程において、当初決定した重要性の基準値を改訂すべき情報を認識した場合には、重要性の基準値を改訂しなければならない。

A　24　監査人は、監査計画の策定に当たって、重要性の基準値を設定するが、その際、税引前利益などの指標に対して 5%などの特定の割合を適用する。この場合、指標の値には、監査対象年度の予算を適用することが求められているため、期中に被監査会社が予算の修正を行った場合には、それに合わせて重要性の基準値を改訂する。

A　25　監査人は、重要性の基準値を、当初決定した金額よりも小さくすることが適切であると決定した場合には、手続実施上の重要性を改訂しなければならない。

A　26　監査計画策定段階で決定された監査上の重要性(重要性の基準値)のもとで評価された監査リスクは、他の条件が一定(手続等に変更がない)であれば、監査上の重要性(重要性の基準値)が変更されると、それに応じて変化することになる。つまり、監査人が考慮する監査上の重要性と監査リスクの間には、相関関係があるということである。

A　27　監査人は、当初の監査計画より重要性の基準値を小さくする必要があると判断したときには、計画したリスク対応手続の種類、時期及び範囲を修正する必要があるか判断しなければならない。

Personal-Date-Check

19：　【○】　正しい。許容虚偽表示額は、監査サンプリングに手続実施上の重要性を適用したものである。許容虚偽表示額は、手続実施上の重要性と同額か、それより少額となる場合がある。（監基報 530 A 3 項）　上巻 p. 222

20：　【○】　正しい。（監基報 320 A 3 項）上巻 p. 223

21：　【×】　選択する指標に適用する割合も指標の性質により異なり、売上高に適用する割合は、通常、税引前利益に適用する割合よりも小さい。（監基報 320 A 7 項）上巻 p. 223

22：　【○】　正しい。（監基報 320 A 5 項）上巻 p. 223

23：　【○】　正しい。（監基報 320 第 11 項）上巻 p. 224

24：　【×】　重要性の基準値を設定する際の指標の値として、監査対象年度の予算を適用することが求められているわけではない。また、指標の値として監査対象年度の予算を適用した場合で、期中に予算の修正を行ったとしても、必ずしも重要性の基準値を改訂するとは限らない。（監基報 320 A 5・11 項）令和 2 年第Ⅰ回本試験　上巻 p. 224

25：　【×】　必ずしも手続実施上の重要性を改訂するとは限らない

監査人は、重要性の基準値を、当初決定した金額よりも小さくすることが適切であると決定した場合には、手続実施上の重要性を改訂する必要があるか、さらに、リスク対応手続の種類、時期及び範囲が適切であるか判断しなければならない。（監基報320第12項）　上巻p. 224

26：　【○】　正しい。上巻 p. 225

27：　【○】　正しい。（監基報 320 第 12 項）令和 3 年本試験　上巻 p. 225

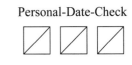

A　28　監査人は、識別した内部統制の逸脱又は虚偽表示のうち、内部統制の逸脱の程度又は虚偽表示の金額が小さいものについてはその原因を調査する必要はない。

A　29　監査人は、明らかに僅少なものを除き、監査の過程で識別した虚偽表示を集計しなければならない。

A　30　監査人は、「明らかに僅少」なものを除き、監査の過程で識別した虚偽表示を集計することが求められている。「明らかに僅少」とは、「重要性がない」ということである。

A　31　監査人は、監査の過程で識別した全ての虚偽表示について、適切な階層の経営者に適時に報告し、これらの虚偽表示を修正するよう経営者に求めなければならない。

A　32　監査人は、未修正の虚偽表示が与える影響を評価する前に、決定した重要性の基準値が、実績値に照らして依然として適切であるかどうかを検討しなければならない。

A　33　監査人は、個別に又は集計して、未修正の虚偽表示が重要であるかどうかを判断しなければならない。

A　34　監査人は、監査役等に、過年度の未修正の虚偽表示が関連する取引種類、勘定残高又は注記事項及び全体としての財務諸表に与える影響について報告しなければならない。

A　35　監査人は、未修正の重要な虚偽表示を識別した場合には、当該虚偽表示の内容及びそれが個別に又は集計して監査意見に与える影響について、監査役等に報告しなければならないが、この際監査人は、監査役等にそれが未修正の重要な虚偽表示であることを明示しなければならない。

A　36　監査の過程で集計した虚偽表示の合計が重要性の基準値に近似していても，その範囲内であれば，監査人は，当初策定した監査計画の修正を検討する必要はない。

Personal-Date-Check

28：　【×】　すべての内部統制の逸脱又は虚偽表示の内容と原因を調査しなければならない

監査人は、識別したすべての内部統制の逸脱又は虚偽表示の内容と原因を調査して、それらが監査手続の目的と監査の他の領域に及ぼす影響を評価しなければならない。（監基報530第11項）　上巻p. 227

29：　【○】　正しい。（監基報 450 第４項）上巻 p. 228

30：　【×】　「明らかに僅少」とは、「重要性がない」ということではない。「明らかに僅少」な虚偽表示は、重要性があると判断される虚偽表示と比べて金額的にごく少額な水準である、又は内容が全く異なる虚偽表示である。（監基報 450Ａ２項）　上巻 p. 228

31：　【×】　適切な階層の経営者に適時に報告し、これらの虚偽表示を修正するよう経営者に求めなければならないのは、監査の過程で集計した全ての虚偽表示である。（監基報 450 第７項）上巻 p. 228

32：　【○】　正しい。（監基報 450 第９項）　上巻 p. 229

33：　【○】　正しい。（監基報 450 第 10 項）　上巻 p. 229

34：　【○】　正しい。（監基報 450 第 12 項）　上巻 p. 229

35：　【○】　正しい。（監基報 450 第 11 項）平成 31 年第Ⅱ回本試験　上巻 p. 229

36：　【×】　監査の過程で集計した虚偽表示の合計が重要性の基準値に近似している場合，その範囲内であったとしても，当初策定した監査計画を修正する必要があるか判断しなければならない。（監基報 450 第５項（２））令和５年第Ⅱ回本試験　上巻 p. 230

第11節　特別な検討を必要とするリスク

A　1　特別な検討を必要とするリスクとは、固有リスク要因が、虚偽表示の発生可能性と虚偽表示が生じた場合の影響の度合い（金額的及び質的な影響の度合い）の組合せに影響を及ぼす程度により、固有リスクの重要度が最も高い領域に存在すると評価された重要な虚偽表示リスクのことのみをさす。

A　2　監査人は、評価した重要な虚偽表示リスクが特別な検討を必要とするリスクであるかどうかを決定しなければならない。

A　3　監査人は、特別な検討を必要とするリスクを決定する際に、まず固有リスクが高いと評価した重要な虚偽表示リスクを特定し、どのリスクが最も高い領域に近いリスクであるかを検討するための基礎とすることがある。

A　4　監査人は、識別した重要な虚偽表示リスクが特別な検討を必要とするリスクであるかどうかを決定する際、関連する統制活動を含む内部統制の影響を考慮しなければならない。

A　5　監査人は、特別な検討を必要とするリスクを決定することで、固有リスクが最も高い領域に存在すると評価したリスクにより重点を置くことができ、要求された特定の対応を実施することができる。

A　6　監査人は、リスク評価手続を通じて実施する特別な検討を必要とするリスクに対応する内部統制の識別により、統制活動を理解しなければならない。

A　7　監査人は、特別な検討を必要とするリスクに対する内部統制に依拠する場合には、過年度の監査において入手した監査証拠を利用することができ、内部統制の運用評価手続を実施しないことがある。

A　8　監査人は、特別な検討を必要とするリスクがあると判断した場合であっても、当該リスクに対する内部統制に依拠しないときは、当年度の監査において、関連する内部統制の運用状況の有効性を評価する必要はない。

Personal-Date-Check

第11節　特別な検討を必要とするリスク

1：　【×】　関連当事者との通常の取引過程から外れた重要な取引等、監基報の要求事項にしたがって特別な検討を必要とするリスクとして取り扱うこととされた重要な虚偽表示リスクも特別な検討を必要とするリスクに該当する。（監基報315第11項（10））上巻p. 232

2：　【○】　正しい。（監基報315第31項）上巻p. 234

3：　【○】　正しい。（監基報315Ａ204項）上巻p. 234

4：　【×】　識別した重要な虚偽表示リスクが特別な検討を必要とするリスクであるかどうかを決定する際、当該リスクに関連する内部統制の影響を考慮してはならない。平成31年第Ⅰ回本試験　上巻p. 234

5：　【○】　正しい。（監基報315Ａ203項）上巻p. 234

6：　【○】　正しい。（監基報315第25項（１）①）上巻p. 234

7：　【×】　監査人は、特別な検討を必要とするリスクに対する内部統制に依拠する場合には、当年度の監査において、これに関連する内部統制の運用評価手続を実施しなければならない。（監基報330第14項）上巻p. 235

8：　【○】　正しい。特別な検討を必要とするリスクに対応する内部統制に依拠する場合には、当年度の監査において、これに関連する内部統制の運用評価手続を実施しなければならないが、依拠しない場合には必要ない。（監基報 330 第 14 項）平成 31 年第Ⅱ回本試験　上巻 p. 235

A　9　監査人は、重要な訴訟事件が発生していたので、これを特別な検討を必要とするリスクと判断し、関連する内部統制について検討したところ、訴訟事件の発生はまれであり、これに対応した内部統制は十分に構築されていなかった。このため、内部統制には依拠せず、担当部署への質問と弁護士への確認、その他必要な実証手続を実施した。この対応は適切である。

A　10　監査人は、評価したアサーション・レベルの重要な虚偽表示リスクが特別な検討を必要とするリスクであると判断した場合、そのリスクに個別に対応する実証手続を実施しなければならない。

A　11　監査人は、特別な検討を必要とするリスクに対して実証手続のみを実施する場合、分析的実証手続を含めなければならない。

第12節　関連当事者との関係及び取引

A　1　関連当事者との取引は、通常の取引過程において行われることが多い。この場合、関連当事者との取引による財務諸表の重要な虚偽表示リスクは、関連当事者以外の第三者との同様の取引と変わらないと考えられる。

A　2　監査人は、前年度からの変更を含めた、経営者が識別した関連当事者、関連当事者との関係、当年度における関連当事者との取引の有無、及び取引がある場合には当該取引の種類と目的について経営者に質問しなければならない。

A　3　経営者と監査人は、企業に対する理解の程度に差があるため、監査人は、経営者が従来識別していない関連当事者との関係又は関連当事者との取引を示唆する可能性がある契約又はその他の情報に留意する必要はない。

A　4　監査人は、経営者が関連当事者との重要な取引や取引条件についての権限の付与及び承認のために構築した内部統制がある場合には、それらの内部統制を理解するため、経営者及びその他の企業構成員に質問を行うとともに、適切と考えられるその他のリスク評価手続を実施しなければならない。

A　5　監査人は、関連当事者について入手した情報を、監査チーム内で共有しなければならない。

A　6　監査人は、関連当事者との関係及び関連当事者との取引に伴う重要な虚偽表示リスクを識別し評価するとともに、当該リスクを特別な検討を必要とするリスクとして扱わなければならない。

９： 【○】 正しい。内部統制が十分に構築されていないのであれば、内部統制に依拠せず、実証手続で検討する。（監基報330第14項）令和２年第Ⅰ回本試験　上巻p. 235、236参考

10： 【○】 正しい。（監基報330第20項）上巻p. 236

11： 【×】 監査人は、特別な検討を必要とするリスクに対して実証手続のみを実施する場合、詳細テストを含めなければならない。（監基報330第20項）上巻p. 236

第 12 節　関連当事者との関係及び取引

１： 【○】 正しい。（監基報 550 第２項）上巻 p. 238

２： 【○】 正しい。（監基報 550 第 12 項）上巻 p. 239

３： 【×】 監査人は、監査期間中、記録や文書を閲覧する際、経営者が従来識別していない又は監査人に開示していない関連当事者との関係又は関連当事者との取引を示唆する可能性がある契約又はその他の情報に留意しなければならない。（監基報 550 第 14 項）上巻 p. 239

４： 【○】 正しい。（監基報 550 第 13 項）上巻 p. 240

５： 【○】 正しい。（監基報 550 第 16 項）上巻 p. 240

６： 【×】 関連当事者との関係及び関連当事者との取引について特別な検討を必要とするリスクに該当するか否かは、監査人の判断により、必ず特別な検討を必要とするリスクとして扱うわけではない。（監基報 550 第 17 項）上巻 p. 241

Ａ　7　監査人は、企業の通常の取引過程から外れた関連当事者との重要な取引について、特別な検討を必要とするリスクとして取り扱わなければならない。

Ａ　8　監査人は、経営者が従来識別していない又は監査人に開示していない関連当事者との関係又は関連当事者との取引を示唆する契約やその他の情報を識別した場合、関連当事者との関係又は取引が存在しているかどうかを判断しなければならない。

Ａ　9　監査人は、監査期間中に発生した関連当事者に関連する重要な事項について、監査役若しくは監査役会、監査等委員会又は監査委員会とのコミュニケーションを実施しなければならない。

Ａ　10　関連当事者との取引は、通常の取引過程において行われることが多いが、関連当事者との関係を利用して、経営者が共謀、隠蔽又は改竄を行う機会が増すため、監査人は、関連当事者との取引の全てを特別な検討を必要とするリスクとして取り扱わなければならない。

Ａ　11　監査人は、関連当事者との取引に伴う重要な虚偽表示リスクを識別するための情報を入手することが必要であるが、関連当事者との重要な取引や取引条件についての権限の付与及び承認のために経営者が構築した内部統制がある場合には、その内部統制を理解するため、経営者に質問しなければならない。

第13節　会計上の見積りの監査

Ａ　1　見積りの不確実性とは、正確に測定することができないという性質に影響される程度をいう。

Ａ　2　監査人は、職業的懐疑心を常に保持しなければならないので、会計上の見積りの不確実性の程度が高い場合、あるいは会計上の見積りが複雑性、主観性又はその他の固有リスク要因によって大きな影響を受ける場合であっても、職業的懐疑心の程度は変わらない。

Ａ　3　会計上の見積りの確定額とは、会計上の見積りに係る取引、事象又は状況が最終的に確定することによって生ずる実績金額をいう。

Ａ　4　監査人は、当年度における重要な虚偽表示リスクの識別と評価に役立てるために、過年度の会計上の見積りの確定額又は該当する場合には再見積額について検討しなければならない。

7：　【○】　正しい。(監基報 550 第 17 項) 上巻 p. 241

8：　【○】　正しい。(監基報 550 第 20 項) 上巻 p. 242

9：　【○】　正しい。(監基報 550 第 26 項) 上巻 p. 243

10：　【×】　関連当事者との取引を、特別な検討を必要とするリスクとして扱うかどうかは監査人の判断に基づくものである。よって関連当事者との取引の全てを特別な検討を必要とするリスクとして取り扱わなければならないとする本肢は、誤りである。(監基報 550 第 17 項) 平成 29 年第Ⅱ回本試験　上巻 p. 241

11：　【○】　正しい。(監基報 550 第 13 項) 平成 29 年第Ⅱ回本試験　上巻 p. 240

第 13 節　会計上の見積りの監査

1：　【○】　正しい。(監基報 540 第 11 項（3)) 上巻 p. 244

2：　【×】　職業的懐疑心は常に保持しなければならないが、その程度が変わらないものではない。例えば、会計上の見積りの不確実性の程度がより高い場合、あるいは会計上の見積りが複雑性、主観性又はその他の固有リスク要因によって大きな影響を受ける場合には、職業的懐疑心の程度が高まるのである。(監基報 540 第８項) 令和４年第Ⅰ回本試験　上巻 p. 245

3：　【○】　正しい。(監基報 540 第 11 項（6)) 上巻 p. 248

4：　【○】　正しい。(監基報 540 第 13 項) 上巻 p. 249

A　5　過年度の会計上の見積りの確定額又は該当する場合には再見積額についての監査人の検討は、見積りの時点において利用可能であった情報に基づき適切に行われた、過年度における会計上の見積りの判断を問題とするものである。

A　6　監査人は、会計上の見積りの確定額を前年度の財務諸表に計上された見積額と比較検討しなければならない。その結果、両者に差異があったとしても、必ずしも前年度の財務諸表に虚偽表示があったと判断する必要はない。

A　7　会計上の見積り及び関連する注記事項については、監査人は、アサーション・レベルの重要な虚偽表示リスクを識別し評価する際に、会計上の見積りが見積りの不確実性の影響を受ける程度、及び会計上の見積りを行う際に使用する見積手法等が複雑性、主観性又はその他の固有リスク要因の影響を受ける程度を考慮しなければならない。

A　8　見積りの不確実性が高いと識別された会計上の見積りは、特別な検討を必要とするリスクを生じさせるものである。

A　9　監査人は、会計上の見積り及び関連する注記事項に関して、識別し評価した重要な虚偽表示リスクが特別な検討を必要とするリスクであるかどうかを、見積りの不確実性の影響を受ける程度を考慮して判断する。

A　10　監査人は、評価したアサーション・レベルの重要な虚偽表示リスクの評価の根拠を考慮し、当該リスクに対応するリスク対応手続を立案し実施しなければならない。このリスク対応手続には、監査報告書日までに発生した事象からの監査証拠の入手、経営者がどのように会計上の見積りを行ったかの検討、監査人の見積額又は許容範囲の設定を全て含めなければならない。

A　11　監査人は、監査人の許容範囲を設定する場合、十分かつ適切な監査証拠により裏付けられ、適用される財務報告の枠組みにおける測定目的及び他の要求事項に照らして合理的であると評価した金額のみが含まれるように許容範囲を決定することを実施しなければならない。

A　12　監査証拠により経営者の見積額が含まれない許容範囲が裏付けられることがある。そのような場合、経営者の見積額と監査人の許容範囲との最大の差額が虚偽表示となる。

Personal-Date-Check

5：　【×】　過年度の会計上の見積りの確定額又は該当する場合には再見積額についての監査人の検討は、見積りの時点において利用可能であった情報に基づき適切に行われた、過年度における会計上の見積りの判断を問題とするものではない。(監基報 540 第 13 項) 上巻 p. 249

6：　【○】　正しい。(監基報540A60項) 平成29年第Ⅰ回本試験　上巻p. 249

7：　【○】　正しい。(監基報540第15項) 上巻p. 249

8：　【×】　必ず該当するのではなく、監査人の判断により決定されるものである

監査人は、監査人自らの判断により、特別な検討を必要とするリスクを生じさせているかどうかを決定しなければならない。(監基報540第16項) 上巻p. 249

9：　【○】　正しい。(監基報 540 第 15 (1)・16 項) 令和４年第Ⅰ回本試験　上巻 p. 249

10：　【×】　前半は正しい。本肢のリスク対応手続には、監査報告書日までに発生した事象からの監査証拠の入手、経営者がどのように会計上の見積りを行ったかの検討、監査人の見積額又は許容範囲の設定のうち、少なくとも一つを含めなければならないのであり、全て含める必要はない。(監基報540第17項) 上巻p. 250

11：　【○】　正しい。(監基報 540 第 28 項) 上巻 p. 251

12：　【×】　監査証拠により経営者の見積額が含まれない許容範囲が裏付けられることがある。そのような場合、経営者の見積額と監査人の許容範囲との最小の差額が虚偽表示となる。(監基報 540A139 項) 上巻 p. 253

A　13　監査人は、会計上の見積り及び関連する注記事項に関して、重要な虚偽表示リスクを評価した際に、内部統制が有効に運用されていると想定する場合には、関連する内部統制の運用評価手続を実施しなければならない。

A　14　監査人は、財務諸表に含まれる会計上の見積りに関する経営者の判断及び決定について、それらが個々には合理的であっても、経営者の偏向が存在する兆候を示していないかどうかを評価しなければならない。監査人は、経営者の偏向が存在する兆候を識別した場合、監査への影響を評価しなければならない。

A　15　経営者の偏向は、勘定科目レベルでは見出すことはできない。

A　16　監査人は、複数の会計上の見積り若しくは会計上の見積りの全てを総括的に検討すること、又は複数の会計期間を通じて会計上の見積りを検討することによって、経営者の偏向を認識できる場合がある。

A　17　会計上の見積りが経営者の偏向の影響を受ける可能性は、会計上の見積りを行う際に経営者の主観性に依存する程度が低いほど増加する。

A　18　誤解を与えることを目的としているのであれば、経営者の偏向は不正に該当する。

A　19　個々の会計上の見積りの合理性に関して結論付ける際に、経営者の偏向が存在する兆候があったとしても、それが虚偽表示となることはない。

Personal-Date-Check

13：　【○】　正しい。（監基報540第18項（１））上巻p. 254

14：　【○】　正しい。（監基報 540 第 31 項）上巻 p. 255

15：　【×】　経営者の偏向は、勘定科目レベルでは見出すのは困難なことがあり、監査人が複数の会計上の見積りを検討したり、全ての会計上の見積りを総括的に検討したり、又は複数の会計期間にわたって観察した場合にのみ識別されることがある。よって、勘定科目レベルで見出すのが不可能なわけではないため、本肢は誤りである。（監基報 540 A133 項）上巻 p. 255

16：　【○】　正しい。（監基報 540 A133 項）平成 30 年第Ⅰ回本試験　上巻 p. 255

17：　【×】　会計上の見積りが経営者の偏向の影響を受ける可能性は、会計上の見積りを行う際に経営者の主観性に依存する程度が高いほど増加する。（監基報 540 A17 項）上巻 p. 255

18：　【○】　正しい。経営者の主観的な判断には、何らかの経営者の偏向が含まれるものではあるが、経営者には、財務諸表利用者に誤解を与えようという意図がないこともある。一方、意図的に誤解を与えることを目的としているのであれば、そのような経営者の偏向は不正に該当する。（監基報540第31項）上巻p. 256

19：　【×】　個々の会計上の見積りの合理性に関して結論付ける際に、経営者の偏向が存在する兆候があったとしても、それだけでは虚偽表示とはならない。ただし、状況によっては、監査証拠が単なる経営者の偏向の兆候ではなく、虚偽表示を示すこともある。（監基報 540 A134 項）上巻 p. 256

第14節　財務諸表監査における不正の検討

A　1　誤謬とは、財務諸表の基礎となるデータの収集又は処理上の誤りや、認識、測定、分類、表示又は開示に関する会計基準の適用の誤りをいい、金額又は開示の脱漏は含まれない。

A　2　不正な財務報告は、経営者による内部統制の無効化を伴うことが多い。

A　3　不正による虚偽表示に関しては、監査の固有の限界が重要な影響を与える可能性がある。監査人にとって不正による重要な虚偽表示を発見できないリスクは、誤謬による重要な虚偽表示を発見できないリスクよりも高くなる。

A　4　経営者は、直接的又は間接的に会計記録を改竄すること、不正な財務諸表を作成すること、又は他の従業員による不正を防止するためにデザインされた内部統制を無効化することができる立場にある場合が多いので、監査人が経営者不正による重要な虚偽表示を発見できないリスクは、従業員不正による場合のリスクよりも高い。

A　5　不正を防止し発見する基本的な責任は経営者にあり、取締役会や監査役若しくは監査役会、監査等委員会又は監査委員会は当該責任を負っていない。

A　6　監査人は、不正によるか誤謬によるかを問わず、全体としての財務諸表に重要な虚偽表示がないことについて合理的な保証を得る責任がある。

A　7　監査人は、不正の発生が疑われる場合や、まれに不正の発生を識別した場合には、不正の発生に関する法的判断を行わなければならない。

A　8　監査人は、記録や証憑書類の真正性に疑いを抱く理由がある場合を除いて、通常、記録や証憑書類を真正なものとして受け入れることができる。そのため、監査の過程で把握した状況により、ある記録や証憑書類が真正ではないと疑われる場合、又は文言が後から変更されているが監査人に開示されていないと疑われる場合であっても、追加で調査する必要はない。

A　9　監査人は、財務諸表に不正による重要な虚偽表示が行われるリスクに関する経営者の評価について経営者に質問しなければならない。

Personal-Date-Check

第 14 節　財務諸表監査における不正の検討

1：　【×】　誤謬とは、財務諸表の意図的でない虚偽の表示であって、金額又は開示の脱漏を含む。（監基報（序）付録５）　上巻 p. 258

2：　【○】　正しい。（監基報 240Ａ４項）　上巻 p. 259

3：　【○】　正しい。（監基報 240 第６項）　上巻 p. 260

4：　【○】　正しい。（監基報 240 第７項）上巻 p. 260

5：　【×】　不正を防止し発見する基本的な責任は経営者にあるが、取締役会や監査役若しくは監査役会、監査等委員会又は監査委員会も責任を負っている。（監基報 240 第４項）上巻 p. 261

6：　【○】　正しい。（監基報 240 第５項）上巻 p. 262

7：　【×】　監査人は、不正の発生が疑われる場合や、まれに不正の発生を識別した場合においても、不正の発生に関する法的判断は行わない。（監基報240第３項）上巻p. 262

8：　【×】　監査の過程で把握した状況により、ある記録や証憑書類が真正ではないと疑われる場合、又は文言が後から変更されているが監査人に開示されていないと疑われる場合には、更に調査しなければならない。（監基報240第12項）上巻p. 262

9：　【○】　正しい。（監基報 240 第 16 項）上巻 p. 263

A　10　監査人は、収益勘定を対象としたものを含めて、分析的手続の実施により識別した通例でない又は予期せぬ関係が、不正による重要な虚偽表示リスクを示す可能性があるかどうかを評価しなければならない。

A　11　監査人は、実施したその他のリスク評価手続とこれに関連する活動により入手した情報が、不正リスク要因の存在を示しているかどうかを検討しなければならない。

A　12　固有リスク要因と不正リスク要因は、異なる概念のものであり、不正リスク要因が、固有リスク要因となることはない。

A　13　監査人は、不正による重要な虚偽表示リスクを識別し評価する際、収益認識には不正リスクがあると判断しなければならず、どのような種類の収益、取引形態又はアサーションに関連して不正リスクが発生するかを判断しなければならない。

A　14　監査人は、収益認識に関係する不正による重要な虚偽表示リスクがないと判断したときは、その理由を監査調書に記録しなければならない。

A　15　監査人は、不正による重要な虚偽表示リスクであると評価したリスクを、特別な検討を必要とするリスクとして取り扱わなければならない。

A　16　監査人は、不正による重要な虚偽表示リスクであると判断した場合、当該リスクに関連する統制活動を含む内部統制を理解しなければならない。

A　17　監査人は、評価したアサーション・レベルの不正による重要な虚偽表示リスクに対しては、当該アサーションについて不正リスクを識別していない場合に比べ、より適合性が低く、より証明力が弱く、又は少しの監査証拠を入手すればよい。

Personal-Date-Check

10：　【○】　正しい。(監基報 240 第 21 項）上巻 p. 264

11：　【○】　正しい。(監基報 240 第 23 項）上巻 p. 265

12：　【×】　意図的な経営者の偏向を含む不正リスク要因は、それが固有リスクに影響を及ぼす場合には、固有リスク要因となる。（監基報240 A23項）上巻p. 265

13：　【×】　監査人は、不正による重要な虚偽表示リスクを識別し評価する際、収益認識には不正リスクがあるという推定するのであり、必ずしも不正リスクがあると判断するわけではない。後半は正しい。(監基報 240 第 25 項）上巻 p. 266

14：　【○】　正しい。(監基報 240 第 46 項）上巻 p. 266

15：　【○】　正しい。(監基報 240 第 26 項）上巻 p. 266

16：　【○】　不正による重要な虚偽表示のリスクであると評価したリスクは、特別な検討を必要とするリスクとして扱う必要があり、特別な検討を必要とするリスクについては、内部統制の整備状況を理解する必要がある。(監基報 240 第 26 項）上巻 p. 266

17：　【×】　監査人は、評価したアサーション・レベルの不正による重要な虚偽表示リスクに対しては、当該アサーションについて不正リスクを識別していない場合に比べ、より適合性が高く、より証明力が強く、又はより多くの監査証拠を入手しなければならない。(監基報 240 第 29 項）上巻 p. 267

A　18　企業の内部統制の状況は企業ごとに様々であるため、経営者による内部統制の無効化のリスクがすべての企業に存在するわけではない。

A　19　監査人は、経営者による内部統制を無効化するリスクを低いと評価した場合を除き、総勘定元帳に記録された仕訳入力についての適切性を検証するための監査手続を立案し実施することが求められる。

A　20　監査人は、虚偽表示を識別しただけでは、当該虚偽表示が不正の兆候であるかどうかを評価する必要はない。

A　21　監査人は、不正を識別した場合、又は不正が存在する可能性があることを示す情報を入手した場合、法令により禁止されていない限り、不正の防止及び発見に対する責任を負う者にその責任に関する事項を知らせるため、適切な階層の経営者に適時にこれらの事項についてコミュニケーションを行わなければならない。これは、例え些細な事項（例えば、従業員による少額の使込み）であっても同様である。

A　22　監査人は、企業に影響を与える経営者による不正を識別したか又は不正の疑いを抱いた場合、適時に、監査役等とコミュニケーションを行わなければならない。

A　23　法令によって禁止されていない限り、監査人は、不正に関連するその他の事項で、監査役等の責任に関係すると判断した事項について監査役等とコミュニケーションを行わなければならない。

A　24　監査人は、不正を識別した場合でも、守秘義務があるため、被監査会社の同意がある場合や法令等の規定に基づく場合等正当な理由がある場合を除き、当該不正の事実を規制当局に対して報告してはならない。

Personal-Date-Check

18：　【×】　経営者による内部統制の無効化のリスクの程度は企業ごとに様々であるが、すべての企業に存在する不正による重要な虚偽表示のリスクである。（監基報 240 第 30 項）　上巻 p. 268

19：　【×】　監査人は、経営者による内部統制を無効化するリスクに対する監査人の評価にかかわらず、本肢の手続を実施しなければならない。（監基報240第31項）　上巻p. 268

20：　【×】　監査人は、虚偽表示を識別した場合、当該虚偽表示が不正の兆候であるかどうかを評価しなければならない。（監基報240第34項）　上巻p. 269

21：　【○】　正しい。（監基報 240 第 39 項、A57 項）　上巻 p. 270

22：　【○】　正しい。（監基報 240 第 40 項）　上巻 p. 270

23：　【○】　正しい。（監基報 240 第 41 項）　上巻 p. 270

24：　【○】　正しい。（監基報 240 第 42 項、A62 項）平成 31 年第Ⅱ回本試験　上巻 p. 270

第15節　監査における不正リスク対応基準（以下、不正リスク対応基準とする）

A　1　不正リスク対応基準は、すべての財務諸表監査において画一的に不正リスクに対応するための追加的な監査手続の実施を求めることを意図しているものである。

A　2　不正リスク対応基準は、過重な監査手続を求めるものではなく、設定以前の監査基準において既に採用されているリスク・アプローチの考え方を前提として、公認会計士監査の有効性を確保するため、不正リスクを適切に評価し、評価した不正リスクに対応した適切な監査手続が実施されるように監査手続の明確化を図ったものである。

A　3　関係法令において明示的に求められていない限り、不正リスク対応基準に準拠することは求められない。

A　4　不正リスク対応基準は、主として、財務諸表及び監査報告について広範な利用者が存在する金融商品取引法に基づいて開示を行っている企業に対する監査において実施することを念頭に作成されている。

A　5　不正リスク対応基準は、財務諸表におけるすべての不正を対象としている。

A　6　不正リスク対応基準は、法令により準拠が求められている場合には、監査基準及び品質管理基準とともに、一般に公正妥当と認められる監査の基準を構成し、監査基準及び品質管理基準と一体となって適用されるものである。

A　7　監査人は、経営者、取締役及び監査役等の信頼性及び誠実性に関する監査人の過去の経験にかかわらず、不正による重要な虚偽表示が行われる可能性に常に留意し、監査の全過程を通じて、職業的懐疑心を保持しなければならない。

Personal-Date-Check

第 15 節　監査における不正リスク対応基準

1：　【×】　不正リスク対応基準は、すべての財務諸表監査において画一的に不正リスクに対応するための追加的な監査手続の実施を求めることを意図しているものではない。(監査における不正リスク対応基準の設定について二２（３））　上巻 p. 272

2：　【○】　正しい。(監査における不正リスク対応基準の設定について二２（３））上巻 p. 272

3：　【○】　正しい。(監査における不正リスク対応基準の設定について二３（１））上巻 p. 273

4：　【○】　正しい。(監査における不正リスク対応基準の設定について二３（１））上巻 p. 273

5：　【×】　不正リスク対応基準においては、監査人が財務諸表監査において対象とする重要な虚偽の表示の原因となる不正について取り扱う。　上巻 p. 274

6：　【○】　正しい。(監査における不正リスク対応基準の設定について二３（２））上巻 p. 274

7：　【○】　正しい。(監基報240第11項）上巻p. 276

A　8　監査基準の職業的懐疑心における経営者が誠実であるとの想定は，監査における不正リスク対応基準の設定に伴って変更されることになった。

A　9　監査人は、不正による重要な虚偽表示リスクについては、その評価、対応する監査手続の実施、入手した監査証拠の評価に際し不正による重要な虚偽表示を示唆する状況を看過することがないよう、職業的懐疑心を高めなければならない。

A　10　監査人は、職業的懐疑心を高め、不正による重要な虚偽表示の疑義に該当するかどうかを判断し、当該疑義に対応する監査手続を実施しなければならない。

A　11　監査人は、不正による重要な虚偽表示リスクを識別するための情報を入手するため、公表されている主な不正事例を理解しなければならない。

A　12　監査人は、経営者、監査役等及び必要な場合には関連するその他の企業構成員に、不正リスクに関連して把握している事実を質問しなければならない。

A　13　監査人は、不正リスクが識別された場合には、実施する監査手続の種類、実施の時期及び範囲の決定に当たって、企業が想定しない要素を監査計画に組み込まなければならない。

A　14　監査人は、職業的専門家としての正当な注意を払い、懐疑心を保持して監査を行わなければならないが、財務諸表全体に関連する不正リスクが識別されない場合には、実施する監査手続の種類、実施の時期及び範囲の決定に当たって、企業が想定しない要素を監査計画に組み込まなくてよい。

A　15　監査人は、不正リスクに対応する手続として積極的確認を実施する場合において、回答がない又は回答が不十分なときには、代替的な手続により十分かつ適切な監査証拠を入手しなければならない。

Personal-Date-Check

8： 【×】 監査における不正リスク対応基準の設定以前より，監査基準における職業的懐疑心の考え方は，監査を行うに際し，経営者が誠実であるとも不誠実であるとも想定しないという中立的な観点であり，その想定は，当該基準の設定に伴って変更されたわけではない。よって，本肢は誤りである。（監査基準の改訂及び監査における不正リスク対応基準の設定について 二４（２））令和５年第Ⅱ回本試験　上巻p. 276

9： 【×】 本肢の状況において、監査人は、職業的懐疑心を発揮しなければならない。(監基報 240F11-2 項)　上巻 p. 276

10： 【○】 正しい。（監基報 240F11-2 項）上巻 p. 276

11： 【○】 正しい。（監基報 240F15-2 項）上巻 p. 277

12： 【○】 正しい。（不正リスク対応基準第二　２）上巻 p. 277

13： 【×】 企業が想定しない要素を監査計画に組み込まなければならないのは、財務諸表全体に関連する不正リスク（財務諸表全体レベルの不正リスク）が識別された場合であり、不正リスクが識別された場合には、アサーション・レベルの不正リスクが識別された場合が含まれるため、本肢は誤りである。（不正リスク対応基準第二　６）上巻 p. 278

14： 【○】 正しい。（監査における不正リスク対応基準第二６）平成 30 年第Ⅱ回本試験　上巻 p. 278

15： 【×】 監査人は、不正リスクに対応する手続として積極的確認を実施する場合において、回答がない又は回答が不十分なときには、代替的な手続により十分かつ適切な監査証拠を入手できるか否か慎重に判断しなければならない。十分かつ適切な監査証拠を入手できないと判断した場合には、安易に代替的な手続で監査手続を終えることはできず、最終的に十分かつ適切な監査証拠が入手できないのであれば、監査意見への影響を検討することになる。(不正リスク対応基準第二　７）平成 31 年第Ⅰ回本試験類題　上巻 p. 278

A　16　監査人は、監査実施の過程において、不正による重要な虚偽表示を示唆する状況を識別した場合には、不正による重要な虚偽表示の疑義が存在していないかどうかを判断するために、経営者に質問し説明を求めるとともに、追加的な監査手続を実施しなければならない。

A　17　監査人が、監査実施の過程において、不正による重要な虚偽の表示を示唆する状況を識別した場合には、当該監査人は、不正による重要な虚偽の表示の疑義が存在することを前提にした監査手続を実施しなければならない。

A　18　識別した不正による重要な虚偽表示を示唆する状況について、関連して入手した監査証拠に基づいて経営者の説明に合理性がないと判断した場合、不正による重要な虚偽表示の疑義があるとして扱わなければならない。

A　19　監査人が不正による重要な虚偽の表示の疑義があるとして、想定される不正の態様に直接対応した監査手続を実施することが求められるのは、不正による重要な虚偽の表示を示唆する状況について、関連して入手した監査証拠に基づいて経営者の説明に合理性がないと判断した場合に限定される。

A　20　監査人は、識別し評価した不正による重要な虚偽表示リスクに対応して当初計画した監査手続を実施した結果必要と判断した追加的な監査手続を実施し、不正リスクに関連する十分かつ適切な監査証拠を入手できた場合、不正による重要な虚偽表示の疑義があるとして扱わない。

B　21　監査人は、重要な取引に関する重要な記録等に矛盾する証拠が存在する状況で、監査人がその状況に関連して入手した監査証拠に基づいて経営者の説明に合理性がないと判断した場合、不正による重要な虚偽の表示の疑義があるとして扱わなければならない。

A　22　監査人は、不正による重要な虚偽表示の疑義があると判断した場合には、当該疑義に関する十分かつ適切な監査証拠を入手するため、リスク評価及び立案したリスク対応手続を修正し、不正による重要な虚偽表示の疑義に関する十分な検討を含め、想定される不正の態様等に直接対応した監査手続を実施しなければならない。

A　23　監査人は、不正による重要な虚偽表示の疑義があると判断した場合、当該疑義の内容、実施した監査手続とその結果、監査人としての結論について、監査調書に記載しなければならないが、監査人により判断過程が異なることから、職業的専門家としての重要な判断について記載する必要はない。

Personal-Date-Check

16：　【○】　正しい。（監基報 240 F 35-2 項）上巻 p. 279

17：　【×】　不正による重要な虚偽の表示を示唆する状況を識別した場合に、直ちに不正による重要な虚偽の表示の疑義があると扱ってはならない。このような場合、監査人は不正による重要な虚偽の表示の疑義が存在していないかどうかを判断するために、経営者に質問し説明を求めるとともに、追加的な監査手続を実施しなければならない。（監査における不正リスク対応基準第二 10）平成 29 年第Ⅰ回本試験　上巻 p. 279

18：　【○】　正しい。（監基報 240 F 35-3 項）上巻 p. 279

19：　【×】　本肢の場合以外に、識別した不正リスクに対応して当初計画した監査手続を実施した結果必要と判断した追加的な監査手続を実施してもなお、不正リスクに関連する十分かつ適切な監査証拠を入手できない場合にも、不正による重要な虚偽の表示の疑義があるものとして扱わなければならない。（監査における不正リスク対応基準第二 11）令和２年第Ⅱ回本試験　上巻 p. 279・280

20：　【○】　正しい。（監基報 240 F 35-3 項）上巻 p. 279

21：　【○】　正しい。（監査における不正リスク対応基準第二 11、付録２　３）令和４年第Ⅱ回本試験

22：　【○】　正しい。（監基報 240F35-4 項）上巻 p. 280

23：　【×】　本肢の状況において、職業的専門家としての重要な判断についても、監査調書に記載しなければならない。（監基報 240F44-3 項）　上巻 p. 280

A　24　監査人は、不正による重要な虚偽表示を示唆する状況を識別したが、当該状況が不正による重要な虚偽表示の疑義に該当しないと判断した場合には、その旨だけではなく、その理由を監査調書に記載しなければならない。

A　25　監査人は、監査の各段階において監査役等と協議するなどして連携を図らなければならない。特に監査人は、不正による重要な虚偽の表示の疑義があると判断した場合には、速やかに監査役等に報告しなければならない。

A　26　監査人は、不正による重要な虚偽の表示の疑義があると判断した場合には、監査の最終の段階において監査役等に報告するとともに、監査を完了するために必要となる監査手続の種類、時期及び範囲について協議しなければならない。

A　27　「我が国における一般に公正妥当と認められる監査の基準」には、全ての金融商品取引法監査において、監査における不正リスク対応基準及びこれを具体化した実務指針が含まれる。

A　28　不正リスク対応基準は、循環取引のように被監査企業と取引先企業の通謀が疑われる場合には、取引先企業の監査人との連携が一つの有効な監査手続として認められることから、かかる連携に関する具体的な監査手続を示している。

第 16 節　財務諸表監査における法令の検討

A　1　違法行為には、企業の事業活動に関連しない、個人の違法行為は含まれない。

A　2　違法行為には、企業の事業活動に関連する個人の違法行為は含まれない。

A　3　監査人は企業の違法行為の防止に対して責任は負わず、違法行為の全てを発見することが期待されているわけではない。

24：　【○】　正しい。（監基報 240F44-2 項）上巻 p. 280

25：　【○】　正しい。（監査における不正リスク対応基準第二 17）平成 31 第Ⅱ回本試験　上巻 p. 281

26：　【×】　監査人は、不正による重要な虚偽の表示の疑義があると判断した場合には、速やかに監査役等に報告するとともに、監査を完了するために必要となる監査手続の種類、時期及び範囲についても協議しなければならない。（監査における不正リスク対応基準第二 17）平成 30 年第Ⅱ回本試験　上巻 p. 281

27：　【×】　監査における不正リスク対応基準及びそれに関する実務指針は、全ての金融商品取引法監査において適用されるものではない。よって、全ての金融商品取引法監査において、それらが「我が国における一般に公正妥当と認められる監査の基準」に含まれるわけではない。（監査基準の改訂及び監査における不正リスク対応基準の設定について二３（１））令和４年第Ⅰ回本試験　上巻 p. 273

28：　【×】　循環取引のように被監査会社と取引先企業による通謀による不正の存在が疑われる場合には、取引先企業の監査人との連携が有効な監査手続として認められるが、秘密保持など解決すべき論点が多いことから監査における不正リスク対応基準での対応は現在、見送られており、具体的な監査手続は示されていない。（監査における不正リスク対応基準の設定について一２）平成 27 年第Ⅰ回本試験　上巻 p. 281

第16節　財務諸表監査における法令の検討

1：　【○】　正しい。（監基報 250 第 11 項）上巻 p. 286

2：　【×】　違法行為には、企業の事業活動に関連する個人の違法行為が含まれる。（監基報 250Ａ９項）上巻 p. 286

3：　【○】　正しい。（監基報 250 第４項）上巻 p. 287

A　4　監査人は、企業及び企業環境について理解する際に、企業及び企業が属する産業に対して適用される法令、及び企業が当該法令をどのように遵守しているかを全般的に理解しなければならない。

A　5　監査人は､財務諸表に重要な影響を及ぼすことがあるその他の法令を遵守していることについて、十分かつ適切な監査証拠を入手しなければならない。

A　6　監査人は、違法行為が疑われる場合、法令により禁止されていない限り、当該事項について適切な階層の経営者、及び必要に応じて監査役等と協議しなければならない。

A　7　監査人は、被監査会社に違法行為の疑いがあり、その違法行為の疑いに経営者が関与している可能性がある場合であっても、当該事項について経営者と協議しなければならない。

A　8　企業が法令を遵守していることを裏付ける十分な情報を経営者からも監査役等を通じても入手できず､違法行為が財務諸表に重要な影響を及ぼす可能性があると監査人が判断した場合であっても、監査人は、法律専門家に助言を求めることはない。

A　9　監査人は、監査の実施過程で気付いた違法行為又はその疑いに関連する事項を、法令により禁止されていない限り、明らかに軽微である場合も含めて、監査役等とコミュニケーションを行わなければならない。

A　10　監査人は、違法行為又はその疑いが故意でかつ重要であると判断する場合、当該事項について監査役等と速やかにコミュニケーションを行わなければならない。

A　11　監査人は、財務諸表に重要な影響を及ぼす可能性がある違法行為が発生したかどうかについて評価するための、十分かつ適切な監査証拠の入手を経営者によって制約された場合、財務諸表に対して限定意見を表明するか、又は不適正意見を表明しなければならない。

A　12　監査人は、特定の状況において、違法行為が財務諸表にとって重要でない場合でも、実務的に不可能な場合を除いて、監査契約の解除を検討することがある。

Personal-Date-Check

4：　【○】　正しい。（監基報250第12項）上巻p. 287

5：　【×】　監査人は、財務諸表に重要な影響を及ぼすことがあるその他の法令への違反の識別に資する監査手続を実施しなければならないのであり、遵守していることについて、十分かつ適切な監査証拠を入手することまでは求められていない。（監基報 250 第 14 項）上巻 p. 288

6：　【○】　正しい。（監基報 250 第 19 項）上巻 p. 289

7：　【○】　正しい。経営者との協議は、法令により禁止されていない限り求められる。（監基報 250 第 19 項）平成 31 年第Ⅱ回本試験　上巻 p. 289

8：　【×】　企業が法令を遵守していることを裏付ける十分な情報を経営者からも監査役等を通じても入手できず、違法行為が財務諸表に重要な影響を及ぼす可能性があると監査人が判断した場合、監査人は、法律専門家に助言を求める必要があるかを検討しなければならない。（監基報 250 第 19 項）上巻 p. 289

9：　【×】　明らかに軽微である場合については、監査役等とコミュニケーションを行う必要はない。（監基報 250 第 22 項）上巻 p. 290

10：　【○】　正しい。（監基報 250 第 23 項）上巻 p. 290

11：　【×】　不適正意見を表明　→　意見を表明してはならない

監査人は、財務諸表に重要な影響を及ぼす可能性がある違法行為が発生したかどうかについて評価するための、十分かつ適切な監査証拠の入手を経営者によって制約された場合、監基報 705 に従って、監査範囲の制約により、財務諸表に対して限定意見を表明するか、又は意見を表明してはならない。（監基報 250 第 26 項）　上巻 p. 290

12：　【○】　正しい。（監基報 250 A24 項）上巻 p. 291

第17節　グループ監査

Ａ　1　個別財務諸表の監査がグループ監査に該当することはない。

Ａ　2　構成単位とは、グループ監査における監査手続の計画及び実施を目的として、グループ監査人により決定される企業、事業単位、機能若しくは事業活動のことであり、複数の企業を一つの構成単位として取り扱うことはない。

Ａ　3　構成単位は、グループ監査人により決定されるものである。

Ａ　4　グループ監査人は、シェアード・サービス・センターを構成単位であると決定する場合がある。

Ａ　5　構成単位の監査人は、グループ監査における監査チームの一員ではない。

Ａ　6　グループ監査業務の契約の新規の締結又は更新の前に、グループ監査責任者は、グループ財務諸表に対する意見を形成するための基礎となる十分かつ適切な監査証拠を入手できると合理的に見込めるかどうかを判断しなければならない。

Ａ　7　継続監査において、グループ監査責任者は、グループ経営者によって課される制限によりグループ監査人が十分かつ適切な監査証拠を入手できず、かつ、それによって見込まれる影響がグループ財務諸表に対する意見を表明しないことにつながると判断した場合、当該監査契約を解除しなければならない。

Ａ　8　構成単位の監査人が関与する場合、グループ監査責任者は、グループ監査の基本的な方針の策定及び詳細な監査計画の作成に当たって、グループ監査人が構成単位の監査人の作業に十分かつ適切に関与できるかどうかを評価しなければならない。

Ａ　9　グループ監査人は、構成単位の監査人が、グループ監査業務に適用される独立性に関する規定を遵守していない場合、構成単位の監査人を関与させてはならないが、職業倫理に関する規定を遵守していない場合には、構成単位の監査人を関与させることができる場合がある。

Personal-Date-Check

第 17 節　グループ監査

1：　【×】　個別財務諸表が複数の構成単位から作成される場合（例えば，本店，支店でそれぞれ財務情報を作成している場合）も該当する。（監基報 600 第 14 項（11））上巻 p. 292

2：　【×】　構成単位とは、グループ監査における監査手続の計画及び実施を目的として、グループ監査人により決定される企業、事業単位、機能若しくは事業活動又はそれらの組合せをいい、複数の企業を一つの構成単位として取り扱うことがある。（監基報 600 第 14 項（２）、Ａ７項）上巻 p. 293・294

3：　【○】　正しい。（監基報 600 第 14 項（２））上巻 p. 293

4：　【○】　正しい。（監基報 600Ａ８項）上巻 p. 293・294

5：　【×】　構成単位の監査人は、グループ監査における監査チームの一員である。（監基報 600 第 14 項（３））上巻 p. 294

6：　【○】　正しい。（監基報600第17項）上巻p. 296

7：　【×】　本肢の状況において、グループ監査人は、契約の解除が不可能な場合等には、グループ財務諸表の監査を可能な範囲で実施した上で、グループ財務諸表に関する意見を表明しないことになるため、必ずしも契約を解除するわけではない。（監基報 600 第 21 項）上巻 p. 297

8：　【○】　正しい。（監基報600第23項）上巻p. 299

9：　【×】　グループ監査人は、構成単位の監査人が、グループ監査業務に適用される独立性を含む職業倫理に関する規定を遵守していない場合、構成単位の監査人を関与させることはできない。（監基報 600 第 27 項）上巻 p. 299

A 10 グループ監査人は，構成単位の監査人が、構成単位において監査手続を実施するために割り当てられた十分な時間を含む、適正及び適切な能力を有しているかを判断しなければならず、当該事項について重大な懸念を抱いている場合、構成単位の監査人を関与させてはならない。

A 11 グループ監査責任者は､構成単位の監査人の職業的専門家としての能力や､構成単位の監査人が、監査人が十分に監督される環境下で業務を実施しているわけではないという事実に関する重大ではない懸念については、グループ監査人が構成単位の監査人の作業への関与を増やしたり、構成単位の財務情報についてリスク対応手続を直接実施したりすることによって、克服できる場合がある。

A 12 グループ監査人は、評価した重要な虚偽表示リスクに対応して、構成単位において、①構成単位の財務情報全体に対するリスク対応手続の立案及び実施、②一つ又は複数の取引種類、勘定残高又は注記事項に対するリスク対応手続の立案及び実施、③特定のリスク対応手続の実施のいずれの作業の範囲が適切であるかを決定する場合がある。

A 13 監査基準報告書600においては、構成単位において実施する作業の一つとして、構成単位の財務情報のレビューが定められている。

A 14 構成単位の監査人が、グループ監査のすべての段階に関与することは可能である。

A 15 グループ財務諸表における重要な虚偽表示リスクが高いと評価された領域又は特別な検討を必要とするリスクについて、実施するリスク対応手続を構成単位の監査人が決定している場合、グループ監査人は、そのリスク対応手続の立案及び実施の適切性を評価しなければならない。

A 16 グループ監査人は、グループ財務諸表の取引種類、勘定残高又は注記事項が構成単位ごとに細分化されている場合、監査手続を計画及び実施するために、構成単位の手続実施上の重要性を決定しなければならない。

A 17 構成単位の手続実施上の重要性が、グループ・レベルの手続実施上の重要性より低くなければならないのは、合算リスクに対応するためである。

A 18 細分化された財務情報に対して監査手続が実施される場合、グループ監査人は、構成単位ごとに構成単位の手続実施上の重要性を決定しなければならない。

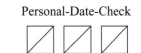

10： 【○】 正しい。（監基報600第26項（１）、第27項）上巻p. 299

11： 【○】 正しい。（監基報 600 A71 項）上巻 p. 299

12： 【○】 正しい。（監基報600 A131項）上巻p. 302

13： 【×】 改正された監基報では、構成単位の財務情報のレビューという作業は、削除されている。上巻 p. 302

14： 【○】 正しい。（監基報 600 A132 項）上巻 p. 302

15： 【○】 正しい。（監基報 600 第 42 項）上巻 p. 302

16： 【○】 正しい。（監基報 600 第 35 項）上巻 p. 304

17： 【○】 正しい。（監基報 600 第 35 項）上巻 p. 304

18： 【○】 正しい。なお、構成単位ごとに異なる金額が決定されることもあれば、同一の金額であることもある。（監基報 600 A116 項）上巻 p. 305

A　19　個々の構成単位の手続実施上の重要性の合計は、グループ・レベルの手続実施上の重要性と一致する必要はなく、それを超える場合もある。

A　20　グループ監査人は、監査手続が実施される構成単位に対して、取引種類、勘定残高又は注記事項ごとに構成単位の手続実施上の重要性を決定しなければならない。

A　21　構成単位の財務情報において識別された虚偽表示についてグループ監査人とコミュニケーションを行う金額の基準値は、これを下回る金額を集計してもグループ財務諸表に重要な影響を与えないことが明らかであるとグループ監査人が想定しているため、虚偽表示を集計する必要がない金額である。

A　22　グループ監査責任者が，グループ財務諸表に対する監査報告書において，構成単位の監査人の利用に関して言及することはない。

A　23　法令により構成単位の監査人の利用に関する言及が義務付けられている場合、監査報告書において、当該言及がグループ監査責任者又はグループ監査責任者の監査事務所のグループ財務諸表の監査意見に対する責任を軽減しない旨を記載しなければならない。

A　24　グループ監査人は，監査の過程において，構成単位の監査人の作業に影響を及ぼす，グループ財務諸表に係る不正による重要な虚偽表示を示唆する状況を識別した場合には，構成単位の監査人に適時に伝達しなければならない。

A　25　グループ監査人は、構成単位の監査人に対して、構成単位の監査人によって識別された構成単位の財務情報の未修正の虚偽表示のみではなく、修正済みの虚偽表示についてコミュニケーションを行うよう要請しなければならない。

A　26　グループ監査人は、構成単位の監査人に対して、構成単位の監査人の発見事項、結論又は意見について報告するよう要請しなければならない。

A　27　グループ監査人は，構成単位の監査人の作業がグループ監査人の目的に照らして十分ではないと結論付けた場合には，除外事項付意見を表明しなければならない。

A　28　グループ監査業務の監査調書には、構成単位における手続実施上の重要性を記載しなければならず、その決定の根拠を記載する必要はない。

Personal-Date-Check

19：【○】 正しい。(監基報600A116項) 上巻p. 305

20：【×】 本肢のようなことは求められていない。(監基報600A117項) 上巻p. 306

21：【○】 正しい。(監基報600A121項) 上巻p. 306

22：【×】 グループ監査人は，構成単位の財務情報に関して十分かつ適切な監査証拠を入手することができなかったためにグループ財務諸表に対して除外事項付意見を表明する場合，除外事項付意見の根拠区分において，除外事項付意見の理由を適切に記載するために構成単位の監査人への言及が必要な場合がある。(監基報600A158項) 上巻p. 307

23：【○】 正しい。(監基報600第53項) 上巻p. 307

24：【○】 正しい。(監基報600F31-2JP項) 上巻p. 308

25：【○】 正しい。(監基報600第45項（5）) 上巻p. 309

26：【×】 構成単位の監査人の意見を報告するよう要請することは求められていない。(監基報600第45項（11）) 上巻p. 309

27：【×】 当該状況においては，どのような追加的な監査手続を実施すべきか、及びその追加的な監査手続を構成単位の監査人又はグループ監査人のいずれが実施すべきかを決定しなければならない。(監基報600第48項) 上巻p. 310

28：【×】 グループ監査業務の監査調書には、構成単位における手続実施上の重要性ではなく、その決定の根拠の記載が求められている。(監基報600第59項（3）) 上巻p. 312

第18節　内部監査人の作業の利用

Ａ　1　監査人と企業の内部監査機能の目的は異なるが、監査人が財務諸表監査において実施する監査手続と同様の手続を企業の内部監査人が実施していることがある。

Ａ　2　内部監査人が監査人によって実施される監査手続と同様の手続を実施する場合には、内部監査人は財務諸表監査において監査人に要求される独立性を保持している場合がある。

Ａ　3　内部監査人の作業の利用により、監査人が実施する手続の種類若しくは時期が変更され、又は範囲が縮小される。

Ａ　4　監査人は、内部監査人の作業を利用しない場合であっても、内部監査人の客観性の程度を判断しなければならない。

Ａ　5　監査人は、内部監査機能が十分な能力を有していないと判断した場合、内部監査人の作業を利用してはならない。

Ａ　6　内部監査人の作業が利用可能な場合において、監査人は、利用する作業の種類及び範囲を決定するに当たり、内部監査人により実施又は実施予定の作業の種類及び範囲並びに監査人が実施する監査の基本的な方針及び監査計画への適合性を検討しなければならない。

Ａ　7　監査人は表明する監査意見に対して単独で責任を負うため、計画された範囲で内部監査人の作業を利用した場合でも、監査人が監査に十分に関与したかどうかを総合的に評価しなければならない。

Ａ　8　監査人は、内部監査人の作業を利用するか否かは、監査人の判断による事項であるため、監査役若しくは監査役会、監査等委員会又は監査委員会と、内部監査人の作業の利用をどのように計画したかについてコミュニケーションを行うことは求められていない。

Personal-Date-Check

第18節　内部監査人の作業の利用

1：　【○】　正しい。（監基報610Ａ４項）　上巻 p. 314

2：【×】 内部監査人は財務諸表監査において監査人に要求される独立性を保持していることはない。これは、内部監査人が監査人によって実施される監査手続と同様の手続を実施する場合でも、変わらない。（監基報610第８項）　上巻 p. 314

3：　【○】　正しい。（監基報610第６項）　上巻 p. 315

4：　【×】　監査人は、リスク評価手続を実施した結果、内部監査人の作業を利用しないと決定した場合には、監基報610で求められている検討を行う必要はない。よって、監基報610で求められている「内部監査人の客観性の程度の判断」を内部監査人の作業を利用しない場合に行う必要はない。　上巻 p. 316・317

5：　【○】　正しい。（監基報610第12項）　上巻 p. 317

6：　【○】　正しい。（監基報610第13項）　上巻 p. 318

7：　【○】　正しい。（監基報610第15項）　上巻 p. 318

8：　【×】　監査人は、監査役若しくは監査役会、監査等委員会又は監査委員会と、計画した監査の範囲とその実施時期に関するコミュニケーションを行う際に、内部監査人の作業の利用をどのように計画したかについてコミュニケーションを行わなければならない。（監基報610第16項）　上巻 p. 318

A　9　内部監査人の作業の利用を監査人が計画している場合、当該作業の利用の計画について内部監査人と協議するか否かは、監査人がどの程度当該作業を利用するかに依る。

A　10　監査人は､内部監査人が実施した作業の種類及び範囲並びに関連する発見事項を理解するために、監査人が利用を計画している内部監査人の作業に関連する報告書を通読しなければならない。

A　11　監査人は、利用を計画している内部監査人の作業が監査の目的に照らして適切であるかどうかを判断するために、それらの作業全体に対して十分な監査手続を実施しなければならないが、それには、内部監査人の作業が、適切に計画、実施、監督、査閲及び文書化されているかどうかの評価が含まれる。

A　12　内部監査人の作業の利用を計画している場合に、内部監査人の作業に対して実施する監査人の手続には、内部監査人の作業の一部に対する再実施を含めなければならない。

A　13　監査人の責任は内部監査を利用した場合には軽減されることがある。

A　14　監査調書は、監査人の責任において監査人自身が実施した作業に基づいて作成されるものであるため、内部監査人の作業を利用する場合であっても内部監査人の作業に関して記載する必要はない。

B　15　内部監査は法律で義務付けられているものではないが、監査人は、内部監査人と効果的なコミュニケーションを行うことによって、監査人の作業に影響を与える可能性のある情報が監査人に提供される関係が構築される。

Personal-Date-Check

9：　【×】　内部監査人の作業の利用を監査人が計画している場合、両者の作業の調整を図るため、当該作業の利用の計画について内部監査人と協議しなければならない。（監基報 610 第 17 項）上巻 p. 319

10：　【○】　正しい。（監基報 610 第 18 項）　上巻 p. 319

11：　【○】　正しい。（監基報 610 第 19 項）　上巻 p. 319

12：　【○】　正しい。（監基報 610 第 20 項）　上巻 p. 319

13：　【×】　監査人の責任は軽減されない

監査人は、表明した監査意見に単独で責任を負うものであり、その責任は内部監査を利用したとしても軽減されるものではない。（監基報 610 第８項）　上巻 p. 320

14：　【×】　監査人は、内部監査人の作業を利用する場合、内部監査人の作業の適切性の評価に関する結論及び実施した監査手続等を監査調書に記載しなければならない。（監基報 610 第 22 項）平成 30 年第Ⅱ回本試験　上巻 p. 320

15：　【○】　正しい。（監基報 610Ａ６項）令和４年第Ⅰ回本試験　上巻 p. 314

第19節　専門家の業務の利用

A　1　監査人の利用する専門家は、監査人が雇用する内部の専門家と監査人が業務を依頼する外部の専門家を含む。

A　2　監査人が利用する外部の専門家は、監査チームの一員ではないが、監査事務所の品質管理の方針と手続が適用される。

A　3　外部の専門家又は内部の専門家のいずれであるかにかかわらず、当該専門家の調書は、監査調書の一部を構成する。

A　4　監査人は、重要な虚偽表示リスクの識別と評価、リスク対応手続の立案と実施、さらには監査意見の形成に当たって入手される監査証拠の十分性と適切性の評価等、監査の様々な局面で、専門家の利用を検討する可能性がある。

A　5　監査人は、監査人の利用する専門家が、業務を依頼した外部の専門家である場合だけでなく、監査人の雇用する内部の専門家である場合であっても、監査人の目的に照らして当該専門家が必要な適性、能力及び客観性を備えているかどうかを評価しなければならない。

A　6　監査人は、外部の専門家又は内部の専門家であるかどうかにかかわらず、監査人及び専門家のそれぞれの役割と責任等について、両者の間で合意することが求められている。

A　7　監査人の利用する専門家と監査人との間での、専門家の業務の内容範囲及び目的についての合意並びに監査人及び専門家のそれぞれの役割と責任についての合意は書面によらなければならない。

A　8　監査人の利用する専門家の業務が監査人の目的に照らして適切ではないと判断した場合の監査人の対応として、監査人自身が当該状況において適切と判断する追加的監査手続を実施することがある。

A　9　監査人は、監査人の目的に照らして、監査人の利用する専門家の業務の適切性を評価しなければならない。

Personal-Date-Check

第 19 節　専門家の業務の利用

1：　【○】　正しい。（監基報 620 第５項（１））　上巻 p. 322

2：　【×】　外部の専門家には監査人に求められる品質管理の方針と手続は適用されないことがある

監査人が利用する外部の専門家は、監査チームの一員ではないため、品質管理基準報告書第１号に準拠した品質管理システム下における方針又は手続が適用されないことがある。(監基報 620A12 項)　上巻 p. 323

3：　【×】　外部の専門家である場合は他に合意がない限り構成しない

専門家が監査チームの一員である場合、当該専門家の調書は、監査調書の一部を構成する。一方、外部の専門家の調書は、他に合意がない限り、当該専門家の所属に属し、監査調書の一部を構成しない。（監基報 620A29 項）　上巻 p. 323

4：　【○】　正しい。（監基報 620A４項）　上巻 p. 324

5：　【○】　正しい。（監基報 620 第８項）　上巻 p. 325

6：　【○】　正しい。（監基報 620 第 10 項、A23 項）　上巻 p. 325

7：　【×】　監査人は、適切な場合には書面又は電磁的記録によって専門家の業務の内容、範囲等についての合意をしなければならない。必ずしも書面での合意が要求されるわけではなく、電磁的記録や口頭による合意が考えられる。（監基報第620第10項）　上巻p. 325

8：　【○】　正しい。(監基報第 620 第 12 項、A40 項）上巻 p. 325

9：　【○】　正しい。（監基報 620 第 11 項）　上巻 p. 325

A　10　監査人は、表明した監査意見に単独で責任を負うものであり、その責任は専門家の業務を利用したとしても軽減されるものではない。

A　11　監査人は、表明した監査意見に単独で責任を負うものであるため、無限定意見の監査報告書において監査人の専門家の業務を利用したことを記載してはならない。

A　12　監査人は、除外事項付意見の理由に関連するために、監査報告書において監査人の専門家の業務を利用したことに言及するのは、十分かつ適切な監査証拠を入手できなかったことにより、無限定適正意見を表明できない場合のみである。

A　13　監査人は、監査報告書において監査人の専門家の業務を利用したことに言及するときは、当該記載が監査意見に対する監査人の責任を軽減しないことを監査報告書において示さなければならない。

第20節　監査証拠の十分性と適切性の評価

A　1　監査人は、実施した監査手続及び入手した監査証拠に基づいて、アサーション・レベルの重要な虚偽表示リスクに関する評価が依然として適切であるかどうかを監査の最終段階において判断しなければならない。

A　2　監査人は、不正による重要な虚偽の表示を示唆する状況を識別した場合には、経営者に質問し説明を求めるとともに、追加的な手続を実施し、アサーション・レベルの不正による重要な虚偽表示リスクに関する評価が依然として適切であるかを評価しなければならない。

10： 【○】 正しい。（監基報 620 第３項） 上巻 p. 326

11： 【○】 正しい。（監基報 620 第 13 項） 上巻 p. 326

12： 【×】 監査人が、除外事項付意見の理由に関連するために、監査報告書において監査人の専門家の業務を利用したことに言及するのは、十分かつ適切な監査証拠を入手できなかったことにより、無限定適正意見を表明できない場合のみではなく、重要な虚偽表示があると判断した場合も同様である。（監基報 620 第 14 項） 上巻 p. 326

13： 【○】 正しい。（監基報 620 第 14 項） 上巻 p. 326

第 20 節 監査証拠の十分性と適切性の評価

１： 【○】 正しい。（監基報 330 第 24 項） 上巻 p. 328

２： 【○】 正しい。（監査における不正リスク対応基準第二 10、監基報 240 第 32-2 項）令和２年第Ⅰ回本試験 上巻 p. 279・329

第21節　監査の品質管理

A　1　監査事務所は、品質管理システムに関する文書を作成しなければならない。

A　2　監査事務所が品質管理システムに関する最高責任を監査事務所の最高責任者以外に割り当てた場合を除き、品質管理システムに関する説明責任を含む最終的な責任を負うのは、監査事務所の最高責任者である。

A　3　監査事務所は、品質管理のシステムの整備及び運用に関する責任者を明確にしなければならないが、当該責任者は、不正リスクに関する品質管理の責任者を兼ねることはできない。

A　4　監査事務所は、独立性の保持が要求される全ての専門要員から、独立性保持のための方針又は手続の遵守に関する確認書を、少なくとも年に一度入手しなければならない。

A　5　品質管理システムは、継続的かつ反復的に運用され、監査事務所の性質及び状況並びに監査事務所が実施する業務の内容及び状況の変化に対応して運用されるべきものではなく、一方向で直線的に運用されるものである。

A　6　監査事務所は、リスク評価プロセスをデザインし適用しなければならない。リスク評価プロセスは、品質目標を設定し、品質リスクを識別して評価し、また品質リスクに対処するための対応をデザインし適用するものである。

A　7　監査事務所は、契約の新規の締結及び更新に対処するために、品質目標を設定しなければならない。

A　8　リスク・アプローチに基づく品質管理システムを導入することにより、監査事務所が、経済社会の変化に応じ、主体的にリスクを管理することで、質の高い品質管理を可能とすることとしている。

A　9　監査事務所は、職業倫理に関する規定に含まれる独立性の規定を遵守することを確保するために、独立性の保持のための方針及び手続を定めなければならないが、当該方針及び手続が適用されるのは、監査事務所及びその専門要員であり、監査事務所が所属するネットワーク・ファームの専門要員は含まれない。

Personal-Date-Check

第 21 節　監査の品質管理

1：　【○】　正しい。(品基報第 1 号第 57 項)　　上巻 p. 345

2：　【×】　監査事務所が品質管理システムに関する最高責任を監査事務所の最高責任者以外に割り当てた場合であっても、監査事務所の最高責任者は、品質管理システムに関する説明責任を含む最終的な責任を負う。（品基報第 1 号第20-2JP項）上巻p. 331

3：　【×】　品質管理のシステムの整備及び運用に責任を有する者は、不正リスクに関する品質管理の責任者を兼ねることがある。(品基報第 1 号第 FA38-2JP 項）平成 30 年第Ⅱ回本試験　上巻 p. 331

4：　【○】　正しい。(品基報第 1 号第 34 項（２)）平成 31 年第Ⅰ回本試験類題　上巻 p. 336

5：　【×】　品質管理システムは、継続的かつ反復的に運用され、監査事務所の性質及び状況並びに監査事務所が実施する業務の内容及び状況の変化に対応して運用されるべきものであり、一方向で直線的に運用されるものではない。(品基報第 1 号第 6 項)　上巻 p. 334

6：　【○】　正しい。(品基報第 1 号第 23 項)　　上巻 p. 335

7：　【○】　正しい。(品基報第 1 号第 30 項)　　上巻 p. 338

8：　【○】　正しい。(監査に関する品質管理基準の改訂について（令和３年）二１)　　上巻 p. 336

9：　【×】　監査事務所が所属するネットワーク・ファームの専門要員にも、独立性の保持のための方針及び手続が適用される。(品基報第 1 号第 29 項）平成 31 年第Ⅰ回本試験　上巻 p. 338

A　10　監査人は、監査業務に関して、専門的な見解の問合せを監査事務所内部の者に対して行うことができるが、監査事務所外に専門的な見解の問合せを行うことはできない。

A　11　監査事務所は、監査チーム内の監査上の判断の相違又は監査チームと審査担当者若しくは事務所の品質管理システムにおいて活動を実施する者との監査上の判断の相違が、監査事務所に報告され、解消されていることについて、品質目標を設定しなければならない。

A　12　監査報告書は、監査上の判断の相違が解決しない限り、発行してはならない。

A　13　監査業務の定期的な検証とは、監査事務所が定めた品質管理の方針及び手続に準拠して監査チームが監査業務を実施したことを確かめるために、意見表明前の監査業務に対して実施する手続をいう。

A　14　監査業務の定期的な検証のサイクルに関する方針及び手続は、例えば、３年間を期間として指定することがある。

A　15　品質管理システムに関する最高責任者は、品質管理システムを評価しなければならない。当該評価は、特定の基準日において、少なくとも３年に一度実施しなければならない。

A　16　監査事務所は、外部の検証プログラムである日本公認会計士協会が実施する品質管理レビューの範囲及び結論を考慮した結果、適切であると判断した場合には、当該日本公認会計士協会の品質管理レビューをそのまま監査事務所が実施すべき品質管理のシステムの監視の代わりとして用いることができる。

A　17　監査業務の定期的な検証を担当する者として、当該監査業務を客観的に審査してきた審査担当者に実施させることが、監視活動の実効性を高める観点から推奨されている。

B　18　監査事務所が定めた品質管理システムに不備が識別された場合には、当該品質管理のシステムの下で行われた個々の監査業務が職業的専門家としての基準及び法令等を遵守して実施されなかったことを意味する。

Personal-Date-Check

10：　【×】　監査事務所内に適切な人材を有さない監査事務所など、監査事務所外に専門的な見解の問合せを行う必要がある監査事務所は、他の監査事務所等による助言業務を利用することがある。(品基報第1号A79項)　上巻 p. 339

11：　【○】　正しい。(品基報第1号第31項（5))　上巻 p. 338

12：　【○】　正しい。(監基報220第38項)　上巻 p. 351

13：　【×】　監査業務の定期的な検証とは、監査事務所が定めた品質管理の方針及び手続に準拠して監査チームが監査業務を実施したことを確かめるために、完了した監査業務に対して実施する手続をいう。(品基報第1号第38項)　上巻 p. 342

14：　【○】　正しい。(品基報第1号A153項)　上巻 p. 342

15：　【×】　品質管理システムに関する最高責任者は、品質管理システムを評価しなければならない。当該評価は、特定の基準日において、少なくとも年に一度実施しなければならない。(品基報第1号第53項) 上巻 p. 344

16：　【×】　日本公認会計士協会の品質管理レビューのような外部の検証プログラムを、そのまま監査事務所が実施すべき品質管理のシステムの監視の代わりとして用いることはできない。(品基報第1号A150項) 平成30年第I回本試験　上巻 p. 345

17：　【×】　監査チームのメンバー又は審査担当者が監査業務の検証（モニタリング活動）を実施することを禁止しなければならない。(品基報第1号第39項（2)) 平成29年第II回本試験改題　上巻 p. 341

18：　【×】　監査事務所が定めた品質管理システムに不備が識別された場合であっても、個々の監査業務が職業的専門家としての基準及び法令等を遵守して実施されなかったこと、又は監査意見の形成が適切ではなかったことを必ずしも示すものではない。（監基報220A112項）

A　19　監査事務所が共同監査を実施する場合には、監査事務所は、当該監査業務の品質を合理的に確保するための共同監査に関する方針及び手続を定めなければならず、共同監査を実施する複数の監査事務所の品質管理システムは同一でなければならない。

B　20　監査責任者は、監査業務の全過程を通じて、必要に応じて質問等を行うことにより、監査チームのメンバーが職業倫理に関する規定に違反していないかについて注意を払い、遵守していないことに気付いた時は、監査を速やかに中止しなければならない。

B　21　監査責任者は、独立性を阻害する要因を識別した場合、必ずしも監査契約を解除する必要はない。

B　22　監査事務所は、関与先との契約の更新の判断のために、関与先の誠実性を検討する際に、当該関与先の同業他社等の第三者との討議により関与先の誠実性に関する情報を入手することがある。

A　23　審査とは、審査担当者によって監査報告書日後に実施される、監査チームが行った重要な判断及び到達した結論についての客観的評価をいう。

A　24　監査事務所は、審査担当者として選任される適格性の規準を定める方針又は手続を定めなければならない。この方針又は手続においては、審査担当者が監査チームのメンバーではないことを定めなければならない。

A　25　過年度に監査責任者を担当した者は、自らが監査責任者であった年の翌年から審査担当者となることができる。

B　26　監査人として払うべき正当な注意は、個々の監査業務に従事する監査責任者及び補助者に求められるのであって、審査担当者には求められない。

A　27　公認会計士法上の大会社等であっても上場会社でない場合は、監査業務の社会的影響の程度や個々の業務において識別したリスクの重要性により、上場会社の場合と比べて審査の方法や内容等を簡素化することが認められている。

Personal-Date-Check

19：【×】　複数の監査事務所の品質管理システムが同一である必要はない。　上巻 p. 347

20：【×】　職業倫理に関する規定を遵守していないことに気付いたときは、適切な者へ専門的な見解の問合せを行うなどの適切な対応をとらなければならないのであり、監査を速やかに中止しなければならないわけではない。(監基報 220 第 20・21 項) 平成 30 年第Ⅱ回本試験類題

21：【○】　正しい。独立性を阻害する要因の除去又は軽減によって対処できる場合もあるため、必ずしも契約を解除するわけではない。(監基報 220 A 40 項) 平成 30 年第Ⅰ回本試験改題

22：【○】　正しい。(品基報第１号 A 68～69 項) 令和３年本試験類題

23：【×】　審査とは、審査担当者によって監査報告書日以前に実施される、監査チームが行った重要な判断及び到達した結論についての客観的評価をいう。(品基報第２号第 13 項（１))　上巻 p. 353

24：【○】　正しい。(品基報第２号第 18 項)　上巻 p. 353

25：【×】　監査事務所の方針又は手続には、監査責任者が審査担当者に就任することが可能となるまでの、クーリングオフ期間の２年間又は職業倫理に関する規定により要求される場合は、それより長い期間を明記しなければならず、その期間は審査担当者にはなれない。よって、監査責任者であった年の翌年から審査担当者になることはできない。(品基報第２号第 19 項) 上巻 p. 354

26：【×】　公認会計士は、専門業務を提供するに当たって、適用される職業的専門家としての基準及び技術的基準を遵守し、職業的専門家としての正当な注意を払わなければならず、審査担当者が審査を行う場合であっても求められる。(倫理規則R113. 1項)

27：【×】　大会社等以外の審査では、監査業務の社会的影響の程度や個々の業務において識別したリスクの重要性により審査の方法や内容等を簡素化することができる。本肢は「大会社等であっても上場会社でない場合」とあるため、誤りであり。(品質管理基準報告書第２号 A30-3JP 項)

A　28　監査事務所は、幼稚園のみを設置している都道府県知事所轄学校法人の私立学校振興助成法に基づく監査、又は任意監査（公認会計士法第２条第１項業務のうち、法令で求められている業務を除く監査）のうち、監査報告の対象となる財務諸表の社会的影響が小さく、かつ、監査報告の利用者が限定されている監査業務については審査を要しないとすることができる。

A　29　監査事務所は、審査を実施しない監査業務に関しては、他の監査以上の職業的懐疑心を保持することが求められているが、審査に代わることを行う必要はない。

A　30　審査担当者と監査実施者の判断の相違が存在し、審査担当者の意見を受け入れ、監査上の判断が変更された場合には、監査責任者の責任が軽減される。

A　31　監査事務所は、不正リスクに留意して品質管理に関する適切な方針及び手続を定めなければならない。

A　32　監査事務所は、同一の企業の監査業務を担当する監査責任者が全員交代した場合には、不正リスクの程度にかかわらず、不正リスクを含む監査上の重要な事項が適切に伝達されるように監査業務の実施における品質を保持するための方針及び手続を定めなければならない。

A　33　監査事務所は、不正による重要な虚偽の表示を示唆する状況が識別された場合に、必要に応じて監査事務所の専門的な調査部門や法律専門家等、監査事務所内外の適切な者から専門的な見解を得られるようにするための方針及び手続を定めなければならない。

A　34　監査事務所は、不正による重要な虚偽表示を示唆する状況が識別された場合、重要な虚偽表示リスクに関する評価の見直しが必要であるかどうかについて、監査事務所としての審査が行われるよう、審査に関する方針及び手続を定めなければならない。

A　35　監査事務所は、不正による重要な虚偽表示の疑義に対応する審査担当者の選任に関する方針及び手続に、追加の審査担当者の選任、又は適格者で構成される会議体による審査の実施を定めなければならない。

Personal-Date-Check

28：　【○】　正しい。(品基報第１号第 34-2JP 項)　上巻 p. 357

29：　【×】　監査事務所は、審査を実施しない監査業務に関して、監査意見が適切に形成されていることを確認できる他の方法（文書化の方法を含む。）を定めなければならない。審査を実施しない監査業務に関して、監査意見が適切に形成されていることを確認できる方法には、監査責任者が意見表明前に実施し、文書化した自己点検が含まれる。(品基報第１号第 34-3JP 項、A135-2JP 項)　上巻 p. 357

30：　【×】　審査は、監査責任者の責任を軽減するものではない。　上巻 p. 358

31：　【○】　正しい。(品基報第１号Ｆ９-2JP 項)　上巻 p. 359

32：　【○】　正しい。(品基報第１号 F31-2JP 項) 平成 31 年第Ⅱ回本試験　上巻 p. 361

33：　【○】　正しい。(品基報第１号 F31-4JP 項) 令和２年第Ⅰ回本試験　上巻 p. 359

34：　【×】　監査事務所としての審査が行われるよう、審査に関する方針及び手続を定めなければならないのは、不正による重要な虚偽表示を示唆する状況が識別された場合ではなく、不正による重要な虚偽表示の疑義があると判断された場合である。また、その際の審査においては、重要な虚偽表示リスクに関する評価の見直しが必要であるかどうかではなく、修正後の監査計画及び監査手続が妥当であるかどうかを検討する。(監査における不正リスク対応基準第三７) 平成 31 年第Ⅱ回本試験　上巻 p. 360

35：　【×】　不正による重要な虚偽表示の疑義に対応する審査担当者に関しては、不正による重要な虚偽表示の疑義の内容及び程度に応じて、必要な場合には、追加で審査担当者を選任することもあれば、適格者で構成される会議体により審査を実施することもあるのであって、必ずしもあらかじめその方針や手続を定めなければならないわけではない。(品基報第２号ＦＡ８-２JP 項) 令和２年第Ⅱ回本試験　上巻 p. 360

第22節　監査人の交代

A　1　前任監査人は、複数存在する場合がある。

A　2　監査人予定者は、会社に、前任監査人及び監査人予定者に対して監査人予定者の指定に関する通知を書面又は電磁的記録で行うよう依頼しなければならない。

A　3　監査人予定者が、会社に、監査人予定者の指定に関する通知を行うよう依頼した時点から監査業務の引継が開始される。

A　4　監査人予定者及び監査人は、前任監査人に対して監査業務の引継を求めなければならない。監査業務の引継は､主に､監査人予定者及び監査人による質問及び監査調書の閲覧によって実施される。

A　5　監査人予定者は、監査人の交代に際して前任監査人から監査業務の引継が受けられない場合、第三者への問合せ等、他の方法により情報を収集することで監査契約の締結に伴うリスクを許容可能な水準に抑えることができると判断したとしても、監査人予定者は、当該監査業務の契約を締結してはならない。

A　6　前任監査人は、監査人予定者の指定に関する通知書を受け取った場合は、適時に、職業的専門家としての基準及び適用される法令等に基づき、監査人予定者及び監査人が監査契約の締結の可否の判断及び監査を実施する上で有用な情報を誠実かつ明確に提供しなければならない。

A　7　前任監査人が、監査人予定者及び監査人に伝達しなければならない事項には、前任監査人の監査意見に影響を及ぼした重要な虚偽表示、又は期中交代の場合は前任監査人が監査意見に影響を及ぼす可能性があると判断した当期の財務諸表における重要な虚偽表示に関わる情報又は状況が含まれる。

A　8　監査業務の引継は、主に、監査人予定者及び監査人による質問及び監査調書の閲覧によって実施される。前任監査人が過年度に係る監査業務の実施過程で入手・作成した情報は重要であるため、前任監査人は求められた監査調書を全て閲覧に供しなければならない。

Personal-Date-Check

第 22 節　監査人の交代

1：　【○】　正しい。（監基報900第５項（１）（２））上巻p. 366

2：　【○】　正しい。（監基報900第７項）上巻p. 367

3：　【×】　前任監査人及び監査人予定者が会社から監査人予定者の指定に関する通知書を入手した時点から監査業務の引継が開始される。（監基報 900Ａ３項）　上巻 p. 367

4：　【○】　正しい。（監基報900第８項）上巻p. 367

5：　【×】　監査人予定者は、監査人の交代に際して前任監査人から監査業務の引継が受けられない場合、第三者への問い合わせ、又は会社の経営者や監査役等の背景調査を行う等、他の方法により阻害要因に関する情報を収集し、監査契約の締結に伴うリスクを低い水準に抑えることができるか否かについて、より慎重に検討しなければならないのであって、監査業務の契約を締結してはならないわけではない。（監基報 900 第 11 項）平成 30 年本試験第Ｉ回　上巻 p. 367

6：　【○】　正しい。（監基報900第13項）上巻p. 368

7：　【○】　正しい。（監基報900第14項）上巻p. 368

8：　【×】　引継の目的に関連しない監査調書は、前任監査人は、閲覧の対象に含めないことができる。例えば、監査時間や報酬等の業務管理のための資料や、監査事務所が品質管理目的で使用している各種チェックリスト等である。（監基報900Ａ10項）平成30年第Ｉ回本試験　上巻p. 368

A　9　前任監査人と監査人予定者及び監査人は、監査調書の閲覧の前に「監査調書の閲覧に伴う守秘義務に関する承諾書」を取り交わさなければならないが、これは、監査人予定者及び監査人による前任監査人の監査調書の閲覧に関して目的外の利用が制限されていること等を明確にするためである。

A　10　監査人予定者は、監査契約を締結する場合には、監査契約の締結前に実施する監査業務の引継に関して守秘義務を負う旨を文書で確認する必要があるが、監査契約を締結しない場合にはこのような事項に関する確認を行う必要はない。

A　11　守秘義務が解除される正当な理由に、監査業務の引継を行う場合が含まれており、あらかじめ監査契約書又は監査約款にその旨を明記しなければならない。

第23節　監査役等とのコミュニケーション

A　1　監査人の監査役等とのコミュニケーションは、監査役等による財務報告プロセスの監視に役立つが、監査人はその結果として財務諸表の重要な虚偽表示リスクが軽減されることを意図しているわけではない。

A　2　監査人は、財務諸表監査に関連する監査人の責任についての監査役等とのコミュニケーションには、財務諸表監査は、経営者又は監査役等の責任を代替するものではないことを含めなければならない。

A　3　監査人は、監査役等と連携し監査を実施することが求められているが、ここでいう連携とは、監査人と監査役等とが、監査の業務を分担して実施することを意味する。

A　4　監査人は、計画した監査の範囲とその実施時期の概要について、監査役等とコミュニケーションを行わなければならない。これには監査人により識別された特別な検討を必要とするリスクが含まれる。

A　5　監査範囲とその実施時期について監査役等とコミュニケーションを行った場合、監査の有効性が損なわれることになるため、当該事項について監査役等とコミュニケーションを行うことはできない。

A　6　監査役等と行うコミュニケーションは、監査人が監査の範囲とその実施時期を計画することに役立つことがある。ただし、十分かつ適切な監査証拠を入手するために必要な監査手続、その実施時期及び範囲を含む、監査の基本的な方針と詳細な監査計画を策定する監査人自身の責任が軽減されるわけではない。

Personal-Date-Check

9：　【○】　正しい。（監基報 900 第 15 項）　上巻 p. 369

10：　【×】　監査契約を締結するか否かにかかわらず確認する必要がある
監査人予定者は、監査契約を締結するか否かにかかわらず監査契約の締結前に実施する監査業務の引継に関して守秘義務を負う旨を文書で確認する必要がある。（監基報900第20項）上巻p. 369

11：　【○】　正しい。（監基報 900 第 18 項）　上巻 p. 369

第23節　監査役等とのコミュニケーション

1：　【×】　監査人の監査役等とのコミュニケーションの役割に、監査役等が、財務報告プロセスを監視する責任を果たし、それによって、財務諸表の重要な虚偽表示リスクを軽減することが含まれる。（監基報 260 第４項（３））平成 31 年第Ⅱ回本試験　上巻 p. 370

2：　【○】　正しい。（監基報 260 第 12 項）　上巻 p. 371

3：　【×】　監査人と監査役等との連携は、両者の間での情報共有等のことを指し、監査人と監査役等とが、監査の業務を分担して実施することではない。令和２年第Ⅱ回本試験　上巻 p. 370

4：　【○】　正しい。（監基報 260 第 13 項）　上巻 p. 371

5：　【×】　監査範囲とその実施時期について監査役等とコミュニケーションを行う場合には、監査の有効性を損なわないための配慮が必要であるが、コミュニケーションを行うことができないわけではない。（監基報260A11項）　上巻p. 371

6：　【○】　正しい。（監基報 260A15 項）　上巻 p. 371

A　7　監査人は、公認会計士法上の大会社等の監査を実施する場合、監査事務所の品質管理のシステムの外部のレビュー又は検査の結果を含めて、監査事務所の品質管理のシステムの整備・運用状況の概要を監査役等に口頭ではなく書面又は電磁的記録で伝達しなければならない。

A　8　上場企業の監査人が監査人の独立性に関して被監査会社の監査役等と口頭でコミュニケーションを行い、いつ、誰と、どのような内容についてコミュニケーションを行ったかを記載した監査調書を作成すれば、当該監査人は書面又は電磁的記録によるコミュニケーションを省略することができる。

A　9　被監査会社が上場会社の場合、監査人は、独立性を阻害する要因を識別したとき、当該要因を除去する対応策又は許容可能な水準にまで軽減するために講じられたセーフガードについて、当該企業の監査役等とコミュニケーションを行わなければならない。

A　11　監査人は、監査の過程で識別した虚偽表示がない場合又は虚偽表示が識別されたものの、その及ぼす影響が明らかに重要ではない場合を除き、監査人が経営者に要請した経営者確認書の草案について、監査役等とコミュニケーションを行わなければならない。

A　10　監査人は、監査人と監査役等の間で行われる双方向のコミュニケーションの適切性に関する評価を裏付けるため、特別の手続を立案する必要はない。

A　11　経営者による報告によって、監査役等とコミュニケーションを行うことが要求される事項についての監査人の責任は軽減されない。

Personal-Date-Check

7： 【○】 正しい。（監基報260第16項）平成29年第Ⅱ回本試験改題 上巻p. 373

8： 【×】 上場企業の場合、監査人は、監査人の独立性について、監査役等と書面又は電磁的記録によるコミュニケーションを行わなければならない。(監基報 260 第 19 項) 平成 31 年第Ⅱ回本試験 上巻 p. 373

9： 【○】 正しい。(監基報 260 第 15 項（２）②）平成 31 年第Ⅰ回本試験改題 上巻 p. 372

11： 【×】 監査人は経営者確認書の草案について監査役等とコミュニケーションを行わなければならない。虚偽表示がない場合や、虚偽表示があっても重要でない場合に、それが免除されるということはない。(監基報 260 第 14 項（４)）平成 30 年第Ⅰ回本試験 上巻 p. 372

10： 【○】 正しい。（監基報260Ａ50項） 上巻p. 373

11： 【○】 正しい。（監基報260第５項） 上巻p. 374

第24節　内部統制の不備に関するコミュニケーション

A　1　監査人が監査の過程で識別する内部統制の不備は、内部統制の整備及び運用が不適切であり、財務諸表の虚偽表示が適時に防止又は発見・是正できない場合のことであり、財務諸表の虚偽表示が適時に防止又は発見・是正するのに必要な内部統制が存在しない場合は該当しない。

A　2　監査人は、監査の過程で識別した重要な不備を、適時に、書面又は電磁的記録により監査役等に報告しなければならない。

A　3　監査人は、内部統制の重要な不備について書面により報告する場合には、書面による報告の時期にかかわらず、経営者が重要な虚偽表示リスクをできるだけ低くするための是正措置を適時に講じられるよう、当該不備について、まず口頭で報告する場合がある。

A　4　監査人は、監査の過程で識別した内部統制の重要な不備を、適切な階層の経営者に適時に書面又は電磁的記録により報告しなければならない。その時期は、監査役等への報告の前後いずれでもよい。

A　5　重要な不備についての監査人の書面又は電磁的記録による報告は、監査報告書日までに実施することになる。

第25節　監査調書

A　1　監査調書は、監査が一般に公正妥当と認められる監査の基準に準拠して実施されたという証拠を提供するものであるため、監査人が自らの責任を問われるような事態にあっては説明責任を果たすのに有用となる。

A　2　監査調書を作成する目的には、監査人が実施した作業の説明根拠にすることのほか、監査計画を策定する際及び監査を実施する際の支援とすることも含まれる。

A　3　監査調書は、紙媒体に記録しなければならない。

A　4　監査調書は、監査人が実施した監査手続、入手した監査証拠及び監査人が到達した結論を記録するものであるが、これを用いて監査業務に係る審査も行われるため、監査人の結論に至るまでの過程を確認するために、結論に至っていない考え、予備的な考えを書いたメモ及び監査調書の草稿も含めなければならない。

Personal-Date-Check

第 24 節　内部統制の不備に関するコミュニケーション

1：　【×】　財務諸表の虚偽表示を適時に防止又は発見・是正するのに必要な内部統制が存在しない場合も内部統制の不備に該当する。(監基報 265 第５項（１)) 平成 29 年第Ⅰ回本試験　上巻 p. 376

2：　【○】　正しい。(監基報265第８項)　上巻p. 377

3：　【○】　正しい。(監基報265Ａ14項)　上巻p. 377

4：　【○】　正しい。(監基報265第９項（１）) 平成29年第Ⅱ回本試験改題　上巻p. 377

5：　【×】　重要な不備についての監査人の書面又は電磁的記録による報告は、最終的な監査ファイルの一部を形成するため、適切な期限内に監査ファイルの最終的な整理を完了するまでに実施することになる。(監基報 265Ａ13 項)　上巻 p. 377

第25節　監査調書

1：　【○】　正しい。(監基報 230 第２項（２)、３項（３)) 平成 31 年第Ⅱ回本試験　上巻 p. 381

2：　【○】　正しい。(監基報 230 第３項（１)・(３)) 平成 29 年第Ⅰ回本試験　上巻 p. 381

3：　【×】　監査調書は、通常、紙媒体、電子媒体等で記録される。(監基報230Ａ３項)　上巻p. 382

4：　【×】　監査人は、結論に至っていない考えや、予備的な考えを書いたメモ及び監査調書の草稿等を、監査調書に含める必要はない。(監基報 230Ａ４項) 平成 31 年第Ⅱ回本試験　上巻 p. 382

A　5　重要な契約書や覚書といった企業の記録の抜粋又はコピーは、監査においては重要な情報となる可能性があるが監査調書に含めることはできない。

A　6　監査人は、重要な事項について経営者と協議した場合には、重要な事項の内容、協議を実施した日及び協議の相手方について文書化し、監査調書に含めなければならないが、これには企業側が作成した文書は含まれない。

A　7　監査調書は、企業の会計記録の代用とはなる。

A　8　監査調書には、電子メールで行った重要なやりとりは含まれない。

A　9　監査人は、監査期間中に監査人が検討したすべての事項について文書化しなければならない。

B　10　監査人は、監査手続により入手した重要な監査証拠について監査調書に記載するのであって、監査証拠の全てを記載するわけではない。

A　11　監査人は、経験豊富な監査人が、以前に当該監査に関与していなくとも監査手続を実施した結果等を理解できるように、監査調書を作成しなければならない。

A　12　監査人は、実施した監査手続の種類、時期及び範囲の文書化において、査閲をした者、査閲日及び査閲の対象を記録しなければならない。

A　13　監査人は、重要な事項に関する結論を形成する過程において、矛盾した情報を識別した場合には、監査人がどのようにその矛盾した情報に対応したかについて、文書化しなければならず、矛盾した情報への対応に関して文書化する際は、不正確な文書や修正前の文書を残さなければならない。

A　14　監査人は、実施した監査手続の種類、時期及び範囲の文書化においては、監査手続を実施した者を記録することに加えて、査閲をした者を記録することも求められているが、監査調書の査閲の記録は必ずしも個々の監査調書に行う必要はない。

5：　【×】　含めることはできない　→　含めることができる
適切であると判断した場合、重要な契約書や覚書といった企業の記録の抜粋又はコピーを監査調書に含めることができる。（監基報230Ａ３項）　上巻p. 382

6：　【×】　監査調書には、監査人による記録だけではなく、企業が作成し、監査人が確認した議事録等の文書が含まれることがある。（監基報230第９項、A14項）平成29年第Ⅱ回本試験　上巻p. 382

7：　【×】　監査調書は、企業の会計記録の代用とはならない。（監基報230Ａ３項）　上巻p. 382

8：　【×】　含まれない　→　含まれる
監査調書には、監査手続書、分析表、重要な事項の要約、確認状や経営者確認書、チェックリスト、重要な事項に関するやりとりを示した文書（電子メールを含む。）が含まれる。（監基報230Ａ３項）　上巻p. 382

9：　【×】　検討したすべての事項を文書化する必要はない
監査期間中に監査人が検討したすべての事項について文書化する必要はなく、かつそのような作業は実務的ではない。（監基報230Ａ７項）　上巻p. 383

10：　【×】　監査証拠は、監査人が意見表明の基礎となる個々の結論を導くために利用する情報であり、重要な監査証拠だけが監査調書に記載されるのではない。（監基報500第４項（２））平成30年第Ⅱ回本試験

11：　【○】　正しい。（監基報230第７項）　上巻p. 383

12：　【○】　正しい。（監基報230第８項）　上巻p. 383

13：　【×】　前半は正しい。しかし、矛盾した情報への対応に関して文書化する際は、必ずしも不正確な文書や修正前の文書を残すことを要しない。（監基報230第10項、Ａ15項）　上巻p. 384

14：　【○】　正しい。（監基報230Ａ13項）平成28年第Ⅱ回本試験　上巻p. 383

A　15　監査報告書日後に行う監査ファイルの最終的な整理により、監査人は、新たな監査手続を実施したり、新たな結論を導き出したりする。

A　16　監査人は、特定の監査業務に関する監査調書を取りまとめた監査ファイルの整理を最終的に完了させた後、その保存期間が終了するまで、いかなる監査調書であっても削除又は廃棄してはならない。

A　17　監査人は、例外的な状況において、監査報告書日後に新たに若しくは追加的に監査手続を実施する場合、又は新たな結論を導き出す場合、発生した状況の内容等を文書化しなければならない。

A　18　監査人は、監査報告書日後、適切な期限内に、監査ファイルにおける監査調書を整理し、監査ファイルの最終的な整理についての事務的な作業を完了しなければならず、監査ファイルの最終的な整理が完了した後に、監査調書の修正又は追加の記録を行うことはない。

A　19　監査調書の保存期間としては会社法上の会計帳簿に関する保存期間である10年が参考となるが、状況によっては、この保存期間よりも短い保存期間が適当であるとすることもある。

A　20　複数の監査報告書が発行された監査調書を一つの監査ファイルに整理する場合には、発行される複数の監査報告書のうち、最も早い監査報告書日から60日程度を超えない期限内に監査ファイルの整理を完了しなければならないとされている。

A　21　中間監査又は四半期レビューに関する調書のファイルは、年度監査の監査ファイルとは別のファイルにして整理することに留意する。

A　22　監査調書は、監査が一般に公正妥当と認められる監査の基準に準拠して実施されたという証拠を提供するものであるため、、監査事務所における監査業務に係る審査について記載するものではない。

Personal-Date-Check

15：　【×】　監査報告書日後に行う監査ファイルの最終的な整理は、事務的な作業であり、新たな監査手続を実施したり、新たな結論を導き出したりすることを含まない。(監基報230Ａ22項)　上巻p. 384

16：　【○】　正しい。(監基報 230 第 14 項)　上巻 p. 384

17：　【○】　正しい。(監基報230第12項)　上巻p. 385

18：　【×】　監査人は、監査報告書日後、適切な期限内に、監査ファイルにおける監査調書を整理し、監査ファイルの最終的な整理についての事務的な作業を完了しなければならない。しかし、例えばモニタリング活動又は外部の関係者が実施する検証の指摘により、監査調書を明瞭に記載することが必要となった場合は、監査ファイルの最終的な整理が完了した後に監査調書の修正又は追加が必要となる。(監基報230第13・15項、Ａ24項) 平成31年第Ⅰ回本試験　上巻p. 385

19：　【○】　正しい。(監基報230Ａ23項)　上巻p. 386

20：　【×】　最も早い　→　いずれか遅い

複数の監査報告書が発行された監査調書を一つの監査ファイルに整理する場合には、発行される複数の監査報告書のうち、いずれか遅い監査報告書日から60日程度を超えない期限内に監査ファイルの整理を完了することができるとされている。(監基報230Ａ21項)　上巻p. 386

21：　【○】　正しい。(監基報910第35項、四半報第１号第93項)　上巻p. 386

22：　【×】　監査調書には、審査に関する事項が記載される。　上巻p. 356

第5章
監査報告論

第１節　監査意見

Ａ　１　監査人は、適正性に関する意見を表明する場合には、経営者の作成した財務諸表が、一般に公正妥当と認められる企業会計の基準に準拠して、企業の財政状態、経営成績及びキャッシュ・フローの状況を全ての重要な点において適正に表示しているかどうかについて意見を表明しなければならない。

Ａ　２　公認会計士は、財務諸表に対する監査意見を形成する過程において被監査会社の内部統制の整備及び運用状況を評価するが、財務諸表の表示が適正である旨の監査意見は、内部統制が有効に整備及び運用されていることを意味するものではない。

Ａ　３　公認会計士による財務諸表の監査は、財務諸表の信頼性を担保するための制度であって、被監査会社の経営が有効かつ効率的に行われていることや、被監査会社において法令等が遵守されていることを担保するための制度ではない。

Ａ　４　監査人は、財務諸表が一般に公正妥当と認められる企業会計の基準に準拠して適正に表示されているかどうかの判断に当たっては、経営者が採用した会計方針が、企業会計の基準に準拠して継続的に適用されているかどうかのみならず、その選択及び適用方法が会計事象や取引を適切に反映するものであるかどうか並びに財務諸表の表示方法が適切であるかどうかについても評価しなければならない。

Ａ　５　我が国においては、法令又は明文化された会計基準等が存在する場合に、会計基準等で認められていない会計方針の選択等を行うことができる。

Ａ　６　監査人は、新しい会計取引が行われている場合、財務諸表の適正性を判断するに当たり、経営者による会計方針の選択や適用方法が、会計事象や取引の実態を適切に反映するものであるかどうかを自己の判断で評価しなければならない。

Ａ　７　監査人は、財務諸表の適正性を判断する際に、会計基準への準拠性、会計方針の継続性及び表示方法の基準への準拠性が求められているが、現行の会計基準に詳細な定めのない場合には、監査人が財務諸表の適正性を自己の判断で行ってはならない。

Ａ　８　新しい取引形態の出現など、適用すべき企業会計の基準が必ずしも明確でない場合であっても、監査によって財務諸表に信頼性が付与される。

Personal-Date-Check

第１節　監査意見

１：　【○】　正しい。（報告基準一１）下巻p. 12

２：　【○】　正しい。（監基報 700 第 36 項（２）②）平成 29 年第Ⅰ回本試験　上巻 p. 15、下巻 p. 12

３：　【○】　正しい。（監査の目的　参照）平成 29 年第Ⅰ回本試験　上巻 p. 15、下巻 p. 12

４：　【○】　正しい。（報告基準一２）下巻p. 13

５：　【×】　我が国においては、法令又は明文化された会計基準等が存在する場合に、会計基準等で認められていない会計方針の選択等を行うことはできない。下巻p. 14

６：　【○】　正しい。新しい取引であることから、当該取引に関する規定は存在しないと想定できる。よって、監査人は、自らの判断で評価しなければならないと考えられる。（監査基準の改訂について（平成 14 年）三９（１）③）平成 31 年第Ⅰ回本試験改題　下巻 p. 14

７：　【×】　監査人は、現行の会計基準に詳細な定めのない場合には、適正か否かを自己の判断により評価する。（監査基準の改訂について（平成 14 年）三９（１）③）平成 31 年第Ⅱ回本試験　下巻 p. 14

８：　【○】　正しい。適用すべき企業会計の基準が必ずしも明確でない場合であっても、監査人は、自ら判断により、意見を表明することになる。したがって、企業会計の基準が存在しない場合でも、監査人が意見を表明することにより、監査が財務諸表の信頼性を高める機能が果たされる。（監査基準の改訂について（平成14年）三９（１）③）令和２年第Ⅱ回本試験　下巻 p. 14

A　9　適正表示の枠組みに基づき作成された財務諸表の監査の場合、財務諸表の表示方法が適切であるかどうかの判断には、①財務諸表が表示のルールに準拠しているかどうかの評価と、②会計方針の選択及び適用方法が会計事象や取引を適切に反映するものであるかどうかについての一歩離れて行う評価が含まれる。

A　10　適正表示の枠組みでは、適用される財務報告の枠組みにおいて要求される事項に準拠して財務諸表が作成されている場合、作成された財務諸表が適正に表示されていると認められる。

A　11　適正表示の枠組みでは、適用される財務報告の枠組みの要求事項に準拠して財務諸表が作成されたとしても、監査人は、財務諸表が適正に表示されていると認めない場合がある。このような場合においては、たとえ具体的に要求されている以上の注記が行われたとしても財務諸表の適正表示が達成されることはない。

A　12　財務諸表に対して広範な影響を及ぼす場合とは、未修正又は未発見の虚偽表示の及ぼす影響が、財務諸表の特定の構成要素、勘定又は項目に限定されない場合のみを指す。

A　13　平成22年の監査基準の改訂により、除外事項の影響について、「重要性」と財務諸表全体に及ぶのかという「広範性」の２つの要素から判断が行われることが明確化された。これにより、監査人による監査意見の形成過程が変化することになった。

A　14　適用される財務報告の枠組みが適正表示の枠組みである場合、監査人は、十分かつ適切な監査証拠を入手した結果、虚偽表示が財務諸表に及ぼす影響が、個別に又は集計した場合に、重要であるが広範ではないと判断する場合には、限定付適正意見を表明しなければならない。

A　15　適用される財務報告の枠組みが適正表示の枠組みである場合、監査人は、意見表明の基礎となる十分かつ適切な監査証拠を入手できず、かつ、未発見の虚偽表示がもしあるとすれば、それが財務諸表に及ぼす可能性のある影響が、重要かつ広範であると判断する場合には、不適正意見を表明しなければならない。

9：　【×】　一歩離れて行う評価とは、財務諸表の利用者が財政状態や経営成績等を理解するに当たって財務諸表が全体として適切に表示されているか否かについての評価のことである。下巻p. 14

10：　【×】　適正表示の枠組みでは、適用される財務報告の枠組みにおいて要求される事項に準拠して財務諸表を作成したとしても、財務報告の枠組みにおいて具体的に要求されている以上の注記や、財務報告の枠組みからの離脱が必要な場合があることから、作成された財務諸表が適正に表示されているとは認められない場合がある。（監基報700第16項）下巻p. 16

11：　【×】　適用される財務報告の枠組みで、具体的に要求されている以上の注記が行われることにより、財務諸表の適正表示が達成されることがある。（監基報 700 第 16 項、A16 項）令和２年第Ⅱ回本試験　下巻 p. 14

12：　【×】　財務諸表に対して広範な影響を及ぼす場合とは、①未修正又は未発見の虚偽表示の及ぼす影響が、財務諸表の特定の構成要素、勘定又は項目に限定されない場合、②未修正又は未発見の虚偽表示の及ぼす影響が、特定の構成要素、勘定又は項目に限定されているものの、財務諸表全体としての虚偽表示に当たる場合、又は当たる可能性がある場合、③注記事項における未修正又は未発見の虚偽表示の及ぼす影響が利用者の財務諸表の理解に不可欠であると判断される場合のいずれかに該当する場合をいう。（監基報705第４項（１））下巻p. 19

13：　【×】　前半は正しい。しかし、監査人による監査意見の形成過程そのものは、実質的に変わっていない。（監査基準の改訂について(平成22年)二２（１））下巻p. 20

14：　【○】　正しい。（監基報 705 第６項）下巻 p. 21

15：　【×】　本肢の状況においては、監査人は、意見を表明してはならない。（監基報 705 第８項）下巻p. 21

A　16　適用される財務報告の枠組みが適正表示の枠組みである場合、監査人は、重要な監査手続を実施できなかったことにより、無限定適正意見を表明することができない場合において、その影響が財務諸表全体に対する意見表明ができないほどではないと判断したときには、除外事項を付した限定付適正意見を表明しなければならない。

A　17　監査人は、経営者が採用した会計方針の選択及びその適用方法、財務諸表の表示方法に関して不適切なものがあり、その影響が財務諸表全体として虚偽の表示に当たるとするほどに重要であると判断した場合には、意見を表明してはならない。

A　18　監査人は、将来の帰結が予測し得ない事象又は状況について、財務諸表に与える当該事象又は状況の影響が複合的かつ多岐にわたる場合には、重要な監査手続を実施できなかった場合に準じて意見を表明してはならない。

A　19　監査人は、複数の不確実性を伴う状況において、個々の不確実性について十分かつ適切な監査証拠を入手していたとしても、それらが財務諸表に及ぼす可能性のある累積的影響が複合的かつ多岐にわたる場合には、意見を表明できないことがある。

A　20　監査人は、監査契約を締結した後に、経営者による監査範囲の制約に気付き、財務諸表に対する限定意見の表明又は意見不表明につながる可能性が高いと判断する場合、経営者に当該制約を取り除くように要請しなければならない。

A　21　経営者が、経営者による監査範囲の制約を取り除くことを拒否した場合、監査人は、監査役若しくは監査役会、監査等委員会又は監査委員会に当該事項を報告するとともに、監査意見を表明してはならない。

A　22　経営者が、経営者による監査範囲の制約を取り除くことを拒否した場合、代替手続によっても十分かつ適切な監査証拠を入手できず、未発見の虚偽表示がもしあるとすれば、それが財務諸表に及ぼす可能性のある影響が重要かつ広範であり、その状況を伝達するためには監査意見の限定では不十分であると判断する場合には、監査人は、意見を表明してはならない。

16：　【○】　正しい。(監基報 705 第６項）下巻 p. 21

17：　【×】　本肢の状況においては、監査人は、不適正意見を表明しなければならない。（報告基準四2）下巻p. 23

18：　【×】　監査人は、将来の帰結が予測し得ない事象又は状況について、財務諸表に与える当該事象又は状況の影響が複合的かつ多岐にわたる場合には、重要な監査手続を実施できなかった場合に準じて意見の表明ができるか否かを慎重に判断しなければならないのであり、必ずしも意見を表明しないわけではない。（報告基準五４）　下巻p. 25

19：　【○】　正しい。　なお、本肢の状況において、監査人が意見を形成できないと判断する場合には、意見を表明してはならない。(監基報 705 第９項）平成 30 年第Ⅱ回本試験　下巻 p. 25

20：　【○】　正しい。(監基報 705 第 10 項）下巻 p. 26

21：　【×】　経営者が、制約を取り除くことを拒否した場合、監査人は、監査役若しくは監査役会、監査等委員会又は監査委員会に当該事項を報告するとともに、十分かつ適切な監査証拠を入手するための代替手続を実施できるかどうかを判断しなければならない。その結果、意見を表明するための基礎を得られた場合、監査意見を表明することができる。（監基報705第11項）下巻p. 26

22：　【×】　現実的な対応として可能であれば、監査契約を解除する。(監基報 705 第 12 項）下巻 p. 26

A 23 監査人は、経営者による監査範囲の制約を原因として監査契約を解除する場合には、監査契約を解除する前に、監査の過程で識別した除外事項付意見の原因となる虚偽表示に関する事項を、監査役等に報告しなければならない。

A 24 監査人は、監査報告書において除外事項付意見の表明が見込まれる場合、その原因となる状況と、除外事項付意見の文言について、監査役等に報告しなければならない。

第2節　監査報告書の記載

A 1 監査報告は記載されたものでなければならず、書面によって発行される。

A 2 無限定適正意見の監査報告書の冒頭には、「監査意見」という見出しを付した区分を設け、監査意見を記載しなければならない。

A 3 無限定適正意見の監査報告書の「監査意見の根拠」という区分には、我が国において一般に公正妥当と認められる監査の基準に準拠して監査を実施する責任がある旨を記載しなければならない。

A 4 無限定適正意見の監査報告書の「監査意見の根拠」という区分には、意見表明の基礎となる十分かつ適切な監査証拠を入手したと判断した旨を記載しなければならない。

A 5 金融商品取引法監査の監査報告書において、監査意見の根拠の区分が、監査報告書の「監査意見」区分に続けて記載されないことがある。

A 6 監査人は、監査意見を表明するに当たり準拠した監査の基準を監査報告書に明記することにより、当該監査が広く認知されている基準に準拠して行われたことを、監査報告書の利用者に対して示している。

A 7 無限定適正意見を表明する監査報告書には、財務諸表の作成に対する経営者の責任と当該財務諸表に対する意見を表明する監査人の責任は明瞭に記載されるが、二重責任という言葉は明示されない。

Personal-Date-Check

23： 【○】 正しい。（監基報705第13項）下巻p. 26

24： 【○】 正しい。（監基報705第29項）下巻p. 26

第２節　監査報告書の記載

1： 【×】 前半は正しい。しかし、監査報告書は、書面又は電磁的記録によって発行される。（監基報700A18 項）下巻 p. 28

2： 【○】 正しい。（監基報700第21項）下巻p. 31

3： 【×】 無限定適正意見の監査報告書の「監査意見の根拠」という区分に記載しなければならないのは、我が国において一般に公正妥当と認められる監査の基準に準拠して監査を実施した旨である。（監基報 700 第 26 項）下巻 p. 32

4： 【○】 正しい。（監基報700第26項）下巻p. 32

5： 【×】 金融商品取引法監査の監査報告書において、監査意見の根拠の区分が、監査報告書の「監査意見」区分に続けて記載されないことはない。（監基報700Ａ32項）下巻p. 32

6： 【○】 正しい。（監基報700Ａ33項）下巻p. 32

7： 【○】 正しい。（監基報700　付録　文例１）平成25年第Ⅱ回本試験　下巻p. 34・37

A　8　財務諸表監査における監査意見の表明に関する重要な前提には、監査人が職業倫理に関する規定に従って会社から独立していること及び監査人としてのその他の倫理上の責任を果たしていることが含まれており、その旨が「監査意見の根拠」区分に記載される。

A　9　監査報告書の「財務諸表に対する経営者及び監査役等の責任」区分では、経営者の責任として、監査に必要な資料の提供をする責任を有する旨を記載しなければならない。

A　10　監査報告書の「財務諸表に対する経営者及び監査役等の責任」区分では、監査役若しくは監査役会、監査等委員会又は監査委員会の責任として、財務報告プロセスの整備及び運用における取締役（監査委員会の場合は執行役及び取締役）の職務の執行を監視する旨を記載しなければならない。

A　11　経営者は、一般に公正妥当と認められる企業会計の基準に準拠して財務諸表を作成する責任を負うものであるが、重要な虚偽表示のない財務諸表を作成するために必要と判断する内部統制を整備及び運用することに対しても責任を負う。

A　12　平成30年の改訂では、監査報告書の記載区分等が変更され、経営者の責任が経営者及び監査役等の責任となった。これにより、経営者による職務の執行を監査するというこれまでも監査役等が担っていた役割に、財務報告プロセスの監視責任が含まれていることについて、監査報告書において明確に記載されることとなった。

A　13　無限定適正意見の場合の「財務諸表監査における監査人の責任」区分には、監査人の責任は、実施した監査に基づき、全体としての財務諸表に不正又は誤謬による重要な虚偽表示がないかどうかについて合理的な保証を得て、監査報告書において独立の立場から財務諸表に対する意見を表明することである旨を記載しなければならない。

A　14　無限定適正意見の場合の「財務諸表監査における監査人の責任」区分には、監査人は、監査の過程を通じて、職業的懐疑心を保持することを記載しなければならない。

A　15　無限定適正意見が表明される監査報告書に記載される監査人の責任の記述には、継続企業の前提に関する経営者の評価を検討すること及び監査役等との適切な連携を図ることが含まれる。

A　16　「財務諸表監査における監査人の責任」区分には、監査は原則として試査による旨を記載しなければならない。

A　17　財務諸表監査における監査人の責任の記載は、監査報告書の本文に記載しなければならず、別紙に記載することはできない。

Personal-Date-Check

8：　【○】　正しい。(監基報 700 第 26 項）令和４年第Ⅰ回本試験　下巻 p. 32

9：　【×】　本肢の内容の記載を求める規定はない。下巻p. 34

10：　【○】　正しい。（監基報700第32項）下巻p. 34

11：　【○】　正しい。（監基報200Ａ２項（２））平成26年第Ⅱ回本試験　下巻p. 34

12：　【○】　正しい。（監査基準の改訂について（平成30年）二２（１）、監基報700文例１）令和２年第Ⅱ回本試験　下巻p. 34

13：　【○】　正しい。（監基報700第35項）下巻p. 35

14：　【○】　正しい。（監基報700第36項）下巻p. 35

15：　【○】　正しい。(報告基準三（４))平成 31 年第Ⅱ回本試験　下巻 p. 35、36

16：　【×】　本肢の内容の記載を求める規定はない。下巻p. 36

17：　【×】　財務諸表監査における監査人の責任の記載は、監査報告書の本文、又は監査報告書の別紙のいずれかに記載しなければならない。（監基報700第38項）下巻p. 36

A　18　監査人が、財務諸表に対する監査報告書において、我が国において一般に公正妥当と認められる監査の基準に基づいて財務諸表に対して意見を表明する責任に加えて、その他の報告責任についても記載する場合、その他の報告責任については、「法令等に基づくその他の報告」又はその区分の記載内容に応じた適切な他の見出しを付して、監査報告書上、財務諸表監査とは別の区分を設けなければならない。

A　19　監査人は、十分かつ適切な監査証拠を入手できないため意見を表明しない場合においても、監査報告書における監査意見の区分において、財務諸表について監査を行った旨を記載しなければならない。

A　20　適正表示の枠組みの場合、意見に関する除外事項を付した限定付適正意見の監査報告書には、財務諸表が、「限定付適正意見の根拠」区分に記載した事項の及ぼす影響を鑑み、適用される財務報告の枠組みに準拠して、全ての重要な点において適正に表示している旨を記載しなければならない。

A　21　監査人が、監査報告書において、財務諸表に対して不適正意見を表明する場合、当該監査人は、不適正意見の根拠区分に記載した事項の「財務諸表に及ぼす重要な影響を除き」と、当該監査報告書に設けられる意見区分に記載しなければならない。

A　22　監査人が、「意見不表明の根拠区分に記載した事項の財務諸表に及ぼす可能性のある影響の重要性に鑑み、意見表明の基礎を得るための十分かつ適切な監査証拠を入手することができなかった旨」は、当該監査人が、意見表明の基礎となる十分かつ適切な監査証拠を入手できなかったことによって当該財務諸表に対して意見を表明しない場合に、当該監査報告書に設けられる意見区分に記載されなければならない。

A　23　除外事項付意見を表明する場合、監査報告書の「監査意見の根拠」区分には、除外事項付意見を表明する原因となる事項について記載する。なお、この記載には、除外した不適切な事項及び財務諸表に与えている影響を踏まえて除外事項を付した限定意見とした理由の記載も含まれる。

Personal-Date-Check

18：　【○】　正しい。（監基報700第39項）下巻p. 38

19：　【○】　正しい。（監基報705　文例４）下巻p. 43

20：　【×】　本肢の状況においては、「限定付適正意見の根拠」区分に記載した事項の及ぼす影響を除き、適用される財務報告の枠組みに準拠して、全ての重要な点において適正に表示している旨を記載しなければならない。（監基報705第16項）下巻p. 41

21：　【×】　不適正意見を表明する場合には、監査報告書において、「財務諸表に及ぼす重要な影響を除き」ではなく、「財務諸表に及ぼす影響の重要性に鑑み」と記載される。（監基報 705 第 17 項（1）、文例２参照）平成 30 年第Ｉ回本試験改題　下巻 p. 42

22：　【○】　正しい。（監基報 705 第 18 項、文例４参照）平成 30 年第Ｉ回本試験
下巻 p. 43

23：　【○】　正しい。（監基報705第19項）　下巻p. 44

A　24　定量的な注記事項を含め、財務諸表の特定の金額に関連する重要な虚偽表示が存在する場合、監査人は、金額的な影響額を算定することが困難でない限り、監査意見の根拠の区分に、当該虚偽表示による金額的な影響額とそれに関する説明を記載しなければならない。

A　25　監査人は、財務諸表の特定の金額に関連する重要な虚偽表示が存在する場合において、金額的な影響額を算定することが困難な場合、監査意見の根拠の区分にその旨を記載しなければならない。

A　26　監査人は、限定付適正意見を表明する場合、意見の根拠の区分に、除外した不適切な事項、財務諸表に与えている影響及びこれらを踏まえて除外事項を付した限定付適正意見とした理由を記載しなければならない。

A　27　無限定適正意見の表明の基礎となる十分かつ適切な監査証拠を入手できないために除外事項付意見を表明する場合、監査人は、監査意見の根拠の区分に十分かつ適切な監査証拠を入手できない理由を記載しなければならない。

A　28　監査人は、限定意見を表明する理由が、たとえ無限定意見の基礎となる十分かつ適切な監査証拠を入手できないことであっても、入手した監査証拠が監査人の限定意見の基礎を得るために十分かつ適切なものであると判断した旨を監査報告書に記載しなければならない。

A　29　財務諸表に対して意見を表明しない場合、監査人は、監査意見の根拠区分に、監査人の責任に関し、監査報告書の「財務諸表監査における監査人の責任」区分に記載がある旨、及び意見表明の基礎となる十分かつ適切な監査証拠を入手できなかった旨を記載しなければならない。

A　30　限定付適正意見を表明する場合の監査報告書の「監査人の責任」の区分の記載は、無限定適正意見の場合と多くの点で共通する。

A　31　監査人は、十分かつ適切な監査証拠を入手できないため財務諸表に対する意見を表明しない場合、「財務諸表監査における監査人の責任」区分に、我が国において一般に公正妥当と認められる監査の基準に準拠して監査を実施した旨を記載しなければならない。

A　32　監査人は、意見不表明の場合の監査人の責任の区分に、「意見不表明の根拠」区分に記載されているとおり、監査人は、財務諸表に対する意見表明の基礎となる十分かつ適切な監査証拠を入手することができなかった旨を記載しなければならない。

24：　【○】　正しい。（監基報705第20項）　下巻p. 44

25：　【○】　正しい。（監基報705第20項）　下巻p. 44

26：　【○】　正しい。（報告基準四１）　下巻p. 45

27：　【○】　正しい。（監基報705第23項）　下巻p. 46

28：　【○】　正しい。（監基報 705 第 24 項）令和２年第Ⅱ回本試験　下巻 p. 32、44

29：　【×】　財務諸表に対して意見を表明しない場合、監査意見の根拠区分に、本肢の内容は記載しない。（監基報705第25項）　下巻p. 47

30：　【○】　正しい。　下巻p. 48

31：　【×】　本肢の内容は、記載しない。「一般に公正妥当と認められる監査の基準に準拠して監査を実施した旨」と「監査人の責任は、一般に公正妥当と認められる監査の基準に準拠して監査を実施し、監査報告書において意見を表明すること」は異なる。（監基報705第27項）　下巻p. 48

32：　【○】　正しい。（監基報 705 第 27 項）　下巻 p. 48

A　33　監査報告書には、独立監査人の報告書であることを明瞭に示す表題を付さなければならない。

A　34　独立監査人の報告書であることを示す「独立監査人の監査報告書」の表題は、監査人が独立性についての我が国における職業倫理に関する規定の全てを満たしていることを表明するものであり、それにより、独立監査人の監査報告書を独立監査人以外の者が発行する報告書と区別している。

A　35　監査報告書の宛先は、我が国の場合、通常、株主総会となる。

A　36　監査報告書には監査責任者の自署及び押印が必要である。

A　37　国内でのみ流通する監査報告書には、監査事務所の所在地を記載する必要はない。

A　38　監査報告書には、監査人が、財務諸表に対する意見表明の基礎となる十分かつ適切な監査証拠を入手した日よりも前の日付を付してはならない。

A　39　我が国では、株主総会又は取締役会による財務諸表の最終承認が要求されているため、監査報告書日は、当該承認日以降でなければならない。

A　40　我が国では、監査報告書には、監査人が財務諸表に対する意見表明の基礎となる十分かつ適切な監査証拠を入手した日よりも前の日付を付してはならないとされている。この監査報告書に記載する日付は、取締役会による財務諸表の最終承認の日よりも前の日付になることがあり得る。

A　41　監査人は、財務諸表の特定の金額に関連する重要な虚偽表示が存在することにより限定付適正意見を表明する場合、金額的な影響額を算定することが困難でない限り、意見区分に続けて設けられた「限定付適正意見の根拠」区分において、当該虚偽表示による金額的な影響額とそれに関する説明を記載しなければならない。

A　42　金融商品取引法監査において、監査人は、監査報告書の監査意見の区分に続けて、状況に応じて、「監査意見の根拠」、「限定付適正意見の根拠」、「不適正意見の根拠」又は「意見不表明の根拠」という見出しを付した区分を設けなければならない。

Personal-Date-Check

33：【○】 正しい。(監基報 700 第 19 項) 下巻 p. 50

34：【○】 正しい。（監基報700Ａ20項） 下巻p. 50

35：【×】 監査報告書の宛先は、我が国の場合、通常、取締役会となる。（監基報700Ａ21項） 下巻p. 50

36：【×】 監査報告書には、署名（自署又は電子署名）がなされなければならないが、押印は不要である。（監基報700第42項） 下巻p. 50

37:【×】 監査報告書には、監査事務所の所在地を記載しなければならない。(監基報 700 第 43 項) 下巻 p. 50

38：【○】 正しい。（監基報700第44項） 下巻p. 51

39：【×】 我が国では、株主総会又は取締役会による財務諸表の最終承認が要求されているが、そのような最終承認は、監査人が財務諸表に対する意見表明の基礎となる十分かつ適切な監査証拠を入手したと判断するために必要なものではない。よって、監査報告書日とは関係ない。（監基報 700Ａ60 項） 下巻 p. 51

40：【○】 監査報告書の日付は、意見表明の基礎となる十分かつ適切な監査証拠を入手した日以降としなければならない。そして取締役会による財務諸表の最終承認は、十分かつ適切な監査証拠を入手したかの判断として必要なものではない。よって、監査報告書の日付は、取締役会による財務諸表の最終承認よりも前の日付となることがあり得る。(監基報 700 第 44 項、Ａ60 項) 平成 29 年第Ⅰ回本試験 下巻 p. 51

41：【○】 正しい。(監基報 705 第 20 項) 平成 31 年第Ⅰ回本試験類題 下巻 p. 44

42：【○】 正しい。（監基報 700 第 26 項、同 705 第 19 項） 下巻 p. 32、44

第３節　個別財務諸表の監査意見と連結財務諸表の監査意見

・該当する問題なし

第４節　追記情報

A　1　追記情報は、監査人の本質的な役割である財務諸表の適正性の保証という枠組みから外れる事項であって、監査人の意見とは明確に区別される必要がある。

A　2　強調事項区分とは、財務諸表に適切に表示又は開示されていない事項について、利用者が財務諸表を理解する基礎として重要であると監査人が判断し、当該事項を強調するため監査報告書に設ける区分をいう。

A　3　監査人は、財務諸表に表示又は開示されている事項について、利用者が財務諸表を理解する基礎として重要であるため、当該事項を強調して利用者の注意を喚起する必要があると判断した場合、監査報告書に「強調事項」区分を設ける可能性がある。

A　4　監査人は、監査報告書において除外事項付意見を表明する場合であっても、除外事項以外の特に強調すべきと判断した事項について、追記することがある。

A　5　強調事項区分を設ける場合において、強調事項区分に強調事項は監査人の意見に影響を及ぼすものではないことを記載しないことはない。

A　6　監査人は、利害関係者の意思決定に資するため、その有効性を高めるために、できる限り強調事項区分を多用することが求められる。

A　7　監査報告書に「強調事項」区分を設けることは、監査意見に影響を及ぼすものではなく、監査人が、除外事項付意見を表明すること、適用される財務報告の枠組みにより経営者に要求される財務諸表の注記事項、又は適正表示を達成するために必要な財務諸表の追加的な注記事項、継続企業の前提に関する重要な不確実性に関する報告を行うことを代替するものではない。

A　8　監査人は、財務諸表利用者の経済的意思決定に有用な情報として経営者に対して財務諸表に記載を求めた事項が記載されなかった場合には、当該事項を除外事項又は追記情報としなければならない。

Personal-Date-Check

第３節　個別財務諸表の監査意見と連結財務諸表の監査意見

第４節　追記情報

1：　【○】　正しい。下巻 p. 56

2：　【×】　強調事項区分とは、財務諸表に適切に表示又は開示されている事項について、利用者が財務諸表を理解する基礎として重要であると監査人が判断し、当該事項を強調するため監査報告書に設ける区分をいう。（監基報706第６項（１））　下巻p. 57

3：　【○】　正しい。本肢の内容以外に、強調事項に関連して除外事項付意見を表明する必要がないと判断している、監基報701が適用される場合、「強調事項」区分への記載を検討する事項が、監査上の主要な検討事項に該当しないと判断している場合に、強調事項区分を設けなければならないため、設ける可能性があるとしている本肢は正しい。（監基報706第７項）下巻p. 57

4：　【○】　正しい。（監査基準の改訂について（平成14年）三９（３）①）下巻p. 57

5：　【○】　正しい。（監基報 706 第８項）下巻 p. 58

6：　【×】　強調事項区分を多用することは有効性を損ねることになる
強調事項区分の多用は、当該記載の有効性を損ねることになるため、監査人は、必要な範囲において強調事項区分の記載をすることが求められる。（監基報 706Ａ６項）下巻 p. 58

7：　【○】　正しい。（監基報 706Ａ７項）下巻 p. 59

8：　【×】　本肢の状況は、財務諸表に虚偽表示があり、それに重要性があることを意味する。よって、除外事項としなければならないのであり、追記情報として記載するのではない。（監基報320第２項、706第７項（１））令和２年第Ⅰ回本試験　下巻p. 57

A　9　その他の事項区分とは、財務諸表に表示又は開示されていない事項について、監査、監査人の責任又は監査報告書についての利用者の理解に関連すると監査人が判断し、当該事項を説明するため監査報告書に設ける区分をいう。

A　10　監査人が、監査報告書についての利用者の理解に関連すると判断した場合に、当該監査人は、財務諸表に適切に表示されている事項について、当該監査報告書にその他の事項区分を設けることがある。

A　11　監査人は、監査報告書において強調事項区分を設ける場合には、当該事項が監査人の意見に影響を及ぼすものではないことを記載しなければならないが、その他の事項区分を設ける場合には、この記載は必要とされない。

A　12　例外的に、その他の事項区分に、法令等又は他の職業的専門家としての基準によって、監査人が提供することが禁止されている情報、及び経営者が提供することが要求されている情報を記載することがある。

A　13　一般に、監査報告書には区分を設けて利害関係の記載をするが、監査報告書の表題が「独立監査人の監査報告書」となっていること、また監査人に被監査会社との特別の関係がないことを法定しているため、監査報告書に利害関係について記載することは求められているわけではなく、監査人の任意の行為である。

A　14　監査人がその他の事項区分を設ける場合、その具体的な内容を明確に示す適切な見出しを付さなければならない。

A　15　監査報告書における「強調事項」区分又は「その他の事項」区分の記載箇所は、当該事項の内容及び想定利用者にとっての相対的重要性に関する監査人の判断によって決まる。

A　16　強調事項は、利用者が財務諸表を理解する基礎として重要であると監査人が判断した事項であるため、強調事項区分を設けることが見込まれる場合であっても、その旨と当該区分の草案について、監査役等に報告する必要はない。

Personal-Date-Check

9：　【○】　正しい。（監基報706第６項（２））下巻p.60

10：　【×】　財務諸表に適切に表示されている事項について、監査報告書でその他の事項区分として記載することはできない。（監基報 706 第６項（１）（２））平成 30 年第Ⅰ回本試験　下巻 p.60

11：　【○】　正しい。（監基報 706 第８項（３））平成 29 年第Ⅱ回本試験　下巻 p.58、61

12：　【×】　その他の事項区分には、法令等又は他の職業的専門家としての基準によって、監査人が提供することが禁止されている情報、及び経営者が提供することが要求されている情報を記載しない。（監基報 706A15 項）下巻 p.60

13：　【×】　公認会計士法上、監査報告書に利害関係についての記載が求められているため、当該記載が監査人の任意の行為としている点が誤りとなる。（公認会計士法第 25 条第２項）平成 30 年第Ⅱ回本試験　下巻 p.61

14：　【×】　監査人が監査報告書に「その他の事項」区分を設ける場合、監査人は、独立した区分として「その他の事項」又は他の適切な見出しを付さなければならないとされており、その内容を示す見出しではなく、単に「その他の記載内容」という見出しを付すことがあるため本肢は誤りである。（監基報 706 第 10 項）下巻 p.61

15：　【○】　正しい。（監基報 706A16 項）下巻 p.62

16：　【×】　監査人は、監査報告書に強調事項区分又はその他の事項区分を設けることが見込まれる場合、その旨と当該区分の文言の草案について、監査役等に報告しなければならない。よって監査役等に報告する必要はないとする本肢は誤りといえる。（監基報 706 第 11 項）平成 29 年第Ⅱ回本試験　下巻 p.62

A　17　監査人は、監査報告書にその他の事項区分を設けることが見込まれる場合、その旨と当該区分の文言の草案について、監査役等にコミュニケーションを行わなければならない。

A　18　監査人によって、監査報告書に区分された上で情報として追記される事項に、正当な理由による会計方針の変更のような、当該監査人が強調することが適当と判断した事項が含まれる。

A　19　監査人は、正当な理由によらない会計方針の変更に重要性がある場合、「強調事項」の区分を設けて、当該変更が行われた旨を記載する可能性がある。

A　20　財務諸表に適切に開示されている重要な偶発事象について、監査人によって、監査報告書にその他の事項区分が設けられることはないが、監査報告書に強調事項区分が設けられることはある。

A　21　後発事象とは、期末日から監査報告書日までの間に発生した事象をいう。

A　22　監査人は、期末日の翌日から監査報告書日までの間に発生し、財務諸表の修正又は財務諸表における開示が要求される全ての事象を識別したことについて十分かつ適切な監査証拠を入手するために立案した監査手続を実施しなければならない。

A　23　監査人が、期末日の翌日から監査報告書日までの間に発生し、財務諸表の修正又は財務諸表における開示が要求される全ての事象を識別したことについて十分かつ適切な監査証拠を入手するために実施する監査手続には、期末日後に取締役会、監査役会、監査等委員会又は監査委員会、株主総会が開催されている場合、その議事録を閲覧することまで含める必要はない。

A　24　後発事象が修正後発事象に該当し、経営者による財務諸表の修正が行われていない場合には、監査人は、その事実を監査報告書に監査意見に係る除外事項として記載する。

A　25　事後判明事実とは、監査報告書日後に発生したが、もし監査報告書日現在に発生していたとしたら、監査報告書を修正する原因となった可能性のある事実をいう。

A　26　監査人は、監査報告書日後に、財務諸表に関していかなる監査手続を実施する義務も負わない。

Personal-Date-Check

17 :【○】　正しい。(監基報 706 第 11 項) 平成 30 年第Ⅱ回本試験改題　下巻 p. 62

18：　【○】　正しい。（報告基準九（１））平成30年第Ｉ回本試験　下巻p. 64

19：　【×】　監査人は、正当な理由によらない会計方針の変更に重要性がある場合には、当該事項について意見に関する除外事項として取り扱わなければならず、強調事項として取り扱うことはできない。（監基報 706 第７項）下巻 p. 65

20：　【○】　正しい。（監基報706Ａ５項）平成30年第Ｉ回本試験　下巻p. 67

21：　【×】　期末日　→　期末日の翌日

後発事象とは、期末日の翌日から監査報告書日までの間に発生した事象をいう。（監基報 560 第４項（３））　下巻 p. 68

22：　【○】　正しい。（監基報560第５項）下巻p. 69

23：　【×】　監査人は、期末日の翌日から監査報告書日までの間に発生し、財務諸表の修正又は財務諸表における開示が要求される全ての事象を識別したことについて十分かつ適切な監査証拠を入手するために実施する監査手続には、期末日後に取締役会、監査役会、監査等委員会又は監査委員会、株主総会が開催されている場合、その議事録を閲覧することまで含めなければならない。(監基報 560 第６項）下巻 p. 69

24：　【○】　正しい。（監基報560実１　４（３）①ｂ（a））下巻p. 70

25：　【×】　事後判明事実とは、監査報告書日後に監査人が知るところとなったが、もし監査報告書日現在に気付いていたとしたら、監査報告書を修正する原因となった可能性のある事実をいう。（監基報560第４項（６））下巻p. 72

26：　【○】　正しい。（監基報560第９項）下巻p. 73

A　27　監査報告書日の翌日から財務諸表発行日までの間に事後判明事実を知ることとなった場合は、経営者及び適切な場合、監査役若しくは監査役会、監査等委員会又は監査委員会と当該事項について協議しなければならない。

A　28　監査報告書日の翌日から財務諸表の発行日までの間に監査人が知るところとなった事後判明事実について、経営者が財務諸表を修正又は財務諸表に開示する場合、財務諸表の修正又は財務諸表における開示が要求される全ての事象を識別したことについて十分かつ適切な監査証拠を入手するために実施する監査手続を、修正又は開示が追加された財務諸表に対する監査報告書日までの期間に拡大して実施しなければならない。

A　29　監査人は、監査報告書日の翌日から財務諸表の発行日までの間に、事後判明事実を知るところとなり、監査人が財務諸表の修正又は財務諸表における開示が必要であると判断する状況において、まだ監査報告書を企業に提出しておらず､かつ､経営者が財務諸表の修正又は開示を行わない場合、除外事項付意見を表明することがある。

A　30　事後判明事実に関連して、修正又は開示が追加された差替後の財務諸表に対する監査報告書の日付は、通常、差替前の財務諸表の承認日となる。

A　31　監査人は、財務諸表が発行された後に、事後判明事実を知るところとなり、経営者が財務諸表を訂正する場合、当該財務諸表に対する監査報告書を提出するが、監査人が以前に提出した監査報告書について記載する必要はない。

Personal-Date-Check

27：　【○】　正しい。（監基報560第９項）下巻p. 73

28：　【○】　正しい。（監基報560第10項）下巻p. 74

29：　【○】　正しい。（監基報 560 第 12 項（１））平成 30 年第Ⅱ回本試験　下巻 p. 74

30：　【×】　事後判明事実に関連して、修正又は開示が追加された差替後の財務諸表に対する監査報告書の日付は、差替後の財務諸表の承認日以降の日付とする。（監基報 560 第 10 項）下巻 p. 74

31：　【×】　監査人は、訂正後の財務諸表に対する監査報告書の強調事項区分又はその他の事項区分に、以前に発行した財務諸表を訂正した理由を詳細に記載している財務諸表の注記を参照し、監査人が以前に提出した監査報告書について記載しなければならない。（監基報 560 第 15 項）平成 30 年第Ⅱ回本試験　下巻 p. 75

第５節　その他の記載内容

A　1　その他の記載内容とは、監査した財務諸表を含む開示書類のうち当該財務諸表を除いた部分の記載内容をいう。

A　2　通常、財務諸表に対する監査意見はその他の記載内容を対象としないが、その他の記載内容に重要な誤りがあると判断した場合には、財務諸表に対する監査意見はその他の記載内容を対象とする。

A　3　監査人は、その他の記載内容に重要な相違があるか判断するために、財務諸表に対する意見を形成するために要求される以上の監査証拠の入手を行わなければならない。

A　4　監査人が、その他の記載内容を通読するのは、その他の記載内容に重要な誤りがある場合等には、財務諸表及びその監査報告書の信頼性を損なう可能性があるためである。

A　5　監査人は、その他の記載内容を監査報告書日前に入手しなければならず、監査報告書日までに入手できなかった場合には、財務諸表に対する監査意見を表明してはならない。

A　6　監査人は、その他の記載内容を通読しなければならず、その他の記載内容と財務諸表の間に重要な相違があるかどうかのみならず、その他の記載内容と監査人が監査の過程で得た知識の間に重要な相違があるかどうか検討しなければならない。

A　7　監査人は、重要な相違があると思われる場合、又は重要な誤りがあると思われるその他の記載内容に気付いた場合、当該事項について経営者と協議しなければならない。

A　8　監査人は、その他の記載内容に重要な誤りがあると判断した場合、経営者にその他の記載内容の修正を要請し、修正に同意した場合、監査人は修正が行われたことを確認しなければならない。

A　9　監査人は，その他の記載内容における重要な誤りの修正を拒否した経営者及び監査役等の誠実性について疑義を抱き，監査の過程で入手した経営者及び監査役等の陳述の信頼性に関して重大な懸念があると判断した場合，現実的な対応として可能であれば，監査契約を解除することがある。

A　10　監査人は、監査報告書にその他の記載内容に関して記載する際には、「その他の記載内容」又は他の適切な見出しを付した区分を設けなければならない。

Personal-Date-Check

第５節　その他の記載内容

1：　【×】　その他の記載内容とは、監査した財務諸表を含む開示書類のうち当該財務諸表と監査報告書とを除いた部分の記載内容をいう。その他の記載内容は、通常、財務諸表及びその監査報告書を除く、企業の年次報告書に含まれる財務情報及び非財務情報である。（監基報720第11項（１））下巻p. 78

2：　【×】　財務諸表に対する監査意見がその他の記載内容を対象とすることはない。（監基報720第２項）下巻p. 80

3：　【×】　監査人には、財務諸表に対する意見を形成するために要求される以上の監査証拠の入手は要求されない。（監基報720第２項）下巻p. 80

4：　【○】　正しい。(監基報 720 第３項) 下巻 p. 80

5：　【×】　監査人は、その他の記載内容を監査報告書日後に入手することもあり、本肢のような規定はない。（監基報720第12項（３））下巻p. 80

6：　【○】　正しい。(監基報 720 第 13 項) 下巻 p. 80

7：　【○】　正しい。(監基報 720 第 15 項) 下巻 p. 81

8：　【○】　正しい。(監基報 720 第 16 項) 下巻 p. 81

9：　【○】　正しい。(監基報 720 第 17 項) 令和５年第Ⅰ回本試験　下巻 p. 81

10：　【○】　正しい。(監基報 720 第 20 項) 下巻 p. 83

A　11　監査報告書の「その他の記載内容」の区分には、その他の記載内容が存在しないと監査人が判断した場合を除き、監査意見の対象にはその他の記載内容は含まれておらず、監査人は意見を表明するものではない旨が記載される。

A　12　監査人は、その他の記載内容が存在しないと判断した場合には、監査報告書に「その他の記載内容」の区分を設ける必要はない。

A　13　監査人は、監査対象である財務諸表を含む有価証券報告書のうちに、当該財務諸表以外の情報に重要な誤りを認め、経営者及び監査役等と協議の上、経営者に当該重要な誤りの修正を求めたが、経営者が修正に応じなかった場合、当該重要な誤りを監査報告書の追記情報に記載しなければならない。

A　14　監査人がその他の記載内容に未修正の重要な誤りがないと結論付けた場合、監査報告書にその他の記載内容に関する区分を含めない。

A　15　監査人が財務諸表に対する意見を表明しない場合、監査報告書にその他の記載内容に関する区分を含めない。

Personal-Date-Check

11：【○】 正しい。(監基報 720 第 21 項) 下巻 p. 83

12：【×】 監査人は、その他の記載内容が存在しないと判断した場合には、監査報告書に「その他の記載内容」の区分に、その他の記載内容が存在しないと判断した旨及びその他の記載内容に対していかなる作業も実施していない旨を記載する。（監基報720第21項）下巻p. 83

13：【×】 その他の記載内容に重要な誤りがある場合に、当該事項について、追記情報を記載することはない。(監基報 720 第 17～21 項) 令和４年第Ⅰ回本試験　下巻 p. 81～83

14：【×】 本肢の状況においては、その他の記載内容に関する区分を設け、監査人が報告すべき事項はない旨等を記載する。（監基報720第21項）下巻p. 83

15：【○】 正しい。監査人が財務諸表に対する意見を表明しない場合、その他の記載内容に関する区分を含め、監査に関するより詳細な情報を提供することにより、財務諸表全体に対する意見不表明と矛盾しているとの誤解を与えるおそれがある。したがって、このような状況においては、監基報 705 第 27 項で要求されるとおり、監査報告書には、その他の記載内容に関する区分は含めない。(監基報 720 A56 項) 下巻 p. 84

第６節　比較情報

A　1　比較情報とは、適用される財務報告の枠組みに基づき財務諸表に含まれる過年度の金額及び注記事項のことをいう。

A　2　比較情報に関する監査意見の表明の方式の一つである、対応数値方式による場合、監査意見は財務諸表に表示された各々の年度を対象として表明される。

A　3　比較情報が対応数値として表示される場合、監査意見は、対応数値を含む当年度の財務諸表全体に対して表明されるため、監査人は、いかなる場合においても、監査報告書において対応数値に言及してはならない。

A　4　比較情報が比較財務諸表として表示される場合、監査人は、財務諸表の表示期間に含まれる各年度の財務諸表を全体としてまとめ、単一の監査意見を表明しなければならない。

A　5　監査人は、適用される財務報告の枠組みで要求されている比較情報が財務諸表に含まれているかどうか、並びに当該情報が適切に表示及び分類されているかどうかを判断しなければならない。その判断に当たって、比較情報が、前年度に表示された金額や注記事項、又は訂正報告書が提出されている場合には、訂正後の金額や注記事項と一致しているかどうかを検討しなければならない。

A　6　比較情報が対応数値として表示される場合、以前に発行した前年度の監査報告書において除外事項付意見が表明されており、かつ当該除外事項付意見の原因となった事項が未解消の場合、監査人は、当年度の財務諸表に対して除外事項付意見を表明しなければならない。

A　7　前年度に表明された監査意見が除外事項付意見であり、かつ、その原因となった事項が未解消である状況において、当該事項が当年度の数値には関連しない場合においても、当年度の数値と対応数値の比較可能性の観点から、当年度の財務諸表に対する監査報告書において除外事項として取り扱うことが必要となることがある。

Personal-Date-Check

第６節　比較情報

１：　【○】　正しい。(監基報 710 第５項（１))　　下巻 p. 86

２：　【×】　財務諸表に表示された各々の年度を対象として監査意見が表明されるのは、比較財務諸表方式による場合である。対応数値方式の場合、財務諸表に対する監査意見は当年度のみを対象として表明される。（監基報 710 第３項（１）・（２））　下巻 p. 88

３：　【×】　状況によっては対応数値に言及する事があり得る

対応数値方式の場合、監査意見は、対応数値を含む当年度の財務諸表全体に対して表明されるため、通常、監査人は、監査意見において対応数値に言及してはならない。しかし、以前に発行した前年度の監査報告書において除外事項付意見が表明され、その原因となった事項が未解消であり、当年度の財務諸表に対する意見に影響する場合などにおいては、言及することがある。（監基報 710 第９～11 項、Ａ２～６項）　下巻 p. 90

４：　【×】　それぞれの年度に関して監査意見を表明する

比較情報が比較財務諸表として表示される場合、監査人は、財務諸表の表示期間に含まれるそれぞれの年度に関して監査意見を表明しなければならない。(監基報 710 第 14 項)　下巻 p. 94

５：　【○】　正しい。（監基報 710 第６項）　下巻 p. 89

６：　【○】　正しい。（監基報 710 第 10 項）　下巻 p. 90

７：　【○】　正しい。（監基報710第10項（２））令和２年第Ⅱ回本試験　下巻p. 90

A　8　比較情報が対応数値として表示される場合、監査人は、以前に無限定意見が表明されている前年度の財務諸表に重要な虚偽表示が存在するという監査証拠を入手したが、対応数値が適切に修正再表示されていない又は注記事項が妥当ではない場合、当年度の財務諸表に対する監査報告書において、当該財務諸表に含まれる対応数値に関する除外事項付意見として、限定意見又は否定的意見を表明しなければならない。

A　9　比較情報が対応数値として表示される場合、前年度の財務諸表が監査されていない場合、監査人は、監査報告書のその他の事項区分に、対応数値については責任を負わない旨を記載しなければならない。

A　10　比較情報が対応数値として表示される場合、監査人は、前年度の財務諸表が監査されていないときは、監査報告書のその他の事項区分に対応数値が監査されていない旨を記載することによって、当年度の財務諸表に重要な影響を及ぼす虚偽表示が期首残高に含まれていないという十分かつ適切な監査証拠の入手に関する要求事項が免除される。

A　11　比較情報が対応数値として表示される場合、監査人が、当年度の監査において、以前に無限定意見が表明されている前年度の財務諸表に重要な虚偽表示が存在するという監査証拠を入手したとしても、対応数値が適切に修正再表示され、かつ、注記事項が妥当であるときは、当年度の財務諸表に含まれる対応数値に関する除外事項付意見は表明されない。

A　12　比較情報が対応数値として表示される場合に、前年度の財務諸表が前任監査人に監査された旨が、当年度の財務諸表を監査する監査人によって、当年度の監査報告書のその他の事項区分に記載されることはないが、強調事項区分に記載されることはある。

A　13　前年度の財務諸表を前任監査人が監査している場合であっても、監査人は、前任監査人が対応数値を監査している旨及びその意見を監査報告書に記載しないことがある。

A　14　比較情報が比較財務諸表として表示される場合、当年度の監査に関連して前年度の財務諸表に対して監査意見を表明する場合において、前年度の財務諸表に対する監査意見が、以前に表明した監査意見と異なる場合には、監査人は、その他の事項区分で、監査意見が異なる理由を記載しなければならない。

A　15　比較情報が対応数値によって表示されている場合、監査人は、当年度だけでなく比較情報の対象である前年度の財務諸表についても経営者確認書に記載するよう経営者に要請する必要がある。

Personal-Date-Check

8：　【○】　正しい。（監基報 710 第 11 項）　下巻 p. 93

9：　【×】　前年度の財務諸表が監査されていない場合、監査人は、監査報告書のその他の事項区分に、対応数値が監査されていない旨を記載しなければならない。（監基報 710 第 13 項）下巻 p. 93

10：　【×】　前年度の財務諸表が監査されていない場合には、監査人は、監査報告書のその他の事項区分に、対応数値が監査されていない旨を記載しなければならないが、当該記載によっても、当年度の財務諸表に重要な影響を及ぼす虚偽表示が期首残高に含まれていないという十分かつ適切な監査証拠の入手に関する監査手続が免除されるわけではない。（監基報 710 第 13 項）下巻 p. 93

11：　【○】　正しい。（監基報710第11項、Ａ６項）令和４年第Ⅱ回本試験　下巻p. 93

12：　【×】　比較情報が対応数値として表示されており、前年度の財務諸表を前任監査人が監査している場合、監査報告書のその他の事項区分において、その旨を記載することになる。（監基報710第12項）平成30年第Ⅰ回本試験　下巻p. 94

13：　【○】　正しい。（監基報710第12項）令和２年第Ⅱ回本試験　下巻p. 94

14：　【○】　正しい。（監基報 710 第 15 項）下巻 p. 94

15：　【×】　対応数値方式の場合、監査人は、当年度の財務諸表のみについて、経営者確認書に記載することを要請する。（監基報 710Ａ１項）平成 30 年第Ⅱ回本試験　下巻 p. 95

第７節　監査上の主要な検討事項

Ａ　1　監査上の主要な検討事項とは、当年度の財務諸表の監査において、監査人が職業的専門家として特に重要であると判断した事項をいう。監査上の主要な検討事項は、監査人が監査役等とコミュニケーションを行った事項から選択される。

Ａ　2　監査人は、監査役等とコミュニケーションを行った事項の中から、監査を実施する上で監査人が特に注意を払った事項を決定しなければならない。そして、その中から更に、当年度の財務諸表の監査において、職業的専門家として特に重要であると判断した事項を監査上の主要な検討事項として決定しなければならない。

Ａ　3　監査上の主要な検討事項を決定する際に、監査人が特に注意を払った事項を考慮するのは、監査がリスク・アプローチに基づいて行われるためである。したがって、識別し評価した重要な虚偽表示リスクの中で、監査人が特別な検討を必要とするリスクと判断したものについては、監査上の主要な検討事項としなければならない。

Ａ　4　監査人は、監査上の主要な検討事項の記載に際しては、過度に専門的な監査用語の使用を避け、わかりやすく記載するよう留意する必要がある。

Ａ　5　監査上の主要な検討事項は、監査の内容に関する情報を提供するとともに、監査意見の位置付けを変更するものである。

Ａ　6　監査上の主要な検討事項の記載は、監査意見とは明確に区別しなければならない。

Ａ　7　監査報告書における監査上の主要な検討事項の記載は、財務諸表利用者に対し、監査人が実施した監査の内容に関する情報を提供するものであり、当該事項について個別に意見を表明するものではない。

Ａ　8　監査人は、監査上の主要な検討事項として決定した事項について、当該事項の内容、当該事項を監査上の主要な検討事項と決定した理由、監査人の対応及び個々の監査上の主要な検討事項に対して表明した意見を監査報告書に記載しなければならない。

Ａ　9　監査人は、意見の種類にかかわらず、監査上の主要な検討事項区分を設けて、監査上の主要な検討事項を記載しなければならない。

Personal-Date-Check

第７節　監査上の主要な検討事項

１：　【○】　正しい。(監基報 701 第７項)　下巻 p. 100

２：　【○】　正しい。(監基報 701 第８・９項)　下巻 p. 101

３：　【×】　特別な検討を必要とするリスクは、監査人が特に注意を払った事項と判断することが多い。しかしながら、全ての特別な検討を必要とするリスクが、監査上の主要な検討事項となるわけではない。(監基報 701 A20、A21 項) 令和２年第Ⅰ回本試験　下巻 p. 101

４：　【○】　正しい。(監基報 701 A34 項)　下巻 p. 107

５：　【×】　監査上の主要な検討事項は、監査の内容に関する情報を提供するものであるが、監査意見の位置付けを変更するものではない。(監査基準の改訂について (平成 30 年) 二１（１))　下巻 p. 107

６：　【○】　正しい。(監査基準の改訂について（平成 30 年）二１（１))　下巻 p. 107

７：　【○】　正しい。(監基報 701 第 10 項（２))令和２年第Ⅰ回本試験　下巻 p. 102

８：　【×】　監査上の主要な検討事項は、財務諸表全体に対する監査の実施過程及び監査意見の形成において監査人が対応した事項であり、当該事項に対して個別に意見を表明するものではない。よって、監査報告書に監査上の主要な検討事項に対する意見が記載されることはない。(監基報 701 第 10 項（２))　平成 31 年第Ⅱ回本試験　下巻 p. 102

９：　【×】　意見不表明の場合には、監査上の主要な検討事項区分を設けて、監査上の主要な検討事項を記載してはならない。(監基報 705 第 28 項)　下巻 p. 104

A　10　監査人は、法令等により、当該事項の公表が禁止されている事項であっても、情報提供が必要であると判断した場合には、監査報告書に監査上の主要な検討事項として記載しなければならない。

A　11　除外事項付意見を表明する原因となる事項及び継続企業の前提に関する重要な不確実性は、その性質上、監査上の主要な検討事項に該当する。

A　12　監査報告書において除外事項付意見を表明する原因となる事項は、その性質上は監査上の主要な検討事項に該当するが、監査報告書上の監査上の主要な検討事項区分には記載しない。

A　13　除外事項付意見を表明する原因となる事項を監査上の主要な検討事項区分に記載することも認められている。

A　14　監査人は、重要かつ広範な事項について虚偽の表示があることから不適正意見を表明する場合、当該意見に至った理由を意見の根拠の区分に記載するが、同時に当該理由以外に重要な事項があると判断した場合には、当該事項を監査上の主要な検討事項の区分に記載することができる。

A　15　連結財務諸表及び個別財務諸表の監査を実施しており、連結財務諸表の監査報告書において同一内容の監査上の主要な検討事項が記載されている場合には、個別財務諸表の監査報告書においてその旨を記載し、当該内容の記載を省略することができる。

A　16　財務諸表に比較情報が含まれる場合、監査人は、比較情報に係る監査意見の表明方式が比較財務諸表方式の場合、過年度の財務諸表監査に関連する監査上の主要な検討事項について、監査報告書において記載しなければならないが、対応数値方式の場合には、通常記載しない。

A　17　監査人は、決定した監査上の主要な検討事項が、同時に強調事項に該当すると判断することがある。そのような場合、監査人は、当該事項を「監査上の主要な検討事項」区分の最初に記載したり、利用者が財務諸表を理解する基礎として重要であることを示唆する追加の情報を、監査上の主要な検討事項の記載に含めることが考えられる。

Personal-Date-Check

10：　【×】　法令等により、当該事項の公表が禁止されている場合、監査上の主要な検討事項として記載しない。(監基報 701 第 13 項)　下巻 p. 105

11：　【○】　正しい。(監基報 701 第 14 項)　下巻 p. 105

12：　【○】　正しい。(監基報 701 第 14 項) 令和２年第Ⅰ回本試験　下巻 p. 105

13：　【×】　除外事項付意見を表明する原因となる事項及び継続企業の前提に関する重要な不確実性を監査上の主要な検討事項区分に記載してはならない。(監基報 701 第 14 項)　下巻 p. 105

14：　【○】　正しい。不適正意見を表明する場合、当該意見に至った理由は、その性質上は監査上の主要な検討事項であるが、不適正意見の根拠区分に記載する。それ以外に監査上の主要な検討事項があれば、当該事項は監査上の主要な検討事項の区分に記載することができる。(監査基準の改訂について（平成 30 年）二１（４）) 平成 31 年第Ⅱ回本試験　下巻 p. 106

15：　【○】　正しい。(監基報 701 第 12 項)　下巻 p. 106

16：　【×】　財務諸表に比較情報が含まれる場合、監査人は、比較情報に係る監査意見の表明方式が比較財務諸表方式か対応数値方式かにかかわらず、過年度の財務諸表監査に関連する監査上の主要な検討事項について、監査報告書において、通常記載しない。(監基報 701A10 項)　下巻 p. 107

17：　【○】　正しい。(監基報 706Ａ２項)　下巻 p. 108

A　18　監査報告書における監査上の主要な検討事項の報告は、除外事項付意見を表明しなければならない状況における除外事項付意見の表明の代替を意図するものでもない。

A　19　強調事項区分の利用は、監査上の主要な検討事項の記載の代替とはならない。

A　20　監査上の主要な検討事項の記載については、金融商品取引法に基づいて開示を行っているすべての企業がその対象となっている。

A　21　会社法会計監査人監査の監査報告書において、監査上の主要な検討事項を記載する必要はない。

A　22　訂正報告書に対する監査報告書は、訂正箇所を含む当年度の財務諸表全体に対して意見を表明するものであることから、「監査上の主要な検討事項」についても監査基準の規定が同様に適用されるものと考えられている。

A　23　平成30年改訂監査基準は、監査報告書に「監査上の主要な検討事項」の記載を求めたが、その目的は、監査人が実施した監査の透明性を向上させ、監査報告書の情報価値を高めることにある。

A　24　企業に関する未公表の情報は、企業によって公にされていない当該企業に関する全ての情報をいう。よって、財務諸表又は監査報告書日において利用可能なその他の記載内容に含まれている情報や、決算発表又は投資家向け説明資料等により、企業が口頭又は書面により提供している情報等は企業に関する未公表の情報に含まれる。

A　25　監査人が追加的な情報開示を促した場合において経営者が情報を開示しないときに、監査人が監査の基準に基づき正当な注意を払って職業的専門家としての判断において当該情報を監査上の主要な検討事項に含めることは、監査人の守秘義務が解除される正当な理由に該当する。

A　26　監査人は、職業的専門家としての判断に基づき、企業に関する未公表の情報を監査上の主要な検討事項に含める必要があると判断した際に、経営者に追加の情報開示を促したにもかかわらず、経営者が追加の情報開示に応じなかった場合は、守秘義務の観点から当該情報を監査上の主要な検討事項に含めることはできない。

18：　【○】　正しい。(監基報 701 第４項)　下巻 p. 108

19：　【○】　正しい。(監基報 706Ａ１項)　下巻 p. 108

20：　【×】　金融商品取引法に基づいて開示を行っている企業であっても、非上場企業のうち資本金５億円未満又は売上高 10 億円未満かつ負債総額 200 億円未満の企業は、監査上の主要な検討事項の記載は求められない。(監基報 700Ａ38 項)　下巻 p. 109

21：　【○】　正しい。(監基報 700Ａ38 項)　下巻 p. 109

22：　【○】　正しい。　下巻 p. 109

23：　【○】　正しい。(監査基準の改訂について（平成 30 年）一) 平成 31 年第Ⅱ回本試験　下巻 p. 110

24：　【×】　本肢の情報は、企業によって公にされている情報であるため、未公表の情報には含まれない。(監基報 701Ａ35 項)　下巻 p. 114

25：　【○】　正しい。(監基報 701Ａ55 項)　下巻 p. 114

26：　【×】　監査人が追加的な情報開示を促した場合において経営者が情報を開示しないときに、監査人が正当な注意を払って職業的専門家としての判断において当該情報を「監査上の主要な検討事項」に含めることは、監査基準に照らして守秘義務が解除される正当な理由に該当する。(監査基準の改訂について（平成 30 年）二１（５)) 令和２年第Ⅰ回本試験　下巻 p. 114

A　27　監査証明業務は専門的能力や実務経験を有する公認会計士又は監査法人の独占業務であることから、一定水準の監査品質が担保されており、また、監査品質を評価することも困難であることから、企業や株主等が監査品質について評価する必要はない。

A　28　監査報告書における監査上の主要な検討事項の記載の効果として、監査人と経営者の間のみならず、監査人と財務諸表利用者の間の議論を更に充実させることを通じたコーポレート・ガバナンスの強化が期待されている。

27：　【×】　監査証明業務は、専門的能力等を有した公認会計士又は監査法人により行われることを理由に、自動的にその品質が担保されるわけではない。また、企業や株主等は、監査の品質を評価することにより、品質の高い監査が行われるように促すことができる。よって、企業や株主等は監査の品質を評価すべきであり、また、それに役立つよう監査人側から監査上の主要な検討事項等の情報提供が行われている。令和４年第Ⅰ回本試験　下巻 p. 110 参考

28：　【×】　監査人と財務諸表利用者の間の議論を更に充実させることではなく、監査人と監査役等の間の議論を更に充実させることを通じたコーポレート・ガバナンスの強化が期待されている。（監査基準の改訂について（平成 30 年）一）令和４年第Ⅰ回本試験　下巻 p. 110

第6章
継続企業の前提

A　1　我が国においては、財務諸表の表示に関する規則に従って、少なくとも期末日の翌日から２年間評価することになる。

A　2　継続企業の前提に重要な疑義を生じさせるような事象又は状況の一つ以上が存在する場合は、重要な不確実性が存在していることを意味する。

A　3　継続企業の前提に関する重要な不確実性という用語は、我が国の財務諸表の表示に関する規則において、継続企業の前提に重要な疑義を生じさせるような事象又は状況に関連して、財務諸表に注記しなければならない不確実性を説明する場合に用いられている。

A　4　継続企業の前提に関して経営者に財務諸表への注記が求められるのは、継続企業の前提に関する重要な不確実性が認められる場合である。

A　5　監査人が監査報告書に「継続企業の前提に関する重要な不確実性」という区分を設けることは、二重責任の原則を逸脱するものである。

A　6　継続企業の前提に関する監査人の責任は、会計処理や開示の適正性に関する意見表明の枠組みの中で対応することになるのであり、企業の事業継続能力そのものを認定し、企業の存続を保証することにはない。

A　7　継続企業の前提に関する重要な不確実性についての記載が監査報告書にないことをもって、企業が将来にわたって事業活動を継続することを保証することになる。

A　8　継続企業の前提に関する監査人の責任は、企業の事業継続能力そのものを認定し、企業の存続を保証することではなく、経営者が継続企業を前提として財務諸表を作成することの適切性について十分かつ適切な監査証拠を入手し、継続企業の前提に関する重要な不確実性が認められるか否かを結論付けることである。

A　9　監査人は、監査の過程を通じて、継続企業の前提に重要な疑義を生じさせるような事象又は状況に関する監査証拠に留意しなければならない。

Personal-Date-Check

1：【×】　我が国においては、財務諸表の表示に関する規則に従って、少なくとも期末日の翌日から１年間評価することになる。（監基報 570A10 項）下巻 p. 119

2：【×】　継続企業の前提に重要な疑義を生じさせるような事象又は状況の一つ以上が存在する場合に、必ずしも重要な不確実性が存在していることを意味するわけではない。（監基報 570A２項）下巻 p. 120

3：【○】　正しい。（監基報 570A20 項）下巻 p. 121

4：【○】　正しい。（監保報 74 号７）下巻 p. 121

5：【×】　継続企業の前提に関する経営者及び監査人の対応は、二重責任の原則に基づいたものである。そして、監査人が継続企業の前提について監査報告書に「継続企業の前提に関する重要な不確実性」という区分を設けることも二重責任の原則の枠内で認められることである。（監査基準の改訂について（平成 14 年）三６（２））下巻 p. 124

6：【○】　正しい。（監査基準の改訂について（平成 14 年）三６（２））下巻 p. 124

7：【×】　監査人は将来の事象又は状況を予測することはできないため、継続企業の前提に関する重要な不確実性についての記載が監査報告書にないことをもって、企業が将来にわたって事業活動を継続することを保証するものではない。（監基報 570 第７項）下巻 p. 124

8：【○】　正しい。（監基報 570 第６項）平成 30 年第Ⅰ回本試験　下巻 p. 125

9：【○】　正しい。（監基報 570 第 10 項）下巻 p. 126

A　10　監査人は、自ら継続企業の前提に関する重要な不確実性が認められるか否かを結論付ける責任があるため、継続企業の前提に関して経営者が行った評価を検討する必要はない。

A　11　経営者の評価期間が期末日の翌日から12か月に満たない場合には、監査人は、経営者に対して、評価期間を少なくとも期末日の翌日から12か月間に延長するよう求めなければならない。

A　12　監査人は、貸借対照表日に継続企業の前提に重要な疑義を生じさせるような事象又は状況が存在したものの、当該重要な疑義が監査報告書日までに解消又は改善し、重要な不確実性が認められないと判断した場合には、無限定適正意見を表明する。

A　13　監査人は、継続企業の前提に重要な疑義を生じさせるような事象又は状況が存在すると判断したが、当該事象又は状況を解消し、又は改善するための経営者による対応策により継続企業の前提に関する重要な不確実性が認められないと判断した場合、無限定適正意見を表明するだけでよく、「継続企業の前提に関する重要な不確実性」という区分を設ける必要はない。

A　14　重要な不確実性について財務諸表に適切な注記がなされている場合、監査人は無限定意見を表明し、財務諸表における注記事項について注意を喚起するために、監査報告書に「継続企業の前提に関する重要な不確実性」という見出しを付した区分を設け、継続企業の前提に関する重要な不確実性が認められる旨及び当該事項は監査人の意見に影響を及ぼすものではない旨を記載しなければならない。

A　15　継続企業を前提として財務諸表を作成することが適切であるが、重要な不確実性が認められる場合に、監査人は、重要な不確実性について財務諸表に適切に注記がなされていると判断したときには、無限定意見を表明する。この場合、監査人は、監査報告書に重要な不確実性が認められる旨を記載しなければならない。

A　16　監査人は、継続企業を前提として財務諸表を作成することが適切であっても重要な不確実性が認められる場合において、継続企業の前提に関する事項が財務諸表に適切に記載されていると判断したときには、無限定適正意見又は重要な不確実性が及ぼす影響に関する除外事項を付した限定付適正意見を表明する。

Personal-Date-Check

10 :【×】 監査人は、継続企業の前提に関して経営者が行った評価を検討しなければならない。(監基報570 第 11 項) 下巻 p. 127

11 :【○】 正しい。(監基報 570 第 12 項) 下巻 p. 127

12 :【○】 正しい。他の事項に除外事項が存在しなければ無限定適正意見が表明される。下巻 p. 129、135

13 :【○】 正しい。下巻 p. 129

14 :【○】 正しい。(監基報 570 第 21 項) 下巻 p. 130

15 : 【○】 正しい。(監基報 570 第 21 項) 令和２年第Ⅱ回本試験 下巻 p. 130

16 :【×】 継続企業の前提に関して重要な不確実性が認められる場合に、そのことが適切に財務諸表に記載されていると判断したときは、無限定適正意見を表明して、「継続企業の前提に関する重要な不確実性」という見出しを付した区分を設け、当該事項について記載する。除外事項を付した限定付適正意見を表明するとしている点が誤りである。(監基報 570 第 21 項) 平成 30 年第Ⅱ回本試験 下巻 p. 130

A　17　監査人は、継続企業の前提に重要な不確実性が認められるにもかかわらず、重要な不確実性に係る注記事項が適切でない場合、状況に応じて限定付適正意見又は不適正意見を表明した上で、監査報告書に「継続企業の前提に関する重要な不確実性」という区分を設けなければならない。

A　18　監査人は、監査人が評価の実施又は評価期間の延長を求めたにもかかわらず、経営者がこれを行わない場合に、監査報告書への影響を考慮しなければならない。

A　19　監査人は、経営者に評価の実施又は評価期間の延長を求めることがあるが、経営者がこれを行わないときに、監査人は、監査報告書において限定意見の表明又は意見不表明とすることが適切な場合がある。

A　20　継続企業の前提に重要な疑義を生じさせるような事象又は状況が存在するにもかかわらず、経営者により当該疑義を解消するための対応策が提示されていない場合、監査人は、監査報告書において意見不表明としなければならない。

A　21　監査人が、継続企業を前提として財務諸表を作成することが適切でないと判断する例として、更生手続開始決定や、再生計画の認可がある。

A　22　監査人は、継続企業の前提が成立していないことが一定の事実をもって明らかである場合において、財務諸表が継続企業を前提として作成されているときは、不適正意見を表明する。

A　23　破産手続開始の申立てがなされ、継続企業を前提として財務諸表を作成することが適切でない場合に、財務諸表が継続企業を前提として作成されているときは、監査人は意見を表明せず、その理由を監査報告書に記載しなければならない。

A　24　監査人は、更生手続開始決定の取消し、更生計画の不認可など、継続企業を前提として財務諸表を作成することが適切でない場合には、継続企業を前提とした財務諸表については理由を付して不適正意見を表明しなければならない。

Personal-Date-Check

17：【×】 「継続企業の前提に関する重要な不確実性」という区分は、その対象となる事項に関連して除外事項付意見を表明する必要がないと判断した場合に設けられるものであり、継続企業の前提に関する注記が不適切であり、限定付適正意見又は不適正意見を表明する際には、「継続企業の前提に関する重要な不確実性」という区分を設けることはできない。（監基報 570 第 22 項）下巻 p. 131

18：【○】 正しい。（監基報 570 第 23 項）下巻 p. 131

19：【○】 正しい。（監基報 570A34 項）下巻 p. 131

20：【×】 経営者から継続企業の前提に重要な疑義を生じさせるような事象又は状況に対する対応策が提示されていない場合、監査人は継続企業の前提に関する重要な不確実性が認められるか否かを確かめる十分かつ適切な監査証拠を入手できないことがある。よって重要な監査手続を実施できなかった場合に準じて、除外事項を付した限定付適正意見を表明するか又は意見を表明しない。（報告基準六３、監基報 570 第 23 項、A34 項）平成 29 年第Ⅱ回本試験　下巻 p. 131

21：【×】 継続企業を前提として財務諸表を作成することが適切でないと判断する例として、更生手続開始決定の取消しや、再生計画の不認可がある。（監基報 570A25 項）平成 30 年第Ⅰ回本試験　下巻 p. 132

22：【○】 正しい。（監基報 570 第 20 項）下巻 p. 132

23：【×】 継続企業を前提として財務諸表を作成することが適切でない場合に、財務諸表が継続企業を前提として作成されているときは、不適正である旨の意見を表明し、その理由を記載しなければならない。（報告基準六４、監基報 570 第 20 項）平成 29 年第Ⅱ回本試験　下巻 p. 132

24：【○】 正しい。（報告基準六４、監基報 570 第 20 項）平成 30 年第Ⅱ回本試験　下巻 p. 132

A　25　監査人は、継続企業を前提として財務諸表を作成することが適切でない場合、継続企業を前提としていない他の基準について適切な開示がされていれば、当該基準に基づいて作成された財務諸表に対して無限定意見を表明できることがある。

A　26　極めてまれな状況ではあるが、重要な不確実性が複数存在し、それが財務諸表に及ぼす可能性のある影響が複合的かつ多岐にわたる場合には、監査人は、監査報告書に「継続企業の前提に関する重要な不確実性」という見出しを付した区分を設け、継続企業の前提に関する重要な不確実性が認められる旨及び当該事項は監査人の意見に影響を及ぼすものではない旨を記載することに代えて意見不表明とすることが適切と考えることがある。

A　27　平成21年の監査基準の改訂では、継続企業の前提に重要な疑義を生じさせるような一定の事象又は状況が存在した場合、経営者が行った評価及び対応策について検討した上で、なお継続企業の前提に関する重要な不確実性が認められるか否かを確かめなければならないこととした。その背景には、当該一定の事象又は状況が存在する場合には直ちに継続企業の前提に関する注記及び追記情報の記載を要するとの解釈があった。

A　28　監査人は、継続企業の前提に重要な疑義を生じさせるような事象又は状況が存在するが、重要な不確実性が認められないため、継続企業の前提に関する注記を行わない上場会社については、経営者が有価証券報告書の「事業等のリスク」において一定の事象や経営者の対応策の開示を行うことになる。

A　29　継続企業を前提として財務諸表を作成することが適切であるが、継続企業の前提に関する重要な不確実性が認められる場合、当該不確実性は、監査上の主要な検討事項に該当するため、監査人は、継続企業の前提に関する事項を監査報告書の監査上の主要な検討事項の区分に記載しなければならない。

Personal-Date-Check

25：【○】　正しい。（監基報 570 A26 項）下巻 p. 133

26：【○】　正しい。（監基報 570 A32 項）下巻 p. 25

27：【○】　正しい。（監査基準の改訂について（平成 21 年一））下巻 p. 137

28：【○】　正しい。下巻 p. 138

29：【×】　継続企業の前提に関する重要な不確実性は、その性質上、監査上の主要な検討事項に該当する。しかし、これは「継続企業の前提に関する重要な不確実性」の区分に記載し、「監査上の主要な検討事項」の区分に記載してはならない。（監基報 701 第 14 項）平成 31 年第Ⅱ回本試験　下巻 p. 105

第7章
中間監査

第１節　中間監査総論

第２節　中間監査の実施

第３節　中間監査の報告

第１節　中間監査総論

A　1　中間監査基準は、監査基準と同様に中間監査の目的、一般基準、実施基準及び報告基準から構成されている。

A　2　中間監査は、年度監査と同程度の信頼性を保証するものではなく、中間財務諸表に係る投資者の判断を損なわない程度の信頼性を保証する監査として位置付けられ、中間監査の監査人は、年度監査に比して監査手続の一部を省略することができる。

A　3　中間監査においては、経営者と監査人の責任分担関係は明確ではなく、二重責任の原則も明確には規定されていない。

A　4　中間監査の目的は、経営者の作成した中間財務諸表が、一般に公正妥当と認められる中間財務諸表の作成基準に準拠して、企業の中間会計期間に係る財政状態、経営成績及びキャッシュ・フローの状況に関する有用な情報を表示しているかどうかについて、監査人が自ら入手した監査証拠に基づいて判断した結果を意見として表明することにある。

第２節　中間監査の実施

A　1　中間監査においても、年度監査と同様リスク・アプローチの考え方が採用され、監査リスクの程度は年度監査と異なることはない。

A　2　監査人は、中間監査の実施に当たり、年度監査に係る監査手続の一部を省略する場合であっても、分析的手続等を中心とする監査手続を必ず実施しなければならない。

A　3　監査人は、原則として、当該中間財務諸表が属する年度の財務諸表の監査に係る監査計画の一環として中間監査に係る監査計画を策定するものとする。

A　4　中間監査における保証水準は、年度監査における保証水準とは異なっているため、中間監査においては、十分かつ適切な監査証拠を入手しなくてもよい。

Personal-Date-Check

第１節　中間監査総論

１：【×】　一般基準はない

中間監査基準には、一般基準というものは規定されていない。　下巻p. 140

２：【○】　正しい。（中間監査基準の改訂について（平成14年）二）　下巻p. 141・142・144

３：【×】　中間監査の目的には、監査基準と同様に二重責任の原則が明確に規定されている。（中間監査基準の改訂について（平成14年）三１）　下巻p. 141

４：【○】　正しい。（中間監査基準　第一　中間監査の目的）　下巻p. 141

第２節　中間監査の実施

１：【×】　異なることはない　→　異なる

監査人は、中間監査の実施にあたり、中間監査に係る監査リスク（中間監査リスク）を設定しなければならないが、中間監査に係る監査リスク（中間監査リスク）は、年度監査に係る監査リスクよりも高く設けることができる。（中間監査基準の改訂について（平成14年）三）　下巻p. 143

２：【○】　正しい。（中間監査基準の改訂について（平成14年）三２）　下巻p. 144

３：【○】　正しい。（中間監査基準　第二　実施基準１）　下巻p. 146

４：【×】　入手しなくともよい　→　入手しなければならない

監査人は、中間監査に係る自己の意見を形成するに足る基礎を得るために、アサーション・レベルにおいて十分かつ適切な監査証拠を入手しなければならない。（中間監査基準　第二　実施基準４）　下巻p. 144

A　5　中間監査においても、リスク・アプローチの考え方に基づいて監査が実施されることになる。しかし、中間監査リスクの水準は、年度監査に係る監査リスクの水準よりも高く設けることができる。したがって、重要な虚偽表示のリスクの評価に基づき監査人が設定する発見リスクの水準は、年度監査に係る発見リスクの水準よりも高くすることが容認されることになる。

A　6　中間監査において、年度監査に係る監査手続の一部を省略することができるのは、中間監査における重要な虚偽表示のリスクを年度監査に比べ低く評価することができると考えられるからである。

第３節　中間監査の報告

A　1　中間監査に係る監査意見は、中間財務諸表が当該中間会計期間に係る企業の財政状態、経営成績及びキャッシュ・フローの状況に関する有用な情報を表示しているかどうかの意見である。

B　2　中間監査は、年度の財務諸表の監査を前提としているため、中間監査報告書における被監査会社との利害関係の記載は省略される。

A　3　年度の監査報告書と同様、中間監査報告書においても、監査人の意見や意見の根拠、経営者及び監査役等の責任、監査人の責任等の記載がなされ、必要に応じて追記情報が記載されることになる。

A　4　監査人は、中間監査に係る重要な監査手続を実施できなかったことにより、中間財務諸表に対する意見表明のための基礎を得ることができなかったときには、意見を表明してはならず、この場合には、意見の根拠の区分に、その理由を記載しなければならない。

A　5　監査人は、継続企業を前提として中間財務諸表を作成することが適切でない場合には、継続企業を前提とした中間財務諸表は有用な情報を表示していない旨の意見を表明することになるが、その理由の記載は求められていない。

A　6　中間財務諸表において、正当な理由による会計方針の変更があった場合、監査人は当該事項を中間監査報告書に追記情報として記載することがある。

Personal-Date-Check

5：【○】　正しい。（中間監査基準の改訂について（平成14年）三２、監基報910Ａ４項）　下巻p. 143

6：【×】　中間監査において、年度監査に係る監査手続の一部を省略することができるのは、中間監査における監査リスクを年度監査に比べ高くすることができるとされるからである。（中間監査基準　第二　実施基準１、中間監査基準の改訂について（平成14年）三２）　下巻p. 142、143

第３節　中間監査の報告

1：【○】　正しい。（中間監査基準の改訂について（平成14年）三１）　下巻p. 141・150

2：【×】　省略される　→　省略されることはない

中間監査報告書においても、被監査会社との利害関係に関する記載は省略されることなく記載される。（公認会計士法第25条第２項）

3：【○】　正しい。（中間監査基準の改訂について（平成14年）三３、中間監査基準の改訂について（平成23年）二１）　下巻p. 150、151

4：【○】　正しい。（中間監査基準　第三　報告基準７）　下巻p. 151

5：【×】　記載は求められていない　→　記載は求められている

継続企業を前提として中間財務諸表を作成することが適切でない場合には、継続企業を前提とした中間財務諸表は有用な情報を表示していない旨の意見を表明し、その理由を記載しなければならない。（中間監査基準　第三　報告基準８（４））　下巻p. 149

6：【○】　正しい。（中間監査基準　第三　報告基準９（１））　下巻p. 151

第３節　中間監査の報告

第8章
特別目的の財務諸表、準拠性の財務諸表の監査等

第１節　特別目的の財務諸表の監査等

A　1　平成26年に実施された監査基準の改訂に伴い、従来の適正性に関する意見の表明の形式に加えて、準拠性に関する意見の表明の形式が導入された。

A　2　公認会計士が、財務諸表を構成する貸借対照表等の個別の財務表や個別の財務諸表項目等に対する監査意見を表明する場合に、監査基準が適用されることはない。

A　3　準拠性に関する意見の表明については、従来の適正性に関する意見表明のための報告基準とは異なる報告基準が改めて規定されている。

A　4　監査人は、財務諸表が特別の利用目的に適合した会計の基準により作成される場合には、当該財務諸表が会計の基準に準拠して作成されているかどうかについて、意見として表明することがある。

A　5　平成26年の監査基準の改訂後においても、監査基準では、一般目的の財務諸表を対象とした適正性に関する意見の表明を基本としている。そのため、監査の目的にかかる従来からの記述はそのまま維持されている。

A　6　財務諸表における表示が利用者に理解されるために適切であるかどうかの判断には、財務諸表が表示のルールに準拠しているかどうかの評価と、財務諸表の利用者が財政状態や経営成績等を理解するに当たって財務諸表が全体として適切に表示されているか否かについての一歩離れて行う評価が含まれるが、適正性及び準拠性に関する意見の表明においては、それぞれ状況に応じて上記の評価が行われることがある。

A　7　準拠性に関する意見の表明の場合においては、リスク・アプローチに基づく監査の実施は求められない。

A　8　監査人は、特別の利用目的に適合した会計の基準により作成されている財務諸表に対し、当該財務諸表が会計の基準に準拠して作成されているとする意見を表明する場合には、財務諸表に重要な虚偽の表示がないことについて合理的な保証を得る必要はない。

Personal-Date-Check

第１節　特別目的の財務諸表の監査等

１：【○】　正しい。（監査基準の改訂について（平成26年）一１）　下巻p. 157

２：【×】　財務諸表に対する監査意見を表明する場合のほか、財務諸表を構成する貸借対照表等の個別の財務表や個別の財務諸表項目等に対する監査意見を表明する場合についても、監査基準が適用されることがある。（監査基準の改訂について（平成26年）二２）　下巻p. 168

３：【×】　準拠性に関する意見の表明については、適正性に関する意見表明と異なる報告基準を改めて規定するのではなく、適正性に関する意見の表明を前提とした報告基準に準じることとなる。（監査基準の改訂について（平成26年）二３）　下巻p. 161

４：【○】　正しい。（監査基準第一２）　下巻p. 158

５：【○】　正しい。（監査基準の改訂について（平成26年）二１）　下巻p. 158

６：【×】　財務諸表における表示が利用者に理解されるために適切であるかどうかの判断における、財務諸表の利用者が財政状態や経営成績等を理解するに当たって財務諸表が全体として適切に表示されているか否かについての一歩離れて行う評価は、準拠性に関する意見の表明の場合には行われない。（監査基準の改訂について（平成26年）二１）　下巻p. 162

７：【×】　準拠性に関する意見の表明の監査の場合であっても、適正性に関する意見の表明の場合と同様に、リスク・アプローチに基づく監査を実施し、監査リスクを合理的に低い水準に抑えた上で、自己の意見を形成するに足る基礎を得なければならない。（監査基準の改訂について（平成26年）二２）　下巻p. 160

８：【×】　準拠性に関する意見には、財務諸表には重要な虚偽の表示がないことの合理的な保証を得たとの監査人の判断が含まれている。（監査基準の改訂について（平成26年）一１）平成30年第Ⅰ回本試験　下巻p. 157

A　9　監査人は、企業の完全な一組の財務諸表全体に対して否定的意見を表明する、又は意見不表明とすることが必要であると判断する場合、一つの監査報告書に、当該完全な一組の財務諸表の一部を構成する個別の財務表又は財務諸表項目等に対する無限定意見を含めることができる。

A　10　監査人は、企業の完全な一組の財務諸表全体に対して否定的意見を表明する、又は意見不表明とすることが必要であると判断した場合であっても、当該完全な一組の財務諸表に含まれる財務諸表項目等に対する別の監査業務においては、当該財務諸表項目等に対して無限定意見を表明することが適切であると考える場合がある。

A　11　監査人は、完全な一組の財務諸表全体に対して否定的意見を表明する、又は意見不表明とする場合、完全な一組の財務諸表に含まれる個別の財務表に対する監査報告書が、否定的意見又は意見不表明が含まれる監査報告書とともに発行されない等の条件を満たせば、完全な一組の財務諸表に含まれる個別の財務表に対して無限定意見を表明することができる。

A　12　特別の利用目的に適合した会計の基準に準拠して作成された財務諸表に対して意見を表明する場合には、財務諸表が適用される財務報告の枠組みに準拠して作成されているかどうかの判断に当たって、監査人は、経営者が採用した会計方針が、当該枠組みに準拠して継続的に適用されているかどうかのみを評価する。

A　13　特別の利用目的に適合した会計の基準に準拠して作成された財務諸表に対して準拠性に関する無限定意見を表明する場合には、監査人は、監査報告書に、財務諸表がすべての重要な点において適用される財務報告の枠組みに準拠して適正に表示されている旨を記載しなければならない。

A　14　特別の利用目的に適合した会計の基準に準拠して作成された財務諸表が、当該財務諸表の作成に当たって適用された会計の基準に準拠して作成されているかどうかについての監査人の意見は、当該監査人が、当該財務諸表に重要な虚偽の表示がないかどうかの合理的な保証を得て表明する意見である。

A　15　特別の利用目的に適合した会計の基準により作成される財務諸表の作成目的は、監査人によって、当該財務諸表に対する監査報告書上の追記情報として記載されなければならない。

Personal-Date-Check

□ □ □

9：【×】　監査人は、企業の完全な一組の財務諸表全体に対して否定的意見を表明する、又は意見不表明とすることが必要であると判断する場合、一つの監査報告書に、当該完全な一組の財務諸表の一部を構成する個別の財務表又は財務諸表項目等に対する無限定意見を含めてはならない。これは、一つの監査報告書にそのような無限定意見を含めることは、企業の完全な一組の財務諸表全体に対する否定的意見又は意見不表明と矛盾するためである。（監基報805第14項）　下巻p. 170

10：【○】　正しい。監査人は、企業の完全な一組の財務諸表全体に対して否定的意見を表明する、又は意見不表明とすることが必要であると判断した場合であっても、当該完全な一組の財務諸表に含まれる財務諸表項目等に対する別の監査業務においては、条件を満たすことにより、当該財務諸表項目等に対して無限定意見を表明することが適切であると考える場合がある。（監基報805第15項）令和２年第Ⅱ回本試験類題　下巻p. 171

11：【×】　監査人は、完全な一組の財務諸表全体に対して否定的意見を表明する、又は意見不表明とする場合、完全な一組の財務諸表に含まれる個別の財務表に対して無限定意見を表明してはならない。個別の財務表に対する監査報告書が、否定的意見又は意見不表明が含まれる監査報告書とともに発行されない場合であっても無限定意見を表明してはならない。これは、個別の財務表は当該完全な一組の財務諸表の主要部分を構成するとみなされるためである。（監基報805第16項）令和２年第Ⅱ回本試験類題　下巻p. 171

12：【×】　準拠性の判断に当たっては、経営者が採用した会計方針が、当該枠組みに準拠して継続的に適用されているかどうかについて形式的に確認するだけではなく、当該会計方針の選択及び適用方法が適切であるかどうかについて、会計事象や取引の実態に照らして判断しなければならない。(監査基準の改訂について（平成 26 年）二３）平成 29 年第Ⅰ回本試験　下巻 p. 162

13：【×】　準拠性の枠組みに準拠して作成された財務諸表に対して無限定意見を表明する場合、監査意見には「財務諸表が、すべての重要な点において、適用される財務報告の枠組みに準拠して作成されている」と記載しなければならない。（監査基準の改訂について（平成26年）二３、監基報700第33項）平成29年第Ⅰ回本試験　下巻p. 156・157

14：【○】　正しい。（監査基準の改訂について（平成26年）一１）平成29年第Ⅰ回本試験　下巻p. 157

15：【○】　正しい。(監基報 800 第 12 項）平成 29 年第Ⅰ回本試験　下巻 p. 163

A　16　監査人は、特別目的の財務諸表の監査を行う場合、準拠性に関する意見のみを表明するのであり、適正性に関する意見を表明することはできない。

A　17　監査基準は、財務諸表の適正性について意見表明することを監査人に求めているため、財務諸表を構成する貸借対照表等の個別の財務表や個別の財務諸表項目等に対する監査意見を表明する場合には、監査基準を適用することはできない。

A　18　監査人が準拠性に関する意見を表明する場合、財務諸表の利用者が財政状態や経営成績を理解するに当たって財務諸表が全体として適切に表示されているか否かについての判断は行うが、経営者が採用した会計方針の選択や適用方法が会計事象や取引の実態を適切に反映するものであるかどうかについての判断は行わない。

A　19　平成26年の監査基準改訂において、監査人の意見表明について、従来の「適正性」に関する意見表明に加えて、「準拠性」に関する意見表明が導入された。この改訂により、財務諸表利用者のニーズに応じて、一般目的の財務諸表を対象とすれば「適正性」に関する意見表明に限られるが、特別目的の財務諸表については、これに追加して「準拠性」に関する意見表明も認められることとなった。

A　20　監査人は、特別目的の財務諸表に対して準拠性に関する意見を表明する場合には、特別目的の財務諸表が表示のルールに準拠しているかどうかの評価を行う前に、当該財務諸表の利用者が財政状態や経営成績等を理解するに当たって当該財務諸表が全体として適切に表示されているかどうかの評価を行わなければならない。

A　21　監査人は、特別の利用目的に適合した会計の基準により作成される財務諸表の適正性に関する意見を表明する場合には、当該財務諸表に重要な虚偽表示が存在しない旨を記載しなければならない。

Personal-Date-Check

16：【×】　特別目的の財務諸表に対して、準拠性に関する意見を表明することもあれば、適正性に関する意見を表明することもある。（監査基準の改訂について（平成26年）一１）平成30年第Ⅰ回本試験　下巻p. 156

17：【×】　財務諸表に対する監査意見を表明する場合のほか、財務諸表を構成する貸借対照表等の個別の財務表や個別の財務諸表項目等に対する監査意見を表明する場合についても、監査基準が適用される。（監査基準の改訂について（平成26年）二２）平成30年第Ⅰ回本試験　下巻p. 161

18：【×】　監査人が準拠性に関する意見を表明する場合、財務諸表の利用者が財政状態や経営成績を理解するに当たって財務諸表が全体として適切に表示されているか否かについての判断は行わず、経営者が採用した会計方針の選択や適用方法が会計事象や取引の実態を適切に反映するものであるかどうかについての判断を行う。（監査基準の改訂について（平成26年）二１、３）平成29年第Ⅱ回本試験　下巻p. 162

19：【×】　一般目的の財務諸表、特別目的の財務諸表いずれについても、適正性に関する意見が表明されることもあれば、準拠性に関する意見が表明されることもある。（監査基準の改訂について（平成26年）一１）平成30年第Ⅱ回本試験　下巻p. 156

20：【×】　監査人は、準拠性に関する意見を表明する場合には、当該財務諸表の利用者が財政状態や経営成績等を理解するに当たって当該財務諸表が全体として適切に表示されているかどうかの評価は行わない。(監査基準の改訂について（平成 26 年）二１）平成 31 年第Ⅱ回本試験　下巻 p. 162

21：【×】　特別の利用目的に適合した会計の基準により作成される財務諸表についても、適正性に関する意見を表明する場合がある。この場合も、適正性に関して意見を表明する場合は、すべての重要な点において適正に表示しているかどうかについての意見を表明しなければならない。重要な虚偽の表示が存在しない旨の意見を記載しなければならないとしている点が誤りとなる。(報告基準一１、監基報 200 第 10 項（１））平成 30 年第Ⅱ回本試験　下巻 p. 156

A　22　監査人は、準拠性の枠組みで作成された財務諸表に対して監査意見を表明する場合には、準拠性の枠組みにおいて要求される事項が遵守されているかどうかのみを評価すればよい。

A　23　特別目的の財務諸表に対する監査報告書には、利用者への注意を喚起するために、強調事項区分を設けて、財務諸表が特別目的の財務報告の枠組みに準拠して作成されており他の目的には適合しないことがある旨を記載すればよく、その利用者は特定されていることから、監査報告書に配布又は利用の制限を付す旨を記載する必要はない。

A　24　監査人は、全体としての財務諸表に対して意見不表明とする場合であっても、個別の財務表もしくは財務諸表の特定の項目等が、適用される財務報告の枠組みに準拠しているときには、利害関係者への情報提供のため、監査報告書にその旨を記載しなければならない。

A　25　財務諸表の作成基準が明確に確立していない状況において、利害関係者の間で枠組みが決定され、特別目的の財務報告の枠組みとして取り扱われている場合、監査人は、監査報告書に当該財務諸表が特定の利用者のみを想定している旨、及び配布又は利用の制限を付すことが適切である旨を記載すればよく、他の目的には適合しないことがある旨の記載まで求められていない。

A　26　個別の財務表又は財務諸表項目等に対する監査は、完全な一組の財務諸表に対する監査とは別の業務であるため、一つの監査報告書において両方の監査に対する意見を表明してはならない。

A　27　公認会計士又は監査法人は、依頼人から、その財務諸表の一部についてのみ監査を行うよう依頼を受けた場合、その監査には企業会計審議会が公表する監査基準を適用してはならない。

Personal-Date-Check

22：【○】　正しい。（監基報 700 第 17 項）令和２年第Ⅰ回本試験　下巻 p. 162

23：【×】　監査報告書が特定の者のみによる利用を想定しており、当該監査報告書に配布又は利用の制限を付すことが適切であると考える場合には、監査報告書に配布又は利用の制限を付す。（監基報 800 第 14 項）令和２年第Ⅰ回本試験　下巻 p. 163

24：【×】　本肢のようなことは求められていない。（監基報 805 第 14 項）令和２年第Ⅰ回本試験　下巻 p. 170 参照

25：【×】　監査人は、特別の利用目的に適合した会計の基準により作成される財務諸表に対する監査報告書には、当該財務諸表は特別の利用目的に適合した会計の基準に準拠して作成されており、他の目的には適合しないことがある旨を記載しなければならない。（監基報 800 第 13 項）令和２年第Ⅱ回本試験　下巻 p. 163

26：【×】　個別の財務表又は財務諸表項目等に対する監査は、完全な一組の財務諸表に対する監査とは別の業務ではあるが、一つの監査報告書において両方の監査に対する意見を表明することができる。ただし、個別の財務表又は財務諸表項目等に対する意見を完全な一組の財務諸表に対する意見とは別に記載しなければならない。（監基報 805 第 11、12 項）令和２年第Ⅱ回本試験　下巻 p. 169

27：【×】　財務諸表を構成する貸借対照表等の個別の財務表や個別の財務諸表項目等の、財務諸表の一部に対する監査意見を表明する場合についても、監査基準が適用される。（監査基準の改訂について（平成26年）二２）令和２年第Ⅰ回本試験　下巻p. 161

第9章
内部統制報告制度

第１節　内部統制報告制度概要

A　1　経営者は、財務報告に係る内部統制の有効性の評価結果等を記載するために内部統制監査報告書を作成しなければならない。

A　2　財務報告に係る内部統制の経営者による評価と公認会計士等による監査が義務づけられるのは、上場会社等である。

A　3　新規上場会社の内部統制監査報告書の提出は、資本金100億円以上又は負債総額1,000億円以上の会社を除いて、上場後３年を経過する日まで免除される。

A　4　内部統制報告制度は、金融商品取引法に基づく制度であるため、会社法による開示制度では、内部統制報告書は作成されず、内部統制監査は実施されない。

A　5　内部統制の有効性の評価についての検証は、監査の水準である。

A　6　内部統制監査で得られた監査証拠は、同一の監査人が実施する財務諸表監査で利用することができるが、財務諸表監査で得られた監査証拠は、内部統制監査で利用することはできない。

A　7　内部統制監査は、当該企業の財務諸表監査に係る監査人と同一の監査人が実施する。ここでいう同一の監査人とは、監査事務所のみならず、業務執行社員も同一であることが求められる。

A　8　内部統制監査報告書は、財務諸表監査報告書と合わせて記載することができるが、原則として、両者は別々に記載される。

A　9　我が国の内部統制報告制度では、ダイレクト・レポーティングが採用されている。

A　10　財務報告に係る内部統制の有効性の評価は、原則として連結ベースで行う。連結子会社が存在する場合等には、親会社のみで、内部統制が有効か否かを評価するのではなく、連結子会社等も含めて、内部統制が有効か否かを評価する。

Personal-Date-Check

第１節　内部統制報告制度概要

1：　【×】　内部統制監査報告書　→　内部統制報告書

経営者は、「内部統制報告書」を作成し、財務報告に係る内部統制の有効性の評価結果等を記載する。（財務報告に係る内部統制の評価及び監査の基準等の設定について二（２））下巻p. 174

2：　【○】　正しい。ただし、「上場会社」と記載されることもある。（財務報告に係る内部統制の評価及び監査の基準等の設定について一（１））　下巻p. 174・175

3：　【○】　正しい。（金融商品取引法第 193 条の２第２項第４号）平成 31 年第Ⅱ回本試験　下巻 p. 175

4：　【○】　正しい。下巻 p. 175

5：　【○】　正しい。（財務報告に係る内部統制の評価及び監査の基準並びに財務報告に係る内部統制の評価及び監査に関する実施基準の設定について二（４））　下巻p. 177

6：　【×】　内部統制監査で得られた監査証拠及び財務諸表監査で得られた監査証拠は、双方で利用することが可能であり、効果的かつ効率的な監査の実施が期待できる。（財務報告に係る内部統制の評価及び監査の基準等の設定について二（４））下巻 p. 178

7：　【○】　正しい。（財務報告に係る内部統制の評価及び監査の基準等の設定について二（３））平成31年第Ⅰ回本試験類題　下巻p. 178

8：　【×】　原則として合わせて記載される

内部統制監査報告書については、財務諸表監査報告書と合わせて記載することが原則とされる。（財務報告に係る内部統制の評価及び監査の基準等の設定について二（４）⑤）　下巻p. 178

9：　【×】　我が国の内部統制報告制度では、ダイレクト・レポーティングは採用されていない。（財務報告に係る内部統制の評価及び監査の基準並びに財務報告に係る内部統制の評価及び監査に関する実施基準の設定について二（４））下巻 p. 179

10：　【○】　正しい。（財務報告に係る内部統制の評価及び監査に関する実施基準Ⅱ２（１））下巻 p. 180

第２節　内部統制報告制度における経営者の対応

A　1　経営者は、内部統制の有効性の評価に当たっては、財務報告に係る重大な虚偽記載につながるリスクに着眼して、必要な範囲で業務プロセスに係る内部統制を評価する。

A　2　内部統制報告制度においては、トップダウン型のリスク・アプローチが採用されており、全社的な内部統制の評価結果が有効でない場合には、当該内部統制の影響を受ける業務プロセスに係る内部統制の評価について、評価範囲の拡大や評価手続を追加するなどの措置が必要となる。

A　3　全社的な内部統制の評価に際して、原則として、全ての事業拠点について全社的な観点で評価する。

A　4　通常、全社的な内部統制の評価範囲と全社レベルの決算・財務報告プロセスの評価範囲は一致するものと考えられる。

A　5　決算・財務報告プロセス以外の業務プロセス等の評価に際しては、原則として、全ての事業拠点について全社的な観点で評価する。

A　6　監査人は、経営者が重要な事業拠点における、企業の事業目的に大きく関わる勘定科目に至る業務プロセスを、原則として、全て評価対象としていることを確認しなければならない。

A　7　経営者と監査人の間で行われる評価範囲に関する協議は、経営者による評価範囲の決定後に行われるものであり、決定前に行うことはない。

A　8　経営者は、第一義的に内部統制に責任を負い、内部統制の評価範囲も自ら判断して決定しなければならないが、監査人との協議により、自己の評価範囲を変更することもある。

A　9　決算・財務報告プロセス以外の業務プロセス等の評価に際して、前年度に重要な事業拠点として評価範囲に入っており、前年度の当該事業拠点に係る内部統制の評価結果が有効である判断された重要な事業拠点を評価範囲から除くことができる。

A　10　業務プロセスに係る内部統制の評価範囲については、一定の条件を満たした場合、評価対象とする事業拠点の売上高等の合計額が、連結ベースの売上高等の３分の２を下回ることがある。

Personal-Date-Check

第２節　内部統制報告制度における経営者の対応

1：　【○】　正しい。（財務報告に係る内部統制の評価及び監査の基準等の設定について二（4）①）下巻p. 178・185

2：　【○】　正しい。　下巻p. 185

3：　【○】　正しい。　下巻p. 186

4：　【○】　正しい。　下巻p. 186

5：　【×】　決算・財務報告プロセス以外の業務プロセス等の評価に際しては、企業が複数の事業拠点を有する場合には、評価対象とする事業拠点を売上高等の重要性により決定する。　下巻p. 187

6：　【○】　正しい。（財務報告に係る内部統制の評価及び監査に関する実施基準Ⅱ２（２）②イ）令和４年第Ⅰ回本試験　下巻p. 189

7：　【×】　経営者と監査人の間で行われる評価範囲に関する協議は、経営者による評価範囲の決定前後に行われる。特に、経営者による評価の計画段階においては、評価範囲を決定するまでに実施することが適切である。（財務報告に係る内部統制の評価及び監査の基準Ⅱ２（３））下巻p. 190

8：　【○】　正しい。監査人との協議により、経営者が評価範囲を変更することもある。（財務報告に係る内部統制の評価及び監査に関する実施基準Ⅱ２（３））平成23年第Ⅱ回本試験　下巻p. 190

9：　【×】　決算・財務報告プロセス以外の業務プロセス等の評価に際して、重要な事業拠点を評価範囲から除くことには、当該事業拠点が、①前年度に重要な事業拠点として評価範囲に入っている、②前年度の当該事業拠点に係る内部統制の評価結果が有効である、③当該拠点の内部統制の整備状況に重要な変更がない、④重要な事業拠点の中でも、グループ内で中核会社となる特に重要な事業拠点でないという条件を全て満たす必要がある。　下巻p. 188

10：　【○】　正しい。（財務報告に係る内部統制の評価及び監査に関する実施基準Ⅱ２（２）①（注２））令和２年第Ⅱ回本試験　下巻p. 188

A　11　開示すべき重要な不備が存在すると判断した場合、当該企業の内部統制は有効ではないと判断される。

A　12　経営者による内部統制評価は、期中を評価時点として行われる。

A　13　内部統制に開示すべき重要な不備が発見された場合、それが期末日までに是正されていても、財務報告に係る内部統制は有効ではないという結論に至ることになる。

A　14　開示すべき重要な不備に該当するか否かは、当該不備により生じる又は生じる可能性がある虚偽記載が重要であるか、その生じる可能性が高いかにより判断されるが、生じる又は生じる可能性がある虚偽記載が重要であるか否かは、金額的影響のみにより判断され、質的影響は考慮されない。

A　15　経営者は、財務報告に係る内部統制の有効性を評価するに当たって、やむを得ない事情により、内部統制の一部について十分な評価手続を実施できない場合がある。その場合には、当該事実が財務報告に及ぼす影響を十分に把握した上で、評価手続を実施できなかった範囲を除外して財務報告に係る内部統制の有効性を評価することができる。

A　16　経営者は、期末日後に実施した開示すべき重要な不備に対する是正措置の内容を内部統制報告書に記載することがある。この場合、経営者が、有効な内部統制を整備し、その運用の有効性を確認し、かつ、是正措置を完了した旨を記載していたとしても、その是正措置は、当該年度の内部統制の有効性の評価結果に反映されない。

第３節　内部統制報告制度における監査人の対応

A　1　内部統制監査の目的は、経営者が構築した内部統制が、一般に公正妥当と認められる内部統制の評価の基準に準拠して、すべての重要な点において有効に運用されているかどうかについて、監査人自らが入手した監査証拠に基づいて判断した結果を意見として表明することにある。

A　2　内部統制監査は、原則として、財務諸表監査と同一の業務執行社員により行うことが求められている。しかし、双方の監査は、目的が異なるため、内部統制監査の監査計画は、財務諸表監査の監査計画とは別に策定されなければならない。

Personal-Date-Check

11：　【○】　正しい。　下巻p. 196

12：　【×】　期末日を評価時点として行われる
経営者による内部統制評価は、期末日を評価時点として行われる。（財務報告に係る内部統制の評価及び監査の基準Ⅱ３（１））　下巻p. 197

13：　【×】　期末日までに是正されていればよい
開示すべき重要な不備が発見された場合であっても、それが報告書における評価時点（期末日）までに是正されていれば、財務報告に係る内部統制は有効であると認めることができる。（財務報告に係る内部統制の評価及び監査の基準Ⅱ３（５））　下巻p. 197

14：　【×】　前半は正しい。しかし、生じる又は生じる可能性がある虚偽記載が重要であるか否かは、金額的影響のみならず、質的影響も考慮して判断する。　下巻 p. 198

15：　【○】　正しい。　下巻p. 199

16：　【○】　正しい。内部統制報告制度における内部統制の有効性の評価時点は、期末日であるため、期末日後に開示すべき重要な不備に対する是正措置を行った場合でも、内部統制の有効性の評価の結果に影響を与えない。（財務報告に係る内部統制の評価及び監査の基準Ⅱ３（１））令和２年第Ｉ回本試験　下巻 p. 197

第３節　内部統制報告制度における監査人の対応

１：　【×】　内部統制監査の目的は、内部統制が有効に運用されているかどうかについて意見を表明するのではなく、内部統制報告書が適正に表示しているかどうかについて意見を表明することにある。（財務報告に係る内部統制の評価及び監査の基準Ⅲ１）令和２年第Ⅱ回本試験　下巻p. 202

２：　【×】　監査人は、内部統制監査の計画を財務諸表監査の監査計画に含めて策定することとなる。（財務報告に係る内部統制の評価及び監査に関する実施基準Ⅲ３（１））令和２年第Ｉ回本試験　下巻 p. 203

A　3　我が国の内部統制監査制度はダイレクト・レポーティングを採用していないため、監査人は、自らが内部統制の整備及び運用状況に関する十分かつ適切な監査証拠を入手し、それを根拠として意見を表明しているわけではない。

A　4　監査人は、経営者が抽出したサンプルについては、妥当性の検討を行わなくとも、監査人自らが改めて当該サンプルをサンプルの全部又は一部として選択することができる。

A　5　監査人は、経営者が行った評価結果について、評価方法等の妥当性を検証し、経営者による作業結果の一部について検証したうえで、経営者の評価に対する監査証拠として利用することができる。

A　6　監査人は、経営者による財務報告に係る内部統制の評価結果を利用する場合、監査人が採用する評価方法を経営者の評価方法として用いるよう指導しなければならない。

A　7　内部統制監査において、監査人が内部統制の有効性を評価する際に、内部統制の有効性の経営者による評価結果を利用しない場合には、監査人は経営者の評価方法を具体的に検証する必要はない。

A　8　内部統制監査における経営者による内部統制の有効性の評価結果は、その評価方法を具体的に検証することによって、監査人自らが入手した監査証拠として利用することができる。

A　9　監査人は、経営者が評価から除外した事業拠点がある場合は、その理由を確認し、その妥当性を検討しなければならない。財務報告に対する影響の重要性が僅少であるかどうかは、金額的側面と質的側面の両面から検討する必要があることに留意する。

A　10　一般に、財務報告に係る内部統制に開示すべき重要な不備があり有効でない場合、財務諸表監査において、監査基準の定める内部統制に依拠した通常の試査による監査は実施できないと考えられる。

A　11　監査人は、内部統制監査を行うに当たり、財務報告に係る内部統制の評価及び監査の基準の他に、監査基準の一般基準を遵守することが求められるが、監査に関する品質管理基準を遵守することは求められない。

A　12　監査人は，財務報告に係る全社的な内部統制の評価の妥当性を検討するに当たって，監査役等の活動を含めた経営レベルにおける内部統制の整備及び運用状況の評価が重要となるため，監査役等が行った業務監査の中身を検討することが求められている。

Personal-Date-Check

3：【×】 我が国の内部統制監査はダイレクト・レポーティングを採用していないが、内部統制監査において監査人が意見を表明するに当たって、監査人は自ら、十分かつ適切な監査証拠を入手し、それに基づいて意見を表明することとされている。(財務報告に係る内部統制の評価及び監査に関する実施基準Ⅲ１）平成 30 年第Ⅰ回本試験 下巻 p. 202

4：【×】 経営者のサンプルの全部又は一部を監査人自らのサンプルとして選択するには、その妥当性を検討しなければならない。 下巻p. 204

5：【○】 正しい。 下巻p. 204

6：【×】 経営者の評価方法について、各監査人の定めている監査の手続や手法と異なることをもって、経営者に対し、画一的にその手法等を強制することのないよう留意する必要がある。（財務報告に係る内部統制の評価及び監査に関する実施基準Ⅲ１）平成30年第Ⅰ回本試験 下巻p. 204

7：【○】 正しい。(財務報告に係る内部統制の評価及び監査に関する実施基準Ⅲ１（注））平成 31 年第Ⅰ回本試験 下巻 p. 204

8：【○】 正しい。(財務報告に係る内部統制の評価及び監査に関する実施基準Ⅲ４（２）①ロ a）平成 31 年第Ⅰ回本試験 下巻 p. 204

9：【○】 正しい。（内基報第１号第79項） 下巻p. 204

10：【○】 正しい。（財務報告に係る内部統制の評価及び監査の基準Ⅲ２） 下巻p. 205

11：【×】 監査人は、内部統制監査を行うに当たっては、財務報告に係る内部統制の評価及び監査の基準の他、監査基準の一般基準及び監査に関する品質管理基準を遵守することが求められる。（財務報告に係る内部統制の評価及び監査の基準Ⅲ２）平成31年第Ⅰ回本試験 下巻p. 205

12：【×】 内部統制監査において、監査人は、監査役等が行った業務監査の中身自体を検討するものではない。（財務報告に係る内部統制の評価及び監査に関する実施基準Ⅰ４（３））令和５年第Ⅱ回本試験 下巻p. 204

A　13　監査人は、評価対象となった業務プロセスに係る内部統制に不備が発見され、それが及ぼす影響に質的又は金額的な重要性があり期末日までに是正されない場合には、当該不備は開示すべき重要な不備に該当すると判断しなければならない。

A　14　評価範囲外の事業拠点又は業務プロセスにおいて開示すべき重要な不備が識別された場合には、当該事業拠点又は業務プロセスについては、少なくとも当該開示すべき重要な不備が識別された時点を含む会計期間の評価範囲に含めることが適切である。

A　15　開示すべき重要な不備が、経営者による内部統制の有効性評価の過程では発見されていないが、内部統制監査の過程で監査人により発見される場合がある。この場合、期末日までに是正措置が実施されたときには、監査人は、実施された是正措置の妥当性について検証するのではなく、当該措置について経営者が行った評価が適切であるかを確認する。

A　16　内部統制監査報告書においては、二重責任に関する記載がなされる。

A　17　内部統制監査報告書の利用者は、財務報告に係る内部統制によって財務報告の虚偽の記載を完全には防止又は発見することができない可能性がある旨を知ることはできない。

A　18　監査人は、期末日時点で開示すべき重要な不備があり、その旨を経営者が内部統制報告書に記載している場合には、それが監査報告書日までに是正されない限り、内部統制報告書が不適正である旨の意見を表明しなければならない。

A　19　経営者は、やむを得ない事情により、内部統制の一部について十分な評価手続を実施できなかった場合には、当該範囲を除外して内部統制報告書を作成することができる。この場合、監査人は、当該事情に正当性が認められると判断して、無限定適正意見を表明することがある。

A　20　監査人が、開示すべき重要な不備があるとした経営者の評価の結果を適正と認め、かつ期末日後に実施した是正措置が内部統制報告書に記載されているものの、監査人が当該記載を不適切であると判断した場合には、監査人は除外事項を付した限定付適正意見を表明しなければならない。

13：【○】 正しい。(財務報告に係る内部統制の評価及び監査に関する実施基準Ⅲ４（２）④ハ）平成31年第Ⅱ回本試験　下巻 p. 199

14：【○】 正しい。(財務報告に係る内部統制の評価及び監査に関する実施基準Ⅱ２（２））下巻 p. 205

15：【○】 正しい。(内基報第１号第 216 項）令和２年第Ⅰ回本試験　下巻 p. 205

16：【○】 正しい。内部統制監査報告書においては、財務報告に係る内部統制の整備及び運用並びに内部統制報告書の作成の責任は経営者にあること、及び、内部統制監査に対する監査人の責任は独立の立場から内部統制報告書に対する意見を表明することにあることが記載される。（財務報告に係る内部統制の評価及び監査の基準Ⅲ４（３）③、④）　下巻p. 206

17：【×】 内部統制監査報告書の経営者の責任の区分において、内部統制には固有の限界があることが記載されるため、内部統制監査報告書の利用者はそれを知ることができる。（内基報第１号256項（３）③）平成30年第Ⅰ回本試験　下巻p. 206

18：【×】 本肢の場合、期末日時点で開示すべき重要な不備がある旨に加え、これにより内部統制が有効でない旨及び是正できない理由等を記載しており、かつ、内部統制の評価範囲、評価手続及び評価結果についての、経営者が行った記載が適切であれば、無限定適正意見が表明される。(内基報第１号第 273 項②）平成 31 年第Ⅱ回本試験　下巻 p. 208

19：【○】 正しい。(財務報告に係る内部統制の評価及び監査の基準Ⅱ３（６)、財務報告に係る内部統制の評価及び監査に関する実施基準Ⅲ５（２））令和２年第Ⅰ回本試験　下巻 p. 208

20：【○】 正しい。問題文の状況は、「財務報告に係る内部統制の評価及び監査に関する実施基準」において、限定付適正意見の例として挙げられている。内部統制の有効性の評価結果は適正と判断されており、付記事項の記載が不適切と判断されただけであるため、通常、広範性は認められないとして、限定付適正意見となると考えられる。（財務報告に係る内部統制の評価及び監査に関する実施基準Ⅲ５（１））令和４年第Ⅰ回本試験　下巻p. 209

A　21　監査人は、内部統制報告書において、経営者が決定した評価範囲、評価手続、及び評価結果に関して不適切なものがあり、その影響が内部統制報告書全体として虚偽の表示に当たるとするほどに重要であると判断した場合、当該事項を監査範囲の制約として取り扱わなければならない。

A　22　監査人は、内部統制の開示すべき重要な不備に該当しない場合でも、内部統制の不備を発見したときには、その内容を取締役会及び監査役又は監査委員会に報告しなければならない。

A　23　監査人は、内部統制監査の実施において開示すべき重要な不備を発見した場合には、その内容を経営者に報告して是正を求めるとともに、当該開示すべき重要な不備の内容を経営者に報告した旨を取締役会及び監査役等に報告しなければならない。

A　24　監査人は、内部統制監査において、内部統制の不備又は開示すべき重要な不備を発見した場合には、適時に監査計画を修正し、経営者に是正措置を講じることを求めるとともに、いずれの不備もその内容及び是正結果を取締役会及び監査役等に報告しなければならない。

A　25　監査人は、内部統制監査の実施において内部統制の開示すべき重要な不備を発見した場合には、経営者に報告して是正を求める必要があるが、当該開示すべき重要な不備の是正状況についてまで検討する必要はない。

A　26　財務報告に係る内部統制における開示すべき重要な不備自体は、監査上の主要な検討事項として取り扱う必要は必ずしもない。ただし、当該識別された開示すべき重要な不備が財務諸表監査に及ぼす影響を考慮して、当該不備に関連する事項が監査上の主要な検討事項に該当すると判断した場合は、財務諸表監査の監査報告書に記載することがある。

Personal-Date-Check

21：【×】 当該事項は意見に関する除外として取り扱われる
内部統制報告書において、経営者が決定した評価範囲、評価手続、及び評価結果に関して不適切なものがあり、その影響が内部統制報告書全体として虚偽の表示に当たるとするほどに重要であると判断した場合には、内部統制報告書が不適正である旨の意見を表明することになる。（財務報告に係る内部統制の評価及び監査の基準Ⅲ４（４）） 下巻p. 209

22：【×】 監査人は、開示すべき重要な不備以外の内部統制の不備を発見した場合には、適切な者に報告するのであり、取締役会及び監査役又は監査委員会に報告しなければならないわけではない。（財務報告に係る内部統制の評価及び監査の基準Ⅲ３（５）、内基報第１号第219、220項）平成29年第Ⅱ回本試験 下巻p. 212

23：【○】 正しい。（財務報告に係る内部統制の評価及び監査に関する実施基準Ⅲ４（３））平成31年第Ⅱ回本試験 下巻 p. 212

24：【×】 監査人は、開示すべき重要な不備を発見した場合には、経営者に報告して是正措置を講じることを求めるとともに、当該開示すべき重要な不備の内容及びその是正結果を取締役会及び監査役等に報告しなければならないが、それ以外の不備を発見した場合には、適切な者に報告すればよい。（財務報告に係る内部統制の評価及び監査の基準Ⅲ３（５））令和２年第Ⅱ回本試験 下巻 p. 212

25：【×】 監査人は、内部統制監査の実施において内部統制の開示すべき重要な不備を発見した場合には、経営者に報告して是正を求めるとともに、当該開示すべき重要な不備の是正状況を適時に検討しなければならない。（財務報告に係る内部統制の評価及び監査の基準Ⅲ３（５））下巻p. 212

26：【○】 正しい。（内基報第１号第 222－2 項）下巻 p. 213

第10章
会社法会計監査人監査

B　1　会計監査人監査では、中間監査も実施される。

B　2　会計監査人が、その職務を行うに際して、取締役の職務の執行に関し法令に違反する重大な事実があることを発見したときは、当該会計監査人は、遅滞なく、当該法令違反を裁判所に報告しなければならない。

A　3　定時株主総会において会計監査人の出席を求める決議があったときに限り、会計監査人は、定時株主総会に出席して意見を述べることになる。

A　4　計算書類が法令又は定款に適合するかどうかについて、会計監査人が監査役と意見を異にするとき、会計監査人は、定時株主総会において会計監査人を出席させる決議がなければ、定時株主総会に出席して意見を述べることはできない。

B　5　会社法の下で実施される会計監査人監査の場合には、監査人は単に計算書類の適正性に関する意見表明にとどまらず、監査役等と連携してコーポレート・ガバナンスへの貢献が期待されていることから、不正のおそれのある事実又は事象を発見した場合には、監査役等に通知することが求められている。

B　6　監査役会設置会社において、会計監査人は、その職務を行うに際して取締役の職務の執行に関し不正の行為を発見したときは、遅滞なく、これを監査役会に報告しなければならない。

C　7　監査役等は、会計監査人の監査の方法又は結果の相当性について検証し、監査報告書に記載しなければならない。そのため、会計監査人は、監査に着手するまでに、監査計画を必ず書面で監査役等に報告し、その承認を得なければならない。

A　8　会計監査人設置会社においては、会計監査人は、計算書類及びその附属明細書、臨時計算書類並びに連結計算書類を監査し、会計監査報告を作成しなければならない。

Personal-Date-Check

1：【×】　会計監査人監査では中間監査は実施されない
会計監査人監査には、中間決算に係る計算書類等の開示制度はなく、中間監査も実施されない。

2：【×】　会計監査人が、取締役の職務の執行に関し法令に違反する重大な事実があることを発見したときは、当該会計監査人は、裁判所ではなく、監査役等に報告しなければならない。（会社法第397条第１項）

3：【×】　監査役等と意見を異にする場合にも意見を述べることができる
会計監査人（会計監査人が監査法人である場合にあってはその職務を行うべき社員）は、計算書類等が法令又は定款に適合するかどうかについて監査役等と意見を異にするときは、定時株主総会に出席して意見を述べることができるのであって、定時株主総会で会計監査人の出席を求める決議があったときに限り意見を述べるわけではない。（会社法第398条第１項）　下巻p. 225

4：【×】　会計監査人が監査役と意見を異にするときは、会計監査人は、定時株主総会における決議がなくても、定時株主総会に出席して意見を述べることができる。（会社法第398条第１項）平成31年第Ⅱ回本試験　下巻p. 225

5：【×】 会計監査人が監査役等に報告する責任があるのは、不正のおそれのある事実又は事象ではなく、取締役の職務の執行に関し不正の行為又は法令若しくは定款に違反する重大な事実があることを発見した場合である。（会社法第 397 条第１項）平成 24 年第Ⅱ回本試験

6：【○】　正しい。（会社法第 397 条）平成 28 年第Ⅰ回本試験

7：【×】　会計監査人には、監査計画を監査役等に報告し、その承認を得る義務はない。平成 18 年本試験

8：【○】　正しい。（会社法第 396 条第１項）平成 19 年本試験　下巻 p. 219～222

A　9　会計監査人の監査の対象には、貸借対照表、損益計算書、株主資本等変動計算書、キャッシュ・フロー計算書、個別注記表からなる計算書類とその附属明細書が含まれる。

A　10　会計監査人監査において、連結包括利益計算書、又は、連結損益及び包括利益計算書は、監査対象となる。

B　11　金融商品取引法は、会社法上の計算書類等との二重監査を避けるため、会社法上の大会社に該当する株式会社については、監査人を同一の公認会計士又は監査法人とすることを定めている。

A　12　会計監査人の会計監査報告に無限定適正意見とともに正当な理由による会計方針の変更に関する追記情報が記載された場合、計算書類は定時株主総会の承認事項とされなければならない。

A　13　取締役会設置会社において、会計監査人の会計監査報告の内容が無限定適正意見であるが、監査役会の監査報告において、会計監査人の監査の方法又は結果を相当でないとする意見が付された場合、当該計算書類については定時株主総会の承認を受けなければならない。

A　14　会計監査人の監査報告書において無限定適正意見が表明され、継続企業の前提に関して記載されている場合、計算書類は定時株主総会において承認が必要となる。

A　15　会計監査人が除外事項を付した限定付適正意見を表明した場合において、監査役による会計監査人の監査の方法又は結果を相当でないと認める意見がなかったときは、取締役は計算書類を定時株主総会の承認事項とせず、報告事項とすることができる。

B　16　会計監査人は、会計帳簿が電磁的記録をもって作成されている場合、その帳簿を映像面に表示して閲覧し、取締役や従業員に対して、会計に関する報告を求めることができる。

A　17　会計監査人は、取締役、監査役、会計参与、支配人その他の使用人に対し、会計に関する報告を求める権限を有している。

B　18　会計監査人を設置した公開会社は、会計監査人に対する報酬額を事業報告に記載しなければならない。

Personal-Date-Check

9：【×】　会計監査人の監査対象にキャッシュ・フロー計算書は含まれない。
（会社法第 396 条第１項、同第 435 条第２項、会社計算規則第 59 条第１項）平成 21 年本試験　下巻 p. 226

10：【×】　会社法においては、包括利益に関する部分は監査対象ではない。（監基報 700 実１文例 12 注６）　下巻 p. 226

11：【×】　このような規定は存在しない。平成20年本試験

12：【×】　本肢の監査報告書における正当な理由による会計方針の変更に関する追記情報の記載は、定時株主総会の承認不要の要件とは一切関係がない。（会社法第 439 条、会社計算規則第 135 条）平成 20 年本試験　下巻 p. 220

13：【○】　正しい。（会社法第 439 条、会社計算規則第 135 条）令和２年第Ⅱ回本試験　下巻 p. 220

14：【×】　このような規定は存在しない。（会社法第437～439条、会社計算規則第135条）平成23年第Ⅰ回本試験　下巻p. 220

15：【×】　取締役が、計算書類を定時株主総会の承認事項とせず、報告事項とするための条件の一つに、会計監査人が無限定適正意見を表明した場合があり、限定付適正意見の場合は報告事項とすることはできない。（会社法第439条、会社計算規則第126条第１項第２号イ、第135条第１号）平成30年第Ⅰ回本試験　下巻p. 220

16：【○】　正しい。（会社法第396条第２項第２号、会社法施行規則第226条第24号）平成21年本試験

17：【×】　会計監査人が、会計に関する報告を求めることができる相手方に、監査役は含まれていない。（会社法第396条第２項）平成28年第Ⅰ回本試験　下巻p. 225

18：【○】　正しい。（会社法施行規則第 126 条第１項第２号）平成 21 年本試験　下巻 p. 297 参照

A　19　会計監査人設置会社においては、定時株主総会の終結後の決算公告に係る計算書類に対して、会計監査人が不適正意見を表明した場合には、当該公告においてその旨を明らかにしなければならない。

A　20　会計監査人の監査意見が無限定適正意見でない場合には、会社はその旨を公告しなければならない。

B　21　会計監査人監査及び監査役監査には、監査対象や意見として表明すべき事項等に関して異なる点が存在するが、同一の監査基準が適用される。

A　22　会計監査人は、被監査会社の子会社に対して会計に関する報告を求め、又はその子会社の業務及び財産の状況の調査をすることができる。このとき、その子会社は、正当な理由がなければ、この報告又は調査を拒むことができない。

B　23　監査役は、会計監査人の監査の方法及び結果を相当と認めた場合には、監査役の監査報告書において、その旨を記載する必要はない。

B　24　監査役は、その職務の遂行に当たり、当該株式会社の親会社の監査役その他これに相当する者との意思疎通及び情報の交換を図るよう努める必要はない。

B　25　監査役は、その職務を行うために必要な場合には、会計監査人に対し、その監査に関する報告を求めることができる。

B　26　会計監査人は、計算書類に係る内部統制システムの整備に関する取締役会の決定又は決議の内容が相当か否かについて監査することは求められていない。

A　27　会計監査人は、修正後の過年度事項を前提に当期の計算書類が作成されている場合であっても、当該過年度事項を監査することは求められていない。

Personal-Date-Check

19：【○】　正しい。（会社計算規則第148条第３号）平成21年本試験　下巻p. 226

20：【×】　会社が公告をしなければならないのは、会計監査人の監査意見が不適正意見や意見不表明の場合等であり、除外事項を付した限定付適正意見の場合には、当該公告は不要である。（会社計算規則第148条）平成22年第Ⅰ回本試験　下巻p. 226

21：【×】　会計監査人監査と監査役監査では、異なる監査基準が適用される。会計監査人監査では、一般に公正妥当と認められる監査の基準が適用され、監査役監査では、日本監査役会が公表している監査役監査基準等が適用されることになる。平成22年第Ⅰ回本試験

22：【○】　なお、正当な理由があるときは当該調査を拒むことができる。（会社法第 396 条第３・４項）平成 31 年第Ⅱ回本試験　下巻 p. 225

23：【○】　正しい。会計監査人設置会社の監査役は、会計監査人の監査の方法又は結果を相当でないと認めたときは、その旨及びその理由を記載した監査報告を作成しなければならないが、相当と認めた場合には、その旨を記載する必要があるとの規定はない。（会社計算規則第 127 条第２号）平成 23 年第Ⅰ回本試験

24：【×】　監査役は、その職務の執行に当たり、必要に応じ、当該株式会社の親会社の監査役その他これに相当する者との意思疎通及び情報の交換を図るよう努めなければならない。（会社法施行規則第 105 条第４項）平成 28 年第Ⅱ回本試験

25：【○】　正しい。（会社法第 397 条第２項）平成 24 年第Ⅱ回本試験

26：【○】　正しい。計算書類に係る内部統制システムの整備に関する取締役会の決定又は決議の内容が相当か否かについては、監査役が監査するのであり、会計監査人が監査することは求められていない。平成 24 年第Ⅱ回本試験

27：【○】　正しい。会社法上の計算書類等においては、比較情報の開示は求められていないため、本問における事項の監査は求められていない。ただし、当期首残高が適切かどうかの検討はなされると考えられる。（監基報 700 実１第 32 項）平成 24 年第Ⅱ回本試験　下巻 p. 87

B　28　事業年度中に資本金が5億円以上となった監査役会設置会社は、当該事業年度の末日までに監査役会の決議により遅滞なく一時会計監査人を選任し、当該事業年度に係る定時株主総会において改めて会計監査人を選任しなければならない。

C　29　会社の成立の日における貸借対照表の資本金が5億円以上の株式会社は、創立総会において会計監査人を選任する必要がある。

A　30　会計監査人は、特定監査役に対する会計監査報告の内容の通知に際しては、会計監査人の独立性及び法令遵守等に関する事項、監査等の契約の受任及び継続の方針に関する事項、並びに会計監査対象会社の内部統制システムに関する事項を通知することとされている。ただし、すべての監査役（監査等委員会設置会社にあっては監査等委員会、指名委員会等設置会社にあっては監査委員会）が、既に当該事項を知っている場合には、この限りではない。

B　31　会計監査人設置会社において、監査役等は、会計監査人の職務の遂行が適正に実施されることを確保するための体制に関する事項を、監査報告に記載する必要がある。

C　32　会計監査人を設置する場合には、会計監査人設置会社である旨及び会計監査人の氏名又は名称を登記しなければならない。

C　33　監査役は株主総会で選任されなければならないが、欠員が生じた場合に備えて補欠として選任された監査役の任期は、欠員となった当該監査役の残任期間である。

A　34　会計監査人が、計算関係書類に対して監査意見を表明しない場合であっても、定時株主総会による承認があれば決算は確定するが、この場合、会社は会計監査人による意見表明がなかった旨を公告しなければならない。

A　35　事業年度の末日において会社法上の大会社であり、かつ有価証券報告書提出義務のある会社は、連結子会社がある場合、連結計算書類を作成し、監査役（監査等委員会設置会社にあっては監査等委員会、指名委員会等設置会社にあっては監査委員会）の監査及び会計監査人の監査を受け、株主総会において報告しなければならない。

Personal-Date-Check

28 :【×】 大会社に該当するのは、最終事業年度に係る貸借対照表に計上した資本金または、負債の部に計上した額の合計額が 200 億円以上の株式会社である。ここにいう「最終事業年度に係る貸借対照表」とは、通常の会社の場合、会社法第 438 条第２項の規定による株主総会の承認を受けた貸借対照表のことをいい、定時株主総会時に大会社の要件に該当するか否かが判断されることになる。そのため、事業年度中に資本金が５億円以上となった場合であっても、当該年度に係る定時株主総会までは、大会社とはならない。したがって、一時会計監査人の選任などは求められない。（会社法第２条第６・24 号、第 438 条第２項）平成 26 年第Ⅰ回本試験

29 :【○】 正しい。（会社法第 38 条第３項第３号、第 88 条）平成 26 年第Ⅰ回本試験

30 :【×】 会計監査人が特定監査役に対して通知する事項は、会計監査対象会社の内部統制システムに関する事項ではなく、会計監査人の職務の遂行が適正に行われることを確保するための体制に関するその他の事項である。（会社計算規則第 131 条）平成 19 年本試験 下巻 p. 219

31 :【○】 正しい。（会社計算規則第 127 条第４号）令和２年第Ⅱ回本試験

32 :【○】 正しい。（会社法第 911 条第３項第 19 号）平成 25 年第Ⅰ回本試験

33 : 【×】 補欠として選任された監査役の任期は、定款によって退任した監査役の残任期間にすることが許されるだけであり、残任期間にしなければならないわけではない。（会社法第336条第３項）平成25年第Ⅰ回本試験

34 : 【○】 正しい。（会社計算規則第 148 条第４号）平成 27 年第Ⅱ回本試験 下巻 p. 226

35 : 【○】 正しい。（会社法第 444 条第３・４・７項）平成 25 年第Ⅱ回本試験 下巻 p. 221

B　36　会社法上の大会社である監査役会設置会社において、会計監査人は、会計監査報告の内容を会計監査報告の通知を受ける者として定められた監査役及び取締役に通知しなければならないが、通知を受ける監査役及び取締役が定められていない場合、会計監査人は、監査役及び取締役の全員にこの通知を行う必要がある。

A　37　会計監査人は､その職務を行うため必要があるときは､子会社に対して会計に関する報告を求め、子会社の財産の状況を調査することができるが、子会社の業務の状況を調査する場合には、当該会計監査人設置会社の監査役若しくは監査役会、監査等委員会又は監査委員会の承認を得なければならない。

B　38　公開会社の監査役会設置会社において、社外監査役の取締役会及び監査役会へのそれぞれの出席の状況については、事業報告に記載しなければならない。

B　39　取締役が会社の目的の範囲外の行為をするおそれがあり、当該行為が会社に対して著しい損害をもたらすおそれがある場合、会計監査人としての公認会計士は、当該取締役に対して当該行為をやめることを請求することができる。

B　40　取締役及び会計参与並びに支配人その他の使用人に対して、事業の報告を求めることは、監査役がいつでもできることである。

B　41　指名委員会等設置会社の会計監査人が欠けた場合に､当該指名委員会等設置会社の監査委員会が、当該指名委員会等設置会社の一時会計監査人の職務を行うべき者を、選任しなければならないことがある。

B　42　指名委員会等設置会社の会計監査人は、当該指名委員会等設置会社の執行役に対して、会計に関する報告を求めることはできるが、取締役に対して会計に関する報告を求めることはできない。

B　43　期中に資本金の金額が5億円を下回った場合には、その時点から会計監査人による監査は不要となる。

Personal-Date-Check

36：【×】　会計監査報告の通知を受ける監査役及び取締役が定められていない場合、会計監査人は、監査を受けるべき計算関係書類の作成に関する職務を行った取締役及びすべての監査役に報告することとなる。（会社計算規則第130条第4項第2号、第5項第2号ロ）平成25年第Ⅱ回本試験

37：【×】　会計監査人が、被監査会社の子会社の財産の状況を調査する際に、被監査会社の監査役等の承認が必要であるとする規定は存在しない。平成27年第Ⅰ回本試験　下巻p.225

38：【○】　正しい。（会社法施行規則第124条第1項第4号イ（1））令和2年第Ⅱ回本試験

39：【×】　会計監査人の役割は、財務書類の適正性について意見を表明することであり、取締役の行為の差し止めを請求する権利はない。平成29年第Ⅰ回本試験

40：【○】　正しい。（会社法第381条第2項）平成28年第Ⅱ回本試験

41：【○】　正しい。（会社法第346条第4・8項）平成30年第Ⅱ回本試験

42：【×】　指名委員会等設置会社の会計監査人は、取締役に対しても会計に関する報告を求めることができる。（会社法第396条第2・6項）平成30年第Ⅱ回本試験

43：【×】　大会社に該当するかどうかは、最終事業年度に係る貸借対照表に資本金として計上した額が5億円以上かどうかで判断されるのであり、期中に計数の変動があっても、当該要件には関係がない。（会社法第2条第6号イ）平成24年第Ⅱ回本試験

A　44　監査役及び会計監査人が設置されている株式会社の会計監査人は、その職務を行うに当たって、当該株式会社の取締役だけでなく、監査役も使用してはならない。

B　45　監査役会が設置されている取締役会設置会社の監査役は、法令又は定款に違反する事実があると自らが認めるときに、その旨を当該取締役会設置会社の監査役会に報告しなければならないが、取締役会には報告しなくてよい。

B　46　会計参与が設置されていない監査役設置会社が、その監査役の監査の範囲を会計に関する者に限定する旨を定款で定めていない時は、当該監査役設置会社の監査役は、当該監査役設置会社の取締役の職務の執行を監査する。

B　47　監査役が設置されている株式会社が、その監査役の監査の範囲を会計に関する者に限定する旨を定款で定めていないときに、当該株式会社の監査役が、当該株式会社の子会社の業務及び財産の状況の調査をすることができる場合がある。

B　48　公開会社でないところの、会計監査人及び監査役会が設置されていない監査役設置会社が、その監査役の監査の範囲を会計に関するものに限定する旨を定款で定めているときに、当該監査役設置会社の監査役が、当該監査役設置会社が作成した事業報告を監査する権限がないことを明らかにした監査報告を、作成しなくてよい場合がある。

A　49　会計監査人が、その会計監査報告の内容を特定監査役及び特定取締役に通知すべき日までに通知しない場合には、当該通知をすべき日に、計算関係書類については、会計監査人の監査を受けたものとみなされる。

A　50　原則として、計算書類は定時株主総会の承認を受けなければならない。しかし、会計監査人監査を受けている場合には、当該計算書類に関する定時株主総会での承認は不要となり、取締役は、当該計算書類の内容を定時株主総会に報告すればよいことになる。

A　51　会計監査人は、計算書類を受領した日から４週間を経過した日までに、特定監査役及び特定取締役に対して、会計監査報告の内容を通知しなければならず、それより後の日付となることはない。

Personal-Date-Check

44：【○】　正しい。(会社法第 396 条第５項第２号) 平成 30 年第Ⅱ回本試験　下巻 p. 225

45：【×】　取締役会設置会社の監査役は、法令又は定款に違反する事実があると認めるときは、遅滞なく、取締役会に報告しなければならない。(会社法第 382 条) 平成 30 年第Ⅱ回本試験

46：【○】　正しい。(会社法第 381 条第１項) 平成 30 年第Ⅱ回本試験

47：【○】　正しい。(会社法第 381 条第３項) 平成 30 年第Ⅱ回本試験

48：【×】　本肢の監査役は、事業報告を監査する権限がないことを明らかにした監査報告を作成しなければならない。(会社法施行規則第 129 条第２項) 平成 30 年第Ⅱ回本試験

49：【○】　正しい。（会社計算規則第130条第３項）　下巻p. 219

50：【×】　計算書類に関する定時株主総会での承認が不要になるのは、会計監査人監査を受けることだけではなく、会計監査人監査報告において無限定適正意見が表明されていること、その会計監査人の監査の結果について、監査役、監査役会、監査等委員会又は監査委員会の監査報告の内容として会計監査人の監査の方法又は結果を相当でないと認める意見がない（各監査役又は監査委員の付記を含む）ことなどの要件を充たした場合である。（会社法第439条、会社計算規則第135条）　下巻p. 220

51：【×】　会計監査人は、①当該計算書類の全部を受領した日から４週間を経過した日、②当該計算書類の附属明細書を受領した日から１週間を経過した日、③特定取締役、特定監査役及び会計監査人の間で合意により定めた日があるときはその日のいずれか遅い日までに、特定監査役及び特定取締役に対し、計算書類及びその附属明細書についての会計監査報告の内容を通知しなければならない。したがって、上記③などの日付が①の日より遅い場合には、①の日付より後になることもある。（会社計算規則第130条第１項第１号）　下巻p. 219

A　52　会計監査人は、特定取締役及び特定監査役との間で会計監査報告の内容の通知日を、計算書類の受領日から４週間を超えた日付で合意した。この場合、計算書類の受領日から４週間を経過した日に会計監査報告の内容の通知を受けたものと看做され、監査役は、その日から１週間以内に監査報告書を提出することとなる。

A　53　会社法上の大会社である監査役会設置会社において、特定監査役は、特定取締役及び会計監査人に計算関係書類に関する監査役会監査報告の内容を、会計監査報告を受領した日から1 週間を経過した日、又は特定取締役及び特定監査役の間で合意により定めた日があるときはその日のうち、いずれか遅い日までに通知しなければならない。

A　54　個別注記表における重要な後発事象に関する注記は、当該株式会社の当事業年度の末日後、当該株式会社の当事業年度の財産又は損益に重要な影響を及ぼす事象が発生した場合における当該事象である。

A　55　会計監査人が会計監査報告に記載する追記情報には、継続企業の前提に係る事項、正当な理由による会計方針の変更、重要な偶発事象及び重要な後発事象等がある。

A　56　会計監査人の監査報告書日後に後発事象が発生した場合には、当該事象が監査役の監査報告書に重要な後発事象として記載されることがある。

A　57　会計監査人設置会社において、会計監査人の監査対象となる計算書類には、貸借対照表、損益計算書、株主資本等変動計算書、個別注記表及び事業報告が含まれる。

A　58　会計監査人監査と財務諸表の監査は、その根拠となる法令が会社法と金融商品取引法である。そのため、両者の意見形式は大きく異なることになる。

A　59　臨時計算書類は、株式会社が任意に作成するものであるため、会計監査人設置会社といえども、臨時計算書類について会計監査人の監査を受ける必要はない。

Personal-Date-Check

52：【×】　会計監査人が、特定取締役及び特定監査役との間で会計監査報告の内容の通知日を合意により定めた場合（本肢においては、計算書類の受領日から４週間を超えた日付)、その日までに、特定監査役及び特定取締役に対し、当該会計監査報告の内容を通知することになる。(会社計算規則第 130 条第１項第１号）平成 20 年本試験　下巻 p. 219

53：【○】　正しい。（会社計算規則第132条第１項第１号）平成27年第Ⅱ回本試験　下巻p. 220

54：【×】　重要な修正後発事象は注記されない

個別注記表における重要な後発事象に関する注記は、当該株式会社の当事業年度の末日後、当該株式会社の翌事業年度以降の財産又は損益に重要な影響を及ぼす事象が発生した場合における当該事象、すなわち、重要な開示後発事象である。（会社計算規則第114条第１項）　下巻 p. 223

55：【×】　継続企業の前提に係る事項は、追記情報ではなく、独立した区分を設けて記載する。(会社計算規則第 126 条第２項）平成 19 年本試験　下巻 p. 223

56：【○】　正しい。(会社計算規則第 127 条第３号、監基報 560 実１付表１）平成 23 年第Ⅱ回本試験　下巻 p. 223

57：【×】　会計監査人の監査対象には、事業報告は含まれない。（会社法第436条第２項第２号）令和２年第Ⅱ回本試験　下巻p. 222

58：【×】　根拠法令等は異なるが、意見の形式は概ね同様のものとされている

会計監査人監査と財務諸表の監査の意見の形式は、どちらも、計算書類等や財務諸表全体に対する意見という形式をとるため、大きく異なるわけではない。（会社計算規則第126条第１項第２号、報告基準三、四、五）　下巻p. 227

59：【×】　臨時計算書類は監査の対象となる

会計監査人設置会社は、作成した臨時計算書類に対して会計監査人の監査を受ける必要がある。（会社法第441条第２項）　下巻p. 222

A　60　会計監査人設置会社は、連結計算書類を作成することができる。

A　61　会計監査人が、特定監査役等及び特定取締役に対し、会計監査報告の内容を通知をすべき日までに通知しない場合には、結果的に会計監査人は、意見を表明しないことになる。

A　62　会計監査人は、意見の表明に先立ち、自らの意見が一般に公正妥当と認められる監査の基準に準拠して適切に形成されていることを確かめるため、意見表明に関する審査を受けなければならない。

B　63　会計監査人は、意見表明に先立って、監査役に対して当該年度の監査の方法及び結果の相当性に関する意見を求めなければならない。

B　64　監査役会又は監査役は、内部統制システムの基本方針の相当性について意見を表明するが、そのうち財務報告に係る部分については会計監査人も意見を表明する。

B　65　会計監査人は、計算関係書類の監査の過程で、内部統制システムの整備に関する取締役会の決定又は決議の内容が相当か否かについて監査を行い、その結果を監査役に報告しなければならない。

B　66　会計監査人の会計監査報告の内容が無限定適正意見であり、監査役会の監査報告の内容に会計監査人の監査の方法又は結果を相当でないとする意見がなく、かつ会計監査人の監査の方法又は結果を相当でないとする付記がなされていない場合、取締役会の決議により計算書類は確定する。

A　67　会計監査人は、計算関係書類が株式会社の財産及び損益の状況を全ての重要な点において適正に表示しているかどうかについての意見がないときは、その旨及びその理由を内容とする会計監査報告を作成しなければならない。

A　68　会計監査人が辞任したが、直ちに臨時株主総会を開催することができない場合、監査役会は、その過半数の同意により、一時会計監査人を選任することができる。

Personal-Date-Check

60：【○】　正しい。（会社法第444条第１項）　下巻p. 221

61：【○】　正しい。会社計算規則第130条第３項では、会計監査人が会計監査報告の内容を、特定監査役及び特定取締役に対し、同条第１項各号に規定する通知をすべき日までに通知しない場合には、当該通知をすべき日に、計算関係書類については会計監査人の監査を受けたものとみなすとされている。同条第３項は、何らかの事由により当該監査期日までに監査が終了せず、かつ、計算関係書類の作成者側との間で通知期限延長の合意が成立しない場合に、その後の総会招集手続を継続できるようにするための規定であり、この場合には、結果的に会計監査人は「意見を表明しない」ことになるのである。　下巻p. 219

62：【○】　正しい。監査基準の規定は、会社法会計監査人監査においても、規定の一部を読み替えることで、対応することができる。（監査基準の改訂について（平成14年）二３、報告基準一５）平成19年本試験　下巻p. 226

63：【×】　監査役は、会計監査人の意見表明後に、会計監査人の監査の方法及び結果の相当性の検討を行うのであり、意見の表明に先立ち、監査役に意見を求めなければならないとするのは誤りである。平成23年第Ⅱ回本試験

64：【×】　会計監査人の意見表明の対象は、計算書類等の財務書類である。（会社法第 396 条第１項）平成 21 年本試験

65：【×】　会計監査人は、株式会社の計算書類及びその附属明細書、臨時計算書類並びに連結計算書類の監査を行うのであって、内部統制システムの整備に関する取締役会の決定又は決議の内容が相当か否かについて監査を行うものではない。（会社法第396条）平成27年第Ⅱ回本試験

66：【○】　正しい。計算書類等は、会計監査人の監査報告が無限定適正意見であること、監査役会の監査報告の内容に会計監査人の監査の方法又は結果を相当でないと認める意見がない等の条件を満たした場合、株主総会の承認を受ける必要はなく、取締役会の決議により確定する。
（会社法第439条、会社計算規則第135条）平成25年第Ⅱ回本試験

67：【○】　正しい。（会社計算規則第 126 条第１項第３号）平成 28 年第Ⅱ回本試験　下巻 p. 223

68：【×】　会計監査人が欠けた場合又は定款で定めた会計監査人の員数が欠けた場合において、遅滞なく会計監査人が選任されないときは、監査役会は、一時会計監査人の職務を行うべき者を選任しなければならない。（会社法第 346 条第４・６項）平成 31 年第Ⅱ回本試験　下巻 p. 225

B　69　会計監査人設置会社は、定時株主総会の終結後の決算公告に係る計算書類に対して会計監査人が意見を表明していないとき、決算公告を行うことはできない。

B　70　会計監査人が、その任期中、他の会社において虚偽のある財務諸表の作成に故意に加担したことが判明し、刑事罰を受けることとなった。このような場合、監査役会は、その全員の同意により、その会計監査人を解任することができる。

B　71　会計監査人設置会社の監査役会は、全ての監査役が出席する会議等を通じて各監査役の意見を集約、調整し、その一致をもって監査役会監査報告の内容としなければならない。

A　72　会社法における会計監査人の監査報告書日後、金融商品取引法における監査人の監査報告書の日付までに発生した後発事象は、修正後発事象であったとしても、金融商品取引法に基づいて作成される財務諸表においては、開示後発事象に準じて取り扱われる。

B　73　非公開会社であっても、資本金5億円以上又は負債総額200億円以上の会社は、会計監査人を設置しなければならない。

B　74　親会社の監査役である者は、その子会社の会計監査人にはなれないが、社外監査役になることはできる。

B　75　会計監査人を設置している監査役会設置会社において、特定監査役とは、会計監査報告の内容の通知を受ける監査役を監査役会が定めた場合には、当該通知を受ける監査役のことをいい、定めていない場合には、全ての監査役のことをいう。

B　76　監査役会と監査役の監査報告の内容が異なる場合は、監査役会の監査報告において、その内容を付記することができるが、監査委員会と監査等委員会の監査報告においては、委員会と各委員の意見が異なる場合でも、そのような記載はできない。

B　77　監査役会が4人で構成されている場合、社外監査役は3人以上必要であるが、監査委員会と監査等委員会が4人で構成されている場合には、当該委員会に属する社外取締役は、いずれも3人以上必要である。

Personal-Date-Check

69：【×】　会計監査人が意見を表明していないときでも、決算公告を行うことは可能である。（会社法第440条第１項）平成31年第Ⅱ回本試験　下巻p. 226

70：【○】　正しい。会計監査人が、その任期中、他の会社において虚偽のある財務諸表の作成に故意に加担したことが判明し、刑事罰を受けることとなった状況は、「会計監査人としてふさわしくない非行があったとき」に該当するため、監査役会は、その全員の同意により、会計監査人を解任することができる。（会社法第 340 条第１項第２号、第２・４項）平成 31 年第Ⅱ回本試験

71：【×】　監査役会の決議は、監査役の過半数をもって行うため、監査役会の監査報告の内容も過半数の決議で決定する。（会社法第 390 条第２項第１号、第 393 条第１項）令和２年第Ⅰ回本試験

72：【○】　正しい。（監基報560実１　４（２）①ｂ（a））平成22年第Ⅰ回本試験　下巻p. 224

73：【○】　正しい。資本金５億円以上または負債総額 200 億円以上の会社は会社法上の大会社にあたる。そして、公開会社ではない大会社は、会計監査人を設置しなければならない。（会社法第 328 条第２項、第２条第６号）令和２年第Ⅰ回本試験

74：【×】　親会社の監査役は、子会社の社外監査役になることはできない。（会社法第２条第 16 号ハ）令和２年第Ⅱ回本試験

75：【○】　正しい。（会社法施行規則第 132 条第５項第２号）令和２年第Ⅱ回本試験

76：【×】　監査委員会と監査等委員会の監査報告においても、委員会と各委員の意見が異なる場合、その内容を付記することができる。（会社法施行規則第 130 条の 2、第 131 条）令和２年第Ⅱ回本試験

77：【×】　監査委員会と監査等委員会は、「過半数」が社外取締役であることが求められているので、当該委員会が４人で構成されている場合には、社外取締役は、いずれも３人以上必要である。（会社法第 331 条第 6 項、第 400 条第 3 項）令和２年第Ⅱ回本試験

その他の問題

B　1　会社法監査における重要な後発事象の取扱いに関する次のア～オの記述のうち、正しいものが一つある。その記号を一つ選びなさい。ただし、連結計算書類及び連結財務諸表は考慮しなくてよい。

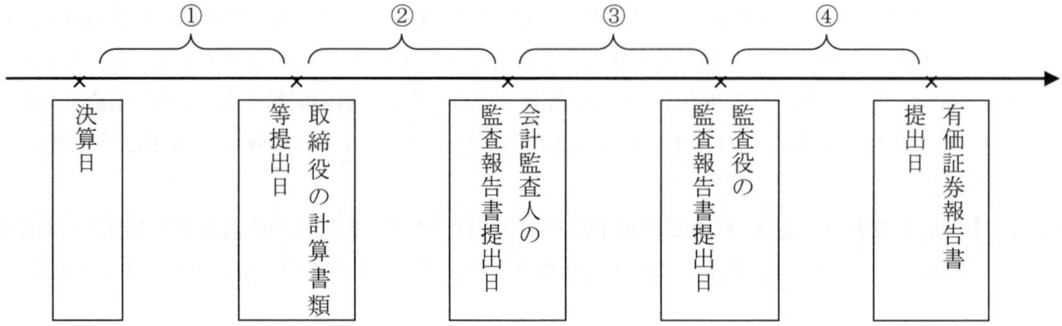

ア．　①の期間に発生した開示後発事象が注記表に注記されていない場合、会計監査人は会社に対して適切な注記を行うよう求めるが、会社が注記しない場合には、監査報告書において追記情報としてその内容を記載しなければならない。

イ．　②の期間に修正後発事象が発生した場合、計算書類の修正は事実上困難であるため、会計監査人は会社に対し計算書類の修正を求めず、会計監査人の監査報告書に追記情報としてその内容を記載しなければならない。

ウ．　②の期間に発生した開示後発事象が注記表に注記されていない場合で、会計監査人の監査報告書において除外事項として取り扱われているときは、監査役は、監査役の監査報告書においてその内容を重要な後発事象として記載しなければならない。

エ．　③の期間に開示後発事象が発生した場合、会計監査人の監査報告書においてその内容が記載されていないので、監査役は、監査役の監査報告書においてその内容を重要な後発事象として記載しなければならない。

オ．　④の期間に修正後発事象が発生した場合、すでに提出されている計算書類及びそれに対する会計監査人の監査報告書は修正しないが、有価証券報告書を提出している場合には、それに含まれる財務諸表において当該事項を反映させて修正する。

C　2　監査役会及び会計監査人を設置している株式会社における監査役会の監査報告の内容に関する次のア～エの記述のうち、正しいものが二つある。その記号を選びなさい。

ア．　事業報告及びその附属明細書が法令又は定款に従い当該株式会社の状況を正しく示しているかどうかについての意見を記載しなければならない。

イ．　当該株式会社の取締役の職務の遂行に関し、不正の行為又は法令若しくは定款に違反する重大な事実があったかどうかを記載しなければならない。

ウ．　監査のため必要な調査ができなかったときは、その旨及びその理由を記載しなければならない。

エ．　会計監査人の監査の方法又は結果を相当と認めた場合にはその旨を、相当でないと認めた場合にはその旨及びその理由を記載しなければならない。

１：エ

ア．　誤り。

当該①の期間に発生した開示後発事象について、会社が注記しない場合には、会計監査人は監査報告書において、監査意見に係る除外事項として記載する。（監基報 560 実１　付表１Ｉ　Ｂ－１）

イ．　誤り。

当該②の期間に発生した修正後発事象については、会計監査人は当該事象に関する修正を求め、修正が適切に行われない場合には、監査報告書において、監査意見に係る除外事項として記載する。（監基報 560 実１　付表１Ｉ　Ａ－２）

ウ．　誤り。

当該②の期間に発生した開示後発事象について、会社が注記しない場合には、会計監査人は監査報告書において、監査意見に係る除外事項として記載する。この場合、監査役の監査報告書にその内容が重要な後発事象として記載されることはない。（監基報 560 実１　付表１Ｉ　Ｂ－２）

エ．　正しい。（監基報 560 実１　付表１Ｉ　Ｂ－３、会社計算規則第 127 条第３号）

オ．　誤り。

修正後発事象が会社法監査における会計監査人の監査報告書日後に発生した場合には、金融商品取引法に基づいて作成される財務諸表においては、計算書類との単一性を重視する立場から当該修正後発事象は開示後発事象に準じて取り扱われる。したがって、財務諸表において当該事象を反映させて修正するというのは誤りである。（監基報 560 実１　４（２）①ｂ（ａ）、付表１Ｉ　Ａ－４）平成 22 年第Ⅱ回本試験

２：アとウ

ア．正しい。（会社法施行規則第 129 条第１項第２号）

イ．誤り。監査役会の監査報告書において、取締役の職務遂行に関して記載が求められるのは不正の行為又は法令若しくは定款に違反する重大な事実があったときである。（会社法施行規則第 129 条第１項第３号）

ウ．正しい。（会社法施行規則第 129 条第１項第４号）

エ．誤り。監査役会の監査報告書において、会計監査人の監査の方法又は結果に関して記載が求められるのは、当該事項の内容が相当でないと認めるときである。（会社法施行規則第 129 条第１項第５号）平成 28 年第Ｉ回本試験

Personal-Date Check

第11章
金融商品取引法

A　1　我が国には金融商品取引法に基づく開示制度と会社法に基づく開示制度があるが、金融商品取引法の場合も会社法の場合も、同じ会社に関する情報を提供するものであるため、開示される情報は全く同じである。

B　2　有価証券の発行市場における開示書類として、有価証券報告書や目論見書等がある。

A　3　公認会計士等の監査は、有価証券報告書の「事業の状況」の区分に記載される連結財務諸表、財務諸表に対して行われる。

A　4　有価証券報告書に含まれる連結財務諸表には、連結貸借対照表、連結損益計算書、連結包括利益計算書、連結キャッシュ・フロー計算書、連結利益処分計算書及び連結附属明細表が含まれる。

B　5　発行価額又は売出価額の総額が5億円未満の有価証券を募集又は売出す会社は、公認会計士又は監査法人による監査証明を受けなくてもよい。

B　6　期中に上場会社でなくなった場合には、その時点から財務諸表監査は不要となる。

B　7　流通市場においては有価証券報告書、半期報告書、四半期報告書、臨時報告書、内部統制報告書が内閣総理大臣へ提出され、公衆の縦覧に供される。

C　8　有価証券の発行会社である会社は、その発行する有価証券が取引所に上場されている場合等には、事業年度ごとに必要事項を記載した有価証券報告書及び臨時報告書を内閣総理大臣に提出しなければならない。

Personal-Date-Check

1：【×】　開示される情報は全く同じ　→　開示される情報は異なる

我が国においては、企業内容開示制度として、金融商品取引法に基づくものと会社法に基づくものがあるが、開示される情報の内容はそれぞれ異なっている。　下巻p. 226

2：【×】　「有価証券報告書」は「有価証券届出書」の誤り。

3：【×】　事業の状況　→　経理の状況

公認会計士等の監査は、有価証券報告書の「経理の状況」の区分に記載される連結財務諸表、財務諸表に対して行われる。　下巻p. 232

4：【×】　連結利益処分計算書　→　連結株主資本等変動計算書

「連結利益処分計算書」は「連結株主資本等変動計算書」の誤り。　下巻p. 226

5：【×】　５億円　→　１億円

発行価額又は売出価額の総額が１億円以上の有価証券を募集又は売出そうとする会社は、有価証券届出書中の連結財務諸表等について、公認会計士又は監査法人による監査証明を受けなければならない。（金融商品取引法第４条第１項）

6：【×】　期中に上場会社でなくなったとしても、①有価証券報告書提出開始年度終了後５年を経過していること、②当該事業年度の末日及び当該事業年度の開始の日前４年以内に開始した事業年度すべての末日において株主が 300 未満であること等の要件を満たさない場合には、引き続き有価証券報告書を内閣総理大臣に提出する必要があるため、これにつき監査証明が必要となる。（金融商品取引法第 24 条第１項但書、金融商品取引法施行令第３条の５第２項）平成 24 年第Ⅱ回本試験

7：【○】　正しい。（金融商品取引法第24条第１項、第24条の４の４第１項、第24条の４の７第１項、第24条の５第１・４項）

8：【×】　臨時報告書は、有価証券報告書を提出しなければならない会社において、重要な事実（例えば、外国における有価証券の募集又は売出し、主要株主の移動、重要な災害、合併等）が発生した場合に、臨時的に作成・提出されるものであって、事業年度ごとに作成・提出されるものではない。

A　9　金融商品取引法は、投資者の保護を図ることを目的として制定されている。ここでいう投資者の保護とは、有価証券自体の価値を保証することによって、投資者がその価値の下落による経済的損失を被らないようにすることをいう。

A　10　金融商品取引法の目的に規定されている国民経済の健全な発展に資するとは、国家レベルにおける資源の最適配分を実現するということであると考えられる。

A　11　金融商品取引法に基づく企業内容開示制度とは、不十分もしくは虚偽・誤謬の情報に基づき投資者が意思決定をして不測の損害を被ることのないようにするために、財務諸表の監査人に対して有価証券の投資価値を適切に評価できるに足る充分な内容の情報を提供させる制度をいう。

B　12　金融商品取引法第 193 条の規定に基づく財務諸表等の用語、様式及び作成方法に関する規則によれば、一般に公正妥当と認められる企業会計の基準に該当するものとして、企業会計基準委員会によって公表された企業会計の基準が挙げられている。また、企業会計審議会によって公表された監査に関する基準は、金融商品取引法第 193 条の 2 の規定に基づく財務諸表等の監査証明に関する内閣府令によって、一般に公正妥当と認められる監査に関する基準に該当するものとされている。

C　13　金融商品取引法は、有価証券投資者を保護するために、定期開示制度と不定期開示制度について「第二章企業内容等の開示」で詳細に規定している。したがって、金融商品取引法監査の監査人は、有価証券投資者の保護という点に関しては、金融商品取引法の「第二章　企業内容等の開示」を理解していれば十分である。

C　14　有価証券報告書の事業の状況の中で記載が求められる「事業等のリスク」としては、財務諸表における財政状態、経営成績及びキャッシュ・フローの状況の異常な変動、特定の取引先・製品・技術等への依存、特有の法的規制・取引慣行・経営方針、重要な訴訟事件等の発生、役員・大株主・関係会社等に関する重要事項等、投資者の判断に重要な影響を及ぼす可能性のある事項があげられる。

9：【×】　投資者の保護の説明が誤りである

金融商品取引法における投資者の保護とは、投資者が有価証券の売買に関する合理的な意思決定を行うことができるように、企業の事業内容に関する情報や財務情報を適切に開示させることであって、有価証券自体の価値を保証するものではない。　下巻p. 230

10：【○】　正しい。（金融商品取引法第１条）　下巻p. 230

11：【×】　財務諸表の監査人　→　有価証券の発行会社

金融商品取引法に基づく企業内容開示制度とは、不十分もしくは虚偽・誤謬の情報に基づき投資者が意思決定をして不測の損害を被ることのないようにするために、有価証券の発行会社に対して有価証券の投資価値を適切に評価できるに足る充分な内容の情報を提供させる制度をいう。　下巻p. 230

12：【○】　正しい。（財務諸表等規則第１条第１・２項、財務諸表等の監査証明に関する内閣府令第３条第３項）平成 18 年本試験改題

13：【×】　金融商品取引法の「第二章　企業内容等の開示」を理解していても十分とは言えない。平成 18 年本試験

14：【○】　正しい。平成 18 年本試験

A　15　有価証券報告書の「提出会社の状況」の中で記載が求められる「コーポレート・ガバナンスの状況」には、会社の機関の内容、内部統制システムの整備の状況、リスク管理体制の整備の状況のほか、役員報酬の内容についても具体的に記載することが求められているが、監査報酬の内容についての記載は求められていない。

B　16　連結財務諸表作成会社の有価証券報告書には、連結財務諸表の次に財務諸表が掲載される。この場合、連結会計情報を重視する観点から、連結財務諸表に対する監査報告書の添付が必要とされるが、財務諸表に対する監査報告書の添付は不要とされている。

A　17　上場会社の親会社が会社法上の大会社であり有価証券報告書提出会社でない場合、当該親会社は親会社等状況報告書を内閣総理大臣に提出するが、この親会社等状況報告書には、大株主の状況や役員の状況のほか、監査役会の監査報告書及び会計監査人の監査報告書を含む、会社法の規定に基づく計算書類等を記載しなければならない。

A　18　内閣総理大臣は、公益又は投資者保護のために必要かつ適当であると認めるときは、監査証明を行った公認会計士又は監査法人に対し､参考となるべき報告又は資料の提出を求めることができる。その際の報告又は資料の一つとして、監査概要書、中間監査概要書等があり、内閣総理大臣から依頼がある場合には、ただちに提出すべきことが定められている。

A　19　上場会社の監査人は、有価証券報告書の「経理の状況」に含まれる財務計算に関する書類に対する監査に係る監査概要書を、監査報告書の作成日の翌月の末日までに内閣総理大臣に提出しなければならない。

A　20　公認会計士又は監査法人が、虚偽、錯誤又は脱漏のある財務書類を虚偽、錯誤及び脱漏のないものとして故意に証明した場合等には、投資者保護の観点から、内閣総理大臣は聴聞を経た上で、1年以内の期間を定めて、当該期間内に提出される有価証券届出書又は有価証券報告書で、当該公認会計士等の監査証明に係るものの全部又は一部を受理しない旨の決定をすることができる。この場合、その旨を当該公認会計士等に通知し、かつ公表しなければならない。

A　21　公認会計士が相当の注意を怠って財務諸表に重大な虚偽がない旨の監査証明を行った場合、当該監査証明を含む有価証券報告書のみならず、当該公認会計士が行った他の会社の監査証明を含む有価証券報告書が受理されないこともある。

C　22　機関投資家は、情報収集と分析能力の面で個人の投資者よりも優位にあるため、金融商品取引法に基づく監査証明が意図する保護の対象には含まれない。

Personal-Date-Check

15：【×】　有価証券報告書の「提出会社の状況」の中で記載される「コーポレート・ガバナンスの状況」には、監査報酬の内容についての記載も求められている。（企業内容等の開示に関する内閣府令第二号様式）平成18年本試験　下巻p. 232

16：【×】　有価証券報告書に記載される連結財務諸表及び財務諸表には、いずれも監査報告書の添付が必要である。（金融商品取引法第193条の２、企業内容等の開示に関する内閣府令第15条第１項）平成19年本試験

17：【○】　正しい。（金融商品取引法第24条の７、企業内容等の開示に関する内閣府令第５号の４様式）平成25年第Ⅱ回本試験　下巻p. 238

18：【×】　監査概要書、中間監査概要書等は、監査報告書、中間監査報告書等の作成日の翌月の末日までに提出しなければならない。（金融商品取引法第193条の２第６項、財務諸表等の監査証明に関する内閣府令第５条第１・３項）平成31年第Ⅰ回本試験類題　下巻p. 236

19：【×】　内閣総理大臣が、監査証明を行った監査人に対して提出を命ずることのできる資料の１つとして監査概要書があるが、これは財務局長等に提出しなければならないものである。（金融商品取引法第193条の２第６項、財務諸表等の監査証明に関する内閣府令第５条第１項）平成26年第Ⅱ回本試験改題　下巻p. 236

20：【○】　正しい。（金融商品取引法第193条の２第７・８項）平成19年本試験　下巻p. 238

21：【○】　正しい。（公認会計士法第30条第２項、金融商品取引法第193条の２第７項）平成23年第Ⅱ回本試験　下巻p. 238

22：【×】　機関投資家であっても金融商品取引法に基づく監査証明が意図する保護の対象に含まれる。（金融商品取引法第１条）平成20年本試験

B　23　金融商品取引法第193条の２第１項における「特別の利害関係のない公認会計士又は監査法人」という場合の特別の利害関係は、監査人に対して独立の外観を保持することを強制しており、精神的な独立性の確保を規制したものではない。

A　24　金融商品取引法に基づく監査を受ける企業は、金融商品取引所に上場している企業又は上場を目的として有価証券届出書を提出する企業に限られている。

A　25　金融商品取引法に基づく監査を実施することができるのは、公認会計士又は監査法人に限られている。

A　26　金融商品取引法に基づく監査に当たって監査人が準拠すべき基準として、内閣府令が定めているのは、企業会計審議会から公表された監査基準に限られている。

A　27　金融商品取引法に基づく監査証明の対象は、有価証券報告書に関しては、経理の状況に記載されている連結財務諸表及び財務諸表に限られている。

A　28　有価証券報告書に含まれる財務計算に関する書類は、公認会計士又は監査法人の監査証明の対象となるが、有価証券届出書に含まれる財務計算に関する書類は、公認会計士又は監査法人の監査証明の対象とはならない。

B　29　有価証券報告書提出会社であっても、会社法における大会社でない場合には、個別財務諸表の監査は任意である。

A　30　有価証券報告書の記載内容のうち、金融商品取引法に基づく監査証明の対象は、「第一部　企業情報」における経理の状況に関する事項に限定される。

A　31　上場会社の提出する臨時報告書は、原則として監査対象とはならないが、当該会社の財政状態及び経営成績に重要な影響を及ぼす後発事象が発生したことによって臨時報告書が提出される場合には、監査対象となることがある。

23 :【○】　正しい。(金融商品取引法第 193 条の２第４項) 平成 20 年本試験

24 :【×】　金融商品取引法に基づく監査が求められる企業は、金融商品取引所に上場している企業や上場を目的として有価証券届出書を提出する企業だけではなく、流通状況が金融商品取引所に上場している企業の有価証券に準ずるものとして政令で定める有価証券の発行会社なども含まれる。(金融商品取引法第 24 条第１項第２・３・４号、第 193 条の２第１項) 平成 21 年本試験　下巻 p. 231

25 :【○】　正しい。(金融商品取引法第 193 条の２第１項) 平成 21 年本試験　上巻 p. 17

26 :【×】　中間監査基準なども内閣府令でいう監査人が準拠すべき基準に含まれると考えられる。(財務諸表等の監査証明に関する内閣府令第３条第４項) 平成 21 年本試験　上巻 p. 61

27 :【○】　正しい。(金融商品取引法第 193 条の２第１項、財務諸表等の監査証明に関する内閣府令第１条第７・８号) 平成 21 年本試験　下巻 p. 232

28 :【×】　有価証券届出書に含まれる財務計算に関する書類(連結財務諸表や四半期連結財務諸表等)は、公認会計士又は監査法人の監査証明の対象となる。(金融商品取引法第 193 条の２第１項) 平成 22 年第Ⅰ回本試験　下巻 p. 231

29 :【×】　有価証券報告書提出会社は、その作成する個別財務諸表の監査を受けることが必要である。大会社でないからといって、金融商品取引法監査が強制されなくなるとの規定は存在しない。(金融商品取引法第 193 条の２第１項) 平成 22 年第Ⅰ回本試験

30 :【○】　正しい。(金融商品取引法第 193 条の２第１項、財務諸表等の監査証明に関する内閣府令第１条第７・８号、企業内容等の開示に関する内閣府令第三号様式) 平成 23 年第Ⅱ回本試験　下巻 p. 232

31 :【×】　臨時報告書には、臨時報告書を提出することとなった事象の区分に応じて、当該事項が記載されるが、財務書類そのものが提出されるわけではない。したがって、企業の財政状態及び経営成績に重要な影響を及ぼす後発事象が発生したことによって臨時報告書が提出される場合であっても監査の対象となることはない。(監基報 560 実１第６項 (２) a) 平成 26 年第Ⅱ回本試験　下巻 p. 232

A　32　上場会社が提出する財務計算に関する書類は、原則として、公認会計士又は監査法人による監査証明が必要であるが、公益又は投資者保護に欠けることがないものとして内閣総理大臣の承認を受けた場合には、監査証明は不要となる。

A　33　外国会社が提出する有価証券報告書に記載される財務書類については、我が国の公認会計士又は監査法人による監査証明を受けなければならない。

C　34　特定会社が提出する有価証券報告書に記載される指定国際会計基準に準拠した連結財務諸表は、監査人の監査証明が必要である。

A　35　有価証券報告書の訂正報告書に記載される、訂正後の連結財務諸表及び財務諸表には、監査人の監査証明が必要である。

A　36　有価証券報告書を提出しなければならない会社は、事業年度ごとに公認会計士又は監査法人による監査証明を受けた内部統制報告書を有価証券報告書と併せて内閣総理大臣に提出しなければならない。

A　37　発行価額又は売出価額の総額が１億円未満の有価証券の募集又は売出の場合、発行会社は公認会計士又は監査法人による監査証明を受けた財務書類を含む有価証券通知書を内閣総理大臣に提出しなければならない。

Personal-Date-Check

32：【○】　正しい。（金融商品取引法第193条の２第１項第３号）平成31年第Ⅰ回本試験　下巻p. 231

33：【×】　外国会社が株式又は新株予約権証券に関して提出する有価証券報告書に記載される財務書類については、外国監査法人等から内閣府令で定めるところによる監査証明に相当すると認められる証明を受けた場合には、我が国の公認会計士又は監査法人による監査証明は求められていない。（金融商品取引法第193条の２第１項第１号）平成24年第Ⅰ回本試験　下巻p. 231

34：【○】　正しい。本肢の特定会社が、連結財務諸表の用語、様式及び作成方法に関する規則第１条の２に規定する会社に該当すると判断した場合には、国際財務報告基準（ＩＦＲＳ）に関する任意適用会社に当たると考えられ、監査証明が必要となると考えられる。（連結財務諸表の用語、様式及び作成方法に関する規則第１条の２）平成24年第Ⅰ回本試験

35：【○】　正しい。（財務諸表等の監査証明に関する内閣府令第１条第15・17号）平成24年第Ⅰ回本試験　下巻p. 232

36：【×】　有価証券報告書を提出しなければならない会社のうち、すべての会社が内部統制報告書を提出しなければならないわけではなく、上場会社等に限られる。（金融商品取引法第24条の４の４第１項、第193条の２第２項、金融商品取引法施行令第４条の２の７第１項）平成25年第Ⅰ回本試験　下巻p. 231

37：【×】　有価証券通知書には、財務書類の添付は要求されておらず、公認会計士又は監査法人による監査証明も不要である。（金融商品取引法第４条第６項、企業内容等の開示に関する内閣府令第４条、第１号様式）平成25年第Ⅰ回本試験　下巻p. 232

A　38　金融商品取引法第 193 条の 3 に基づいて、監査人が、被監査企業の法令違反等事実を内閣総理大臣に申し出ることが求められるのは、財務計算に関する書類の適正性の確保に重大な影響を及ぼすおそれがある場合に限られている。

A　39　公認会計士又は監査法人は、監査証明業務を行うに当たって、被監査会社による法令違反等事実を発見した場合には、当該会社に対し是正等の措置をとるよう通知しなければならないが、当該会社が適切な措置をとらないときには、当該事項に関する意見を内閣総理大臣に申し出なければならない。

A　40　公認会計士又は監査法人は、金融商品取引法に基づいて実施される財務計算に関する書類の監査を行うに当たって、被監査会社による法令違反等事実を発見したときは、当該事実の内容及び当該事実に係る法令違反の是正その他の適切な措置をとるべき旨を記載した書面等により、当該被監査会社に対して通知しなければならない。

A　41　金融商品取引法は、有価証券の公正な発行と円滑な流通を図ることを目的としているので、非上場会社であっても株主数が一定以上である場合には監査対象となることがある。

A　42　有価証券報告書に対する確認書では、監査手続として監査人が入手しなければならない経営者確認書と同様に、経営者が財務諸表の作成・開示や内部統制の整備・運用に対して責任を有する旨等の記載が求められる。

A　43　上場会社の代表者は、有価証券報告書の記載内容が金融商品取引法令に基づき適正であることを確認した旨を記載した確認書に、当該確認書に対する監査人による監査報告書を添付して、当該有価証券報告書と併せて内閣総理大臣に提出しなければならない。

C　44　公認会計士が、金融商品取引法に基づく財務書類の監査において、故意又は過失により虚偽の証明を行ったとして、当該虚偽の証明により有価証券取得者に生じた損害を賠償する責任を問われた場合には、いわゆる「挙証責任の転換」により、故意又は過失がなかったことを公認会計士自身が証明すれば免責となる可能性があるが、このことを定めた明文規定は金融商品取引法には存在しない。

C　45　監査概要書には、監査の従事者、監査日数その他当該監査に関する事項の概要が記載されなければならない。加えて、無限定適正意見以外の意見が表明される場合には、その理由が記載されなければならない。

38:【○】 正しい。内閣総理大臣に申し出ることが求められるのは、重大な影響を及ぼすものであること、是正措置が適切に行われていないものであることという両方の条件を満たしたものである。よって、重大な影響を及ぼすものであるという条件が必須であるため、本肢は正しい。（金融商品取引法第193条の３第２項）平成21年本試験　下巻 p. 237

39:【×】 公認会計士又は監査法人は、会社が適切な措置を取らないことのみにより、内閣総理大臣に申し出るのではなく、重大な影響を防止するために必要があると認められる場合に、内閣総理大臣に申し出ることができるため、誤りとなる。（金融商品取引法第193条の３第１・２項）平成25年第Ⅰ回本試験　下巻 p. 237

40:【○】 正しい。（金融商品取引法第193条の３第１項）平成30年第Ⅰ回本試験改題　下巻 p. 237

41:【○】 正しい。（金融商品取引法第24条第１項第４号、第193条の２第１項）平成23年第Ⅱ回本試験　下巻 p. 231

42:【×】 有価証券報告書に対する確認書とは、経営者自身が有価証券報告書の記載内容が正しいと確認するための書類であり、本肢のような記載はされない。（企業内容等の開示に関する内閣府令第四号の二様式）平成24年第Ⅱ回本試験　下巻 p. 234・235

43:【×】 有価証券報告書の確認書に対して監査は実施されない。（金融商品取引法第24条の４の２）平成25年第Ⅱ回本試験　下巻 p. 235

44:【×】 金融商品取引法上、挙証責任の転換に関する規定が存在する。（金融商品取引法第21条第１項第３号、第２項第２号）平成27年第Ⅰ回本試験

45:【○】 正しい。（財務諸表等の監査証明に関する内閣府令第５条第２項第１号、第１号様式）平成29年第Ⅰ回本試験

C　46　監査証明をしようとする連結財務諸表に係る連結会計年度の各期首において、関連会社に対する投資について持分法を適用することを被監査会社が決定していない場合でも、当該監査証明に係る特別の利害関係について、持分法適用会社に係る関係は適用される。

B　47　内国会社は、財務計算に関する書類に対する監査証明を受けた上で、原則として事業年度経過後3か月以内に当該財務計算に関する書類を含む有価証券報告書を内閣総理大臣に提出しなければならない。内閣総理大臣は、当該有価証券報告書を受理した日から5年を経過する日までの間、当該報告書を公衆縦覧に供しなければならない。

B　48　金融商品取引所に上場されている有価証券の発行会社が、金融商品取引法の規定により提出する財務計算に関する書類は、当該会社と特別の利害関係のない公認会計士又は監査法人の監査証明を受けなければならないが、当該監査証明は、「財務諸表等の監査証明に関する内閣府令」で定める基準及び手続によって行われないことがある。

B　49　金融商品取引法は、上場会社の監査証明を行う公認会計士又は監査法人を会社法上の会計監査人とすることを求めている。

A　50　上場会社は、事業再編のための株式分割によって株式を発行する場合、投資者保護の必要性が乏しいときは、有価証券届出書に代えて有価証券通知書を提出することが認められているが、当該有価証券通知書に対する監査証明は不要である。

A　51　上場会社は、内部統制報告書を訂正した場合には、訂正内部統制報告書に対する監査証明を受けなければならず、また、監査人は当該監査に関する監査概要書を提出しなければならない。

Personal-Date-Check

46：【×】　期首において、関連会社に対する投資について持分法を適用することを被監査会社が決定していない場合、特別の利害関係についての適用がないものとして取り扱う。(「財務諸表等の監査証明に関する内閣府令」の取り扱いに関する留意事項について 2-2）平成 28 年第Ⅰ回本試験

47：【○】　正しい。(金融商品取引法第 24・25 条）平成 29 年第Ⅰ回本試験

48：【×】　金融商品取引法に基づき実施される監査証明は、内閣府令で定める基準及び手続によって、これを行わなければならない。そして、この内閣府令とは、財務諸表等の監査証明に関する内閣府令のことである。(金融商品取引法第 193 条の２第５項）平成 29 年第Ⅱ回本試験

49：【×】　金融商品取引法において、上場会社の監査証明を行う公認会計士又は監査法人を会社法上の会計監査人とすることを求めている規定はない。平成 31 年第Ⅰ回本試験

50：【○】　正しい。有価証券通知書には監査証明は不要である。令和２年第Ⅱ回本試験　下巻 p. 232

51：【×】　訂正内部統制報告書については、公認会計士又は監査法人の監査証明は要しない。(内部統制府令ガイドライン１－１）令和２年第Ⅱ回本試験　下巻 p. 232

第12章
公認会計士法

第１節　監査人

第２節　監査人の独立性

第３節　監査人の法的責任

第１節　監査人

A　1　公認会計士は、常に品位を保持し、その知識及び技能の修得に努め、独立した立場において公正かつ誠実にその業務を行わなければならない。

A　2　未成年者は、公認会計士となることができない。

A　3　過去において一度でも破産したことがある者は、公認会計士となることができない。

B　4　監査法人制度は、わが国における財務諸表の監査制度とともに創設された。

A　5　監査法人は、その名称中に監査法人という文字を使用するか否かの選択を行うことができる。

A　6　監査法人の社員は、公認会計士又は特定社員でなければならない。

A　7　監査法人のすべての社員は、原則として、すべての業務を執行する権利を有し、かつ義務を負う。

B　8　公認会計士Ａが、虚偽の監査証明を行ったことに基づき内閣総理大臣から２年以内の業務の停止の処分を受け、当該業務の停止の期間を経過していない場合、公認会計士Ａは、監査法人の社員となることができない。

A　9　監査法人は、財務書類の監査又は証明の業務以外の業務を行うことができない。

A　10　特定社員は、定款に定めをおけば、監査法人が行うすべての業務を代表する社員となることができる。

Personal-Date-Check

第１節　監査人

１：【○】　正しい。（公認会計士法第１条の２）　下巻p. 241

２：【○】　正しい。（公認会計士法第４条第１号）　下巻p. 241

３：【×】　復権していれば可能である

破産した者であっても、復権を得ていれば公認会計士となることはできる。（公認会計士法第４条第４号）　下巻p. 241

４：【×】　財務諸表の監査が制度化されたのは昭和32年１月だが、監査法人制度は昭和41年６月に創設された。

５：【×】　監査法人という文字を使用しなければならない

監査法人は、その名称中に監査法人という文字を使用しなければならない。（公認会計士法第34条の３第１項）　下巻p. 266

６：【○】　正しい。（公認会計士法第34条の４第１項）　下巻p. 243

７：【×】　監査証明業務においては公認会計士である社員のみである

監査法人の行う監査証明業務については、公認会計士である社員のみが業務を執行する権利を有し、義務を負う。（公認会計士法第34条の10の２）　下巻p. 244

８：【○】　正しい。（公認会計士法第34条の４第２項第１号）

９：【×】　監査法人は、財務書類の監査又は証明の業務を行うほか、その業務に支障のない限り、定款で定めるところにより、財務書類の調製、財務に関する調査若しくは立案又は財務に関する相談に応ずる業務や公認会計士試験に合格した者に対する実務補習の全部又は一部を行うことができる。（公認会計士法第34条の５）　下巻p. 244

10：【×】　特定社員は、監査法人が行う監査証明業務については、代表する社員となることはできない。（公認会計士法第 34 条の 10 の３第１項）平成 22 年第Ⅰ回本試験　下巻 p. 244

A　11　監査法人を設立するには、公認会計士又は特定社員を合わせて、最低5人以上の社員になろうとする者が必要である。

A　12　社員数100人の監査法人の場合、特定社員として登録できるのは10人までである。

A　13　監査法人の成立には、内閣総理大臣による設立の認可が必要である。

B　14　公認会計士法は、公認会計士又は監査法人が行う、金融商品取引法や会社法等に基づく法定監査であれ、法定監査以外の任意監査であれ、すべての監査証明業務に対して適用される。

A　15　公認会計士法は、昭和23(1948)年の制定以来、「監査及び会計の専門家として、独立した立場において、財務書類その他の財務に関する情報の信頼性を確保することにより、会社等の公正な事業活動、投資者及び債権者の保護等を図り、もって国民経済の健全な発展に寄与すること」という公認会計士の使命を明文で規定してきた。

C　16　公認会計士法は、監査証明業務について規定しており、財務に関する調査、立案及び相談業務の提供については規定していない。

B　17　公認会計士法は、公認会計士及び監査法人の業務を規制するとともに、職業的専門家の自律的規制を促すことを目的にしていることから、この法律に違反した場合でも罰則を課せられることはない。

A　18　公認会計士となる資格を有する者は、日本公認会計士協会に備える公認会計士名簿に登録することにより公認会計士となり、財務書類の監査証明業務を行うことができる。

A　19　公認会計士・監査審査会は、金融庁に置かれ、監査法人に対する処分に関する事項を調査審議し、必要な行政処分を行うことができる。

11:【×】 監査法人を設立するには、その社員になろうとする者が、共同して定款を定めなければならない。この場合において、その社員になろうとする者のうちには、5人以上の公認会計士である者を含まなければならない。(公認会計士法第34条の7第1項) 下巻p. 242

12:【×】 監査法人の社員のうちに公認会計士である社員の占める割合は、100分の75以上でなければならない。それゆえ、社員数100人の監査法人の場合には、25人まで特定社員として登録することができる。(公認会計士法第34条の4第3項、公認会計士法施行規則第19条) 平成22年第I回本試験 下巻p. 242

13:【×】 設立の登記によって成立する
監査法人は、その主たる事務所の所在地において設立の登記をすることによって成立し、内閣総理大臣へは、その旨を成立後2週間以内に届け出る必要があるのである。(公認会計士法第34条の9、第34条の9の2) 下巻p. 242

14:【○】 正しい。平成19年本試験

15:【×】 公認会計士の使命に関する規定は、平成15年の改正時に制定された。(公認会計士法第1条) 平成19年本試験 下巻p. 241

16:【×】 公認会計士法には、監査証明業務以外にも、財務に関する調査、立案及び相談業務の提供について規定がある。(公認会計士法第2条第2項) 平成19年本試験

17:【×】 公認会計士法にも罰則規定がある。(公認会計士法第50条以下) 平成19年本試験

18:【○】 正しい。(公認会計士法第17・18条) 平成20年本試験 下巻p. 240

19:【×】 公認会計士・監査審査会は、公認会計士及び外国公認会計士に対する懲戒処分並びに監査法人に対する処分に関する事項を調査審議し、行政処分その他の措置について内閣総理大臣に勧告するのであって、自ら行政処分を行うことはできない。(公認会計士法第35条第2項第1・2号) 平成20年本試験 下巻p. 267

A　20　特定社員は、定款の定めにより、監査法人の意思決定に関与することができる。

A　21　公認会計士以外の者が、監査法人の特定社員となろうとする場合には、日本公認会計士協会に登録しなければならない。

A　22　特定社員は、補助者としてならば監査業務に従事することができる。

A　23　監査法人の社員は、当該社員以外の社員全員の承認を受けたときは、同時に他の監査法人の社員となることができる。

A　24　監査法人の財産の状況に関する開示事項については、無限責任監査法人の場合は売上高の総額を開示すれば足りるが、有限責任監査法人の場合は計算書類の開示も必要である。

B　25　無限責任監査法人の成立後に新たに加入した社員は、加入する前に生じた当該監査法人の債務についても連帯して弁済する責任を負わなければならない。

A　26　公認会計士が、故意に、虚偽、錯誤又は脱漏のある財務書類を虚偽、錯誤及び脱漏のないものとして証明し、内閣総理大臣から登録抹消の処分を受けた場合、処分の日から 2 年経過すると、再登録が可能となる。

A　27　監査法人の品質管理、ガバナンス及びディスクロージャーの強化の観点から、公認会計士以外の、経営、財務、内部統制、情報技術等の専門家が監査法人の社員となることが認められており、これを特定社員制度という。

A　28　すべての有限責任監査法人は、その計算書類について、当該法人と特別の利害関係のない公認会計士又は監査法人の監査報告書を添付して、公衆の縦覧に供さなければならない。

A　29　監査法人の設立に際して、有限責任監査法人に限り、社員数に応じた最低資本金の金額が定められている。

B　30　ひとたび有限責任監査法人となった無限責任監査法人は、再び無限責任監査法人となることはできない。

Personal-Date-Check

20：【○】　正しい。（公認会計士法第34条の10の２第４項）平成22年第Ⅰ回本試験　下巻p.245

21：【○】　正しい。（公認会計士法第34条の10の８、同第34条の10の９）平成22年第Ⅰ回本試験　下巻p.243

22：【○】　正しい。特定社員が禁止されているのは、いわゆる監査責任者として監査報告書に署名することであり、公認会計士である社員が監査責任者となり、その責任者の下で補助者として監査業務に従事することはできる。（公認会計士法第34条の10の２第４項）平成22年第Ⅰ回本試験　下巻p.245

23：【×】　監査法人の社員は、他の監査法人の社員となることはできない。（公認会計士法第34条の14第１項）平成22年第Ⅱ回本試験　下巻p.245

24：【○】　正しい。（公認会計士法第34条の32、公認会計士法施行規則第39条第５号イ）平成23年第Ⅰ回本試験　下巻p.249

25：【○】　正しい。（公認会計士法第34条の22第１項、会社法第605条）平成24年第Ⅰ回本試験

26：【×】　故意に、虚偽、錯誤又は脱漏のある財務書類を虚偽、錯誤及び脱漏のないものとして証明し、内閣総理大臣から登録抹消の処分を受けた場合、再登録が可能になるのは、処分の日から５年経過した場合である。（公認会計士法第34条の10の10第７号）平成31年第Ⅱ回本試験　下巻p.241

27：【○】　正しい。（公認会計士法第１条の３第６項、第34条の10の２第４項、「特定社員制度Ｑ＆Ａ」Ｑ１）平成24年第Ⅰ回本試験　下巻p.243

28：【×】　有限責任監査法人は計算書類を作成しなければならないが、特別の利害関係のない公認会計士又は監査法人の監査報告書を添付することが求められているのは、収益の額が10億円以上の有限責任監査法人である。（公認会計士法34条の32第１項、同施行令第24条）平成30年第Ⅱ回本試験類題　下巻p.248

29：【○】　正しい。（公認会計士法第34条の27第１項第３号、公認会計士法施行令第22条）平成24年第Ⅱ回本試験　下巻p.248

30：【×】　有限責任監査法人は、その社員の全部を無限責任社員とする定款の変更をすることにより、無限責任監査法人となる。（公認会計士法第34条の22第９項）平成24年第Ⅱ回本試験

B　31　公認会計士法は、監査環境の変化に対応して大きな改正がなされてきており、組織的監査の必要性から監査法人制度が導入され、さらに、監査法人の大規模化により特定社員制度が創設された。

C　32　日本公認会計士協会は自主規制機関であることから、公認会計士法においては同協会の業務に関する規定はなく、同協会の会則によってその内容が定められている。

C　33　公認会計士法は、経済社会を取り巻く環境の変化に対応して適時に改正が行われてきており、組織的監査の必要性から監査法人制度が導入され、また企業のグローバル化に伴う海外企業との関係促進に対応するために外国監査法人等の許認可制度が創設された。

B　34　公認会計士法は、公認会計士の自主規制機関である日本公認会計士協会の事務や目的等について規定しているが、公的な監視・監督機関である公認会計士・監査審査会の事務や目的等についても規定している。

B　35　監査法人が、公認会計士法で大会社等に係る業務の制限の特例として禁止されている業務以外の非監査証明業務を、被監査会社である大会社等に対して提供する場合は、当該被監査会社の監査役等の承認を得なければならない。

B　36　監査法人が、その業務に係る契約の締結の方針について、社員の一部をもって構成される合議体で決定する場合には、当該合議体を構成する社員のうち 75 %以上は公認会計士である社員でなければならない。

A　37　公認会計士法に定める大規模監査法人とは、100 名以上の公認会計士が所属する監査法人をいう。

A　38　監査法人の社員は、他の社員全員の承認を得たときは、自己又は第三者のために当該監査法人の業務の範囲に属する業務のすべてを行うことができる。

A　39　特定社員は、監査証明業務以外の監査法人の業務を執行する権利を有し、義務を負うが、監査法人を代表する社員となることはできない。

Personal-Date-Check

31：【○】　正しい。（特定社員制度Q＆A　Q1、A1）平成 24 年第Ⅱ回本試験

32：【×】　公認会計士法には、日本公認会計士協会の設立、役員、業務に関する規定が定められている。（公認会計士法第 46 条の５～11）平成 24 年第Ⅱ回本試験

33：【×】　外国において、他人の求めに応じ、報酬を得て、財務書類の監査又は証明をすることを業とする者が、日本において監査証明業務を行うためには、金融庁に届け出なければならないのであり、許認可を受ける必要があるものではない。（公認会計士法第１条の３第３項、第 34 条の 35）平成 25 年第Ⅱ回本試験

34：【○】　正しい。（公認会計士法第 35～42 条）平成 25 年第Ⅱ回本試験

35：【×】　大会社等に対して監査業務と同時提供が禁止される非監査証明業務以外の業務を同時に提供するに際して、当該被監査会社の監査役等の承認を受けなければならないということはない。平成 26 年第Ⅰ回本試験

36：【○】　正しい。（公認会計士法第 34 条の 13 第４項）平成 27 年第Ⅰ回本試験

37：【×】　公認会計士法に定める大規模監査法人とは、監査法人の直近の会計年度においてその財務書類について当該監査法人が監査証明業務を行った上場有価証券発行者等の総数が 100 以上である場合における当会計年度における当該監査法人である。（公認会計士法施行規則第 24 条）平成 21 年本試験　下巻 p. 257

38：【×】　監査法人の社員は、自己又は第三者のためにその監査法人の公認会計士法第２条第１項の業務の範囲に属する業務（監査証明業務）を行うことはできない。（公認会計士法第 34 条の 14 第２項）平成 31 年第Ⅰ回本試験類題　下巻 p. 245

39：【×】　監査法人が行う、監査証明業務以外の業務（公認会計士法第２条第２項の業務や公認会計士試験に合格した者に対する実務補習）については、特定社員を含めたすべての社員が監査法人を代表する。（公認会計士法第 34 条の５、第 34 条の 10 の３第２項）平成 21 年本試験　下巻 p. 244

第２節　監査人の独立性

A　1　公認会計士の配偶者が、被監査会社の役員である場合、当該公認会計士は被監査会社との関係において著しい利害関係を有しているといえる。

A　2　公認会計士が、過去３年以内に被監査会社の役員であった場合、当該公認会計士は被監査会社との関係において著しい利害関係を有しているといえる。

A　3　公認会計士は、その配偶者が過去1年以内に財務に関する事務の責任ある担当者であった会社の財務書類について、当該会社の求めに応じ報酬を得て、当該財務書類の監査又は証明をすることを業とすることができる場合がある。

A　4　公認会計士は、自らが使用人である会社の財務書類については、当該会社の求めに応じ報酬を得て、当該財務書類の監査又は証明をすることを業とすることができない。

B　5　公認会計士がその使用人であり、又は過去１年以内に使用人であった会社その他の者に対して、当該公認会計士は財務書類の調製をし、財務に関する調査若しくは立案をし、又は財務に関する相談に応じることはできない。

A　6　公認会計士が、過去に営利企業である被監査会社と職務上密接な関係にある職務を行う国家公務員もしくは地方公務員であった場合には、当該公認会計士は被監査会社との関係において著しい利害関係を有しているといえる。

A　7　公認会計士が、被監査会社等の親会社等の使用人である場合には、著しい利害関係には該当しない。

A　8　公認会計士又はその配偶者が、被監査会社の株主である場合、原則として、当該公認会計士は被監査会社との関係において著しい利害関係を有しているといえる。

A　9　公認会計士又はその配偶者が、被監査会社に対して80万円の債権を有している場合、当該公認会計士は被監査会社との関係において著しい利害関係を有していることになる。

Personal-Date-Check

第２節　監査人の独立性

１：【○】　正しい。（公認会計士法第24条第１項第１号）　下巻p. 250

２：【×】　３年　→　１年

３年以内ではなく、公認会計士が、過去１年以内に被監査会社の役員であった場合である。（公認会計士法第24条第１項第１号）　下巻p. 250

３：【×】　公認会計士は、その配偶者が過去１年以内に財務に関する事務の責任ある担当者であった会社の財務書類について、当該会社の求めに応じ報酬を得て、当該財務書類の監査又は証明をすることを業とすることはできない。（公認会計士法第 24 条第１項第１号）平成 29 年本試験第Ⅱ回本試験　下巻 p. 250

４：【○】　正しい。（公認会計士法第 24 条第１項第２号）平成 29 年本試験第Ⅱ回本試験　下巻 p. 250

５：【×】　当該会社に対して監査証明業務を行うことができないのであり、財務書類の調製等のいわゆる第２条第２項業務は行うことはできる。（公認会計士法第24条第１項第２号）

６：【×】　過去に　→　２年以内に

公認会計士が、過去に国家公務員もしくは地方公務員であったことが問題となるのは、その退職後２年を経過していない者である場合において、その在職し、または退職前２年以内に在職していた職と当該公認会計士に係わる営利企業である被監査会社とが職務上密接な関係にあるときである。（公認会計士法第24条第３項）　下巻p. 250

７：【×】　該当しない　→　該当する

なお、親会社等の使用人である場合のみならず、子会社等の使用人である場合も著しい利害関係に該当する。（公認会計士法第24条第２項、同法施行令第７条第１項第９号）　下巻p. 250

８：【○】　正しい。（公認会計士法第24条第２項、同法施行令第７条第１項第４号）　下巻p. 250

９：【×】　著しい利害関係となるのは、100 万円以上の債権である

公認会計士が、被監査会社に対して有する債権が100万円未満であれば、著しい利害関係には該当しない。（公認会計士法第24条第２項、同法施行令第７条第１項第４号）　下巻p. 250

A　10　公認会計士又はその配偶者が、被監査会社に対して有する債権が預金や生命保険契約・損害保険契約に基づくものの場合でも、それが100万円を超える場合には、当該公認会計士は被監査会社との関係において著しい利害関係を有しているといえる。

B　11　公認会計士が、被監査会社等の債務者である場合において、その債務が電気、ガスの使用料金に基づくものから生じたものであったとしても当該被監査会社に対して監査又は証明を行ってはならない。

A　12　公認会計士が、被監査会社より無償で事務所の提供を受けている場合、当該公認会計士は被監査会社との関係において著しい利害関係を有しているといえる。

A　13　公認会計士又はその配偶者が、被監査会社から税理士業務により継続的な報酬を受けている場合、当該公認会計士は被監査会社との関係において著しい利害関係を有しているといえる。

A　14　公認会計士又はその配偶者が、過去に被監査会社等の役員等であった者から特別な利益を受けている場合であっても、当該公認会計士は被監査会社との関係において著しい利害関係を有しているとはいえない。

A　15　公認会計士甲が、金融商品取引法監査を受けなければならない乙会社から内部監査の外部委託に関する業務により継続的な報酬を受けている場合には、公認会計士甲は乙会社の財務書類について、監査証明業務を行ってはならない。

A　16　監査法人の社員のうちに、一人でも被監査会社又はその親会社もしくは子会社の取締役、監査役又は使用人である者がある場合、当該監査法人は被監査会社に対して著しい利害関係があるといえる。

A　17　監査法人甲が、金融商品取引所に上場している有価証券の発行会社であるA社から、現物出資財産の証明又は鑑定評価に関する業務により、継続的な報酬を受けている場合には、当該A社の監査証明業務を同時に受嘱することはできない。

Personal-Date-Check

10：【×】　預金等は除かれる

預金や生命保険契約・損害保険契約に基づく債権は、内閣府令で定める特別の事情を有する債権に該当し、公認会計士と被監査会社の関係における著しい利害関係に当たるとされる債権からは除外されている。従って、預金等の債権について100万円を超えて保有していても著しい利害関係にはあたらない。（公認会計士法第24条第２項、同法施行令第７条第１項第４号、同法施行規則第２条第１・11・12号）　下巻p. 250

11：【×】　特定の事情に基づく債権の場合は問題にならない

公認会計士が、被監査会社等の債務者である場合において、その債務が電気、ガス、上下水道及び電話の使用料金に基づくものから生じたものである場合には、著しい利害関係には該当しない。（公認会計士法第24条第２項、同法施行令第７条第１項第４号、同法施行規則第２条第16号）

12：【○】　正しい。（公認会計士法第24条第２項、同法施行令第７条第１項第５号）　下巻p. 250

13：【○】　正しい。（公認会計士法第24条第２項、同法施行令第７条第１項第６号）　下巻p. 250

14：【×】　公認会計士又はその配偶者が、被監査会社等の役員等又は過去１年以内若しくは監査関係期間内にこれらの者であった者から特別の経済上の利益の供与等を受けている場合には、当該公認会計士は被監査会社との関係において著しい利害関係を有しているといえる。（公認会計士法第24条第２項、同法施行令第７条第１項第７号）　下巻p. 250

15：【○】　正しい。（公認会計士法第24条の２第２号、同法施行規則第６条第５号）　下巻p. 254

16：【○】　正しい。（公認会計士法第34条の11第２項、同法施行令第15条第４号・第４号の２）　下巻p. 251

17：【○】　正しい。（公認会計士法第34条の11の２第１項、同法施行規則第６条第３号）　下巻p. 254

A　18　公認会計士が会計帳簿の記帳の代行その他の財務書類の調製に関する業務を行いながら同時に監査証明業務を行うことは、公認会計士が監査人として自ら行った業務を自らの監査対象とすることにつながるおそれがあることから、いかなる場合にも禁止される。

A　19　公認会計士は、やむを得ない事情があると認められるなどの例外的な場合を除き、監査証明業務を行った翌会計期間の終了日まで、被監査会社の親会社、連結子会社、持分法適用の非連結子会社、関連会社及び親会社の他の連結子会社の役員になることはできない。

B　20　監査人が被監査会社の財務情報システムの整備及び管理業務を請け負ったとしても、そのこと自体は財務諸表の作成に直接関与したことにならないため、二重責任の原則には抵触しない。

A　21　公認会計士は、大会社等の財務書類について、原則として、単独で監査することが禁止されている。その趣旨は、大会社等は取引の内容が複雑・高度であり、取引規模も大きいため、複数の公認会計士による組織的監査が必要であり、また、独立性の保持に疑いをもたれるような関係や外観を避けるためである。

B　22　大規模監査法人の筆頭業務執行社員が2会計期間前から連続して監査関連業務を行っている会社が新規に上場した場合、当該社員は上場する日の属する会計期間から起算して連続して5会計期間の範囲内で監査関連業務を行うことができる。

A　23　公認会計士法に定める大規模監査法人においては、上場会社の監査証明業務に係る審査に最も重要な責任を有する者について、当該上場会社の連続する5会計期間を限度として交代することが求められている。

A　24　監査証明は、特別の利害関係のない公認会計士又は監査法人によって行われなければならないとされているが、この利害関係は会社と監査契約を締結する公認会計士又は監査法人の業務執行社員との関係に係るものである。

A　25　公認会計士は、やむを得ない事情があると認められる場合を除き、他の公認会計士もしくは監査法人と共同するか、又は他の公認会計士を補助者として使用しなければ大会社等の監査証明業務を行うことはできない。

Personal-Date-Check

18：【×】　公認会計士法上、監査証明業務と会計帳簿の記帳の代行その他の財務書類の調製に関する業務の同時提供が禁止されるのは、それらの業務を依頼する会社が大会社等であり、公認会計士が、当該会社から当該非監査証明業務に関して継続的な報酬を受けている場合である。（公認会計士法第24条の２、公認会計士法施行規則第６条第１号）平成31年第Ⅰ回本試験　下巻p. 254

19：【○】　正しい。（公認会計士法第28条の２、同施行規則第13条第１項）平成30年第Ⅱ回本試験　下巻p. 261

20：【×】　財務情報システムの整備及び管理業務を請け負った場合には、財務諸表の作成者としての立場の業務を請け負ったことになり、二重責任の原則に抵触する。（独立性に関する法改正対応解釈指針第４号１、２）平成 27 年第Ⅱ回本試験

21：【○】　正しい。（公認会計士法第 24 条の４）平成 18 年本試験　下巻 p. 254

22：【×】　大規模監査法人における筆頭業務執行社員の継続監査制限規定は、新規上場の場合は上場前の期間と通算され判断される。よって、上場前に関与した２会計期間を考慮し、上場する日の属する会計期間から起算して連続して３会計期間の範囲内で監査関連業務を行うことができる。（独立性に関する法改正対応解釈指針第６号９）平成 23 年第Ⅰ回本試験

23：【○】　正しい。（独立性に関する法改正対応解釈指針第６号第８項）平成 22 年第Ⅱ回本試験改題　下巻 p. 256

24：【×】　特別の利害関係に該当するものには、監査法人の業務執行社員だけではなく、監査法人自体及び業務執行社員の配偶者との関係等も含まれる。（公認会計士法施行令第７条）平成 25 年第Ⅰ回本試験　下巻 p. 250、251

25：【○】　正しい。（公認会計士法第 24 条の４、公認会計士法施行規則第 11 条）平成 23 年第Ⅰ回本試験　下巻 p. 254

A　26　公認会計士は、単独監査となることを避けるために他の公認会計士と共同監査を行っている場合において、当該他の公認会計士が登録抹消となったときには、直ちに新たな公認会計士を補充して、共同監査を行わなければならない。

A　27　公認会計士が、公認会計士法上の大会社等の財務書類に係る監査証明業務を、他の監査法人と共同して行っている場合において、当該他の監査法人が解散したときには、監査契約を解除しなければならない。

A　28　公認会計士は、単独監査となることを避けるために他の公認会計士と共同監査を行っている場合において、当該他の公認会計士が病気により業務を行うことができなくなった際には、ただちに新たな公認会計士を補充して、共同監査を行わなければならない。

A　29　監査法人の社員は、監査法人が監査証明業務を行った会計期間の翌期末まで、被監査会社の役員となることはできない。

A　30　監査法人は、その社員が税務業務によって会社から継続的な報酬を受け取っている場合には、直接会社に対して監査証明業務を行うことはできない。

A　31　監査法人の社員のうち、公認会計士法に定める大会社等の監査証明業務を行う筆頭業務執行社員の連続する関与会計期間の上限は、5 会計期間である。

A　32　監査法人に所属する公認会計士が補助者として監査業務に従事していた会計期間の途中で退職し、直ちに当該被監査会社の使用人となった場合、当該監査法人は当該被監査会社の監査証明業務を行うことはできない。

A　33　公認会計士の独立性に関して、公認会計士法においては、大会社等への監査証明業務と非監査証明業務の同時提供の禁止やいわゆるローテーション制度等が規定されているが、この場合の大会社等は会社法の大会社と範囲が異なる。

26：【×】　大会社等の財務諸表の監査証明業務において、公認会計士の単独監査が禁止される状況であっても、やむを得ない事情がある場合には、単独監査が認められる場合がある。問題文の状況は、やむを得ない事情に該当するため、直ちに新たな公認会計士を補充して、共同監査を行わなければならないわけではない。（公認会計士法第24条の４、公認会計士法施行規則第11条第１号）平成23年第Ⅱ回本試験　下巻 p. 254

27：【×】　本肢のようにやむを得ない事情がある場合には、例外的に単独監査が認められる。（独立性に関する法改正対応解釈指針第２号第３項④）平成30年第Ⅱ回本試験類題　下巻 p. 254

28：【×】　公認会計士は、やむを得ない事情がある場合には、大会社等に対して単独で監査を行うことができる。（公認会計士法施行規則第11条第２号）平成27年第Ⅱ回本試験　下巻 p. 254

29：【×】　監査法人の社員のうち、監査業務を執行した社員は、監査業務を提供した会社について、監査業務を提供した会計期間の翌会計期間の終了の日までの間は、当該会社の役員等になることはできない。しかし、業務を執行した社員以外の社員については就職を制限する規定は設けられていない。（公認会計士法第28条の２、第34条の14の２）平成23年第Ⅱ回本試験　下巻 p. 261

30：【○】　正しい。（公認会計士法第34条の11第２項、公認会計士法施行令第15条第５号）平成23年第Ⅱ回本試験　下巻 p. 251

31：【×】　大会社等に対する継続監査の制限について、筆頭業務執行社員に対する制限が設けられているのは、上場有価証券発行者等に対して大規模監査法人が財務書類の監査証明業務を行う場合である。本肢の場合、７会計期間が上限となる。（公認会計士法第34条の11の４第１項）平成24年第Ⅰ回本試験　下巻 p. 256

32：【×】　業務制限の対象となるのは、監査法人の社員として関与した公認会計士であり、かつ、被監査会社の役員又はこれに準ずる者となった場合である。（公認会計士法第34条の11第１項第３号）平成24年第Ⅰ回本試験　下巻 p. 261

33：【○】　正しい。公認会計士法上の大会社等とは、会社法の大会社のうち、資本の額が100億円以上、又は、最終事業年度の貸借対照表の負債の部に計上した金額の合計額が1,000億円以上の株式会社等のことをいう。そのため、公認会計士法上の大会社等は会社法上の大会社と範囲が異なる。（公認会計士法第24条の２、公認会計士法施行令第８条）平成24年第Ⅰ回本試験　下巻 p. 252

A　34　7会計期間継続して監査を行った監査法人は、その後の2会計期間、当該被監査会社を監査することはできない。

A　35　被監査会社に将来就職することを見込んで監査証明を不当に歪めることを排除するために監査人の就職制限の規定が設けられているが、この場合の制限の対象となる公認会計士は、公認会計士法に定める大会社等の財務諸表監査を実施している監査責任者に限られる。

C　36　監査証明業務に関与した公認会計士は、監査証明上の法的責任の時効が完成するまでの期間、被監査会社及びその連結会社等の役員又はこれに準ずるものに就いてはならない。

C　37　公認会計士が、公認会計士法で定める就職制限会社に該当しない会社の役員に就いている場合で、当該会社が就職制限会社に該当する会社と合併することとなったときには、当該公認会計士は、役員に就任する際に当該合併について知らなかったこと、及び内閣総理大臣の承認を得たことを条件として、合併後に存続する会社の役員に就くことができる。

A　38　公認会計士は、自らの配偶者が株主である会社については、当該会社の財務書類の監査証明業務はできないが、配偶者が相続又は遺贈によって当該会社の株式を取得し、その後1年を経過していない場合においては、その監査証明業務を実施することができる。

A　39　監査法人は、公認会計士法上の大規模監査法人であるか否かにかかわらず、上場有価証券発行者の財務書類について監査証明を行う場合には、連続する5会計期間を超えて同一の筆頭業務執行社員に監査関連業務を行わせてはならない。

A　40　大会社の監査において会計監査人であった公認会計士は、監査役が会計監査人の監査の相当性を確認する立場にあることから、監査を行った事業年度後1年を経過した後であっても、当該会社の監査役に就任することができない。

A　41　ある会社の財務書類について監査法人の行う監査証明業務に社員として関与した公認会計士が、当該財務書類に係る会計期間又はその翌会計期間内に、その被監査会社の連結会社の役員となった場合、当該監査法人は当該期間に係る被監査会社の監査証明業務を行うことはできない。

Personal-Date-Check

34:【×】 監査法人に課されるローテーション制度は、監査関連業務を行った社員に対してのものであり、監査法人自体の交代は求められていない。(公認会計士法第 34 条の 11 の３) 平成 24 年第Ⅰ回本試験　下巻 p. 255

35 :【×】 監査人の就職制限の対象となる公認会計士は、大会社等の財務諸表監査を実施しているか否かにかかわらず、監査業務を行った監査責任者のすべてが対象となる。(公認会計士法第 28 条の２、独立性に関する法改正対応解釈指針第７号１、６（１）①) 平成 24 年第Ⅰ回本試験　下巻 p. 261

36 :【×】 監査証明業務に関与した公認会計士の就職制限は、当該監査証明の対象となった財務書類に係る会計期間の翌会計期間の終了の日までの間に関するものであり、時効に関する定めはない。(公認会計士法第 28 条の２) 平成 26 年第Ⅰ回本試験

37 :【○】 正しい。(独立性に関する法改正対応解釈指針第７号８②) 平成 27 年第Ⅰ回本試験

38 :【○】 正しい。(公認会計士法施行令第７条第１項第４号) 平成 27 年第Ⅱ回本試験　下巻 p. 250

39 :【×】 ローテーション制度のうち、連続する５会計期間を超えて、同一の筆頭業務執行社員に上場会社等に対する監査関連業務を行わせてはならないのは、大規模監査法人においてである。(公認会計士法第 34 条の 11 の４第１項) 平成 28 年第Ⅰ回本試験　下巻 p. 256

40 :【×】 公認会計士は、監査業務を提供した会社について、監査業務を提供した会計期間の翌会計期間の終了の日までの間は、当該会社の役員等になることはできない。このため、監査を行った事業年度後１年を経過した後に、当該会社の監査役に就任することができないとするのは誤りである。(公認会計士法第 28 条の２) 平成 23 年第Ⅱ回本試験　下巻 p. 261

41 : 【○】 正しい。(公認会計士法第34条の11第１項第３号) 平成31年第Ⅰ回本試験改題　下巻p. 261

A　42　公認会計士法に定める大規模監査法人では、業務執行社員のみではなく、監査証明業務の審査に関与し、最も重要な責任を有する者もローテーションの対象となる。

A　43　財務諸表監査には、財務諸表とそのもととなった会計処理を批判的に検討する機能及び当該会計処理に対し助言する機能があるが、被監査会社の会計システムの構築支援を行うことは、後者の機能に該当する。

A　44　大規模監査法人ではない監査法人による、大会社等に対する監査業務の主要な担当社員等は、累積して７会計期間関与した後、必要なクーリングオフ期間を設けなければならない。筆頭業務執行責任者として累積して７会計期間関与した場合には、その後連続する５会計期間（ただし最短でも２年間）が必要なクーリングオフ期間である。

A　45　大規模監査法人ではない監査法人による、大会社等に対する監査業務の主要な担当社員等は、累積して７会計期間関与した後、必要なクーリングオフ期間を設けなければならない。監査業務に係る審査を行う者として累積して７会計期間関与した場合には、その後連続する２会計期間（ただし最短でも２年間)が必要なクーリングオフ期間である。

A　46　大規模監査法人ではない監査法人による、大会社等に対する監査業務の主要な担当社員等は、累積して７会計期間関与した後、必要なクーリングオフ期間を設けなければならない。その他の監査業務の主要な担当社員等として累積して７会計期間関与した場合には、その後連続する２会計期間（ただし最短でも２年間）が必要なクーリングオフ期間である。

A　47　大規模監査法人ではない監査法人による、大会社等に対する監査業務において、７会計期間を連続して関与せずに、累積した７会計期間の範囲内で、一旦関与を外れ、再度関与する場合には、定められたクーリングオフ期間以上の期間について連続して関与を外れなかったとしても、再度関与した期間は１会計期間目の関与となる。

A　48　大規模監査法人において、上場会社の監査証明業務を行う筆頭業務執行社員は、連続した5 会計期間の監査証明業務の後、当該上場会社の監査関連業務には5 会計期間の経過後でなければ従事できないが、審査に最も重要な責任を有する者はこの限りでない。

A　49　財務諸表監査の目的は、企業が公表する財務諸表に信頼性を付与することにあるため、監査人は、被監査企業から監査上の報酬を得ることを含め、当該企業に対して利害関係を持つことは基本的に禁止されている。

42：【○】　正しい。(公認会計士法第34条の11の4、同施行規則第23条第2号) 平成30年第Ⅱ回本試験　下巻 p. 255

43：【×】　被監査会社の会計システムの構築支援は、監査証明業務において果たされる、会計処理に対し助言する機能を超えるものであり、非監査証明業務に該当する。(独立性に関する法改正対応解釈指針第4号第5項 (2) ①) 平成31年第Ⅱ回本試験　下巻 p. 254

44：【○】　正しい。筆頭業務執行責任者は、5会計期間がクーリングオフ期間である。なお、筆頭業務執行責任者とは、監査業務の業務執行責任者のうち、その事務を統括する者として監査報告書の筆頭に署名する者1名をいう。(倫理規則 R540.5・11項)　下巻 p. 256

45：【×】　監査業務に係る審査を行う者のクーリングオフ期間は、3会計期間である。(倫理規則 R540.5・12項)　下巻 p. 256

46：【○】　正しい。その他の監査業務の主要な担当社員等のクーリングオフ期間は、2会計期間である。(倫理規則 R540.5・13項)　下巻 p. 256

47：【×】　7会計期間連続して関与せずに、累積した7会計期間の範囲内で、一旦関与を外れ、再度関与する場合には、必要なクーリングオフ期間以上の期間について連続して関与を外れない限り、再度関与した期間は1会計期間目の関与とはならない。例えば、筆頭業務執行責任者として4会計期間関与した者がその後3会計期間関与を外れた場合、同じ監査業務に対して、更に3会計期間だけ監査業務の主要な担当社員等として関与することができる (累積して7会計期間の関与期間となる。)。(倫理規則第540.6 A1項)　下巻p. 258、259

48：【×】　筆頭業務執行社員だけでなく、審査に最も重要な責任を有する者も本肢のローテーションの対象となる。(公認会計士法第34条の11の4第1項、公認会計士法施行令第19・20条) 令和2年第Ⅰ回本試験　下巻p. 256

49：【×】　監査報酬は、被監査会社から受領するものであり、そのような利害関係を有することまで禁止されているわけではない。令和2年第Ⅰ回本試験　下巻p. 290参照

第３節　監査人の法的責任

A　1　無限責任監査法人は、特定の証明について、一人又は数人の業務を担当する社員（特定社員を除く）を指定することができる。

A　2　有限責任監査法人は、当該有限責任監査法人の行うすべての証明について、各証明ごとに一人又は数人の業務を担当する社員（特定社員を除く）を指定しなければならない。

A　3　有限責任監査法人が行う証明業務は全て特定証明であり、特定証明について業務を執行する権利を有し義務を負う者は、指定有限責任社員のみである。

A　4　有限責任監査法人において、業務を担当する社員が指定されない証明があった場合には、当該証明について、特定社員を除く全社員が指定されたとみなされる。

A　5　同一の監査法人を構成する社員として、有限責任社員と無限責任社員の両者が混在する場合がある。

A　6　監査人の被監査会社に対する損害賠償責任は、通常、不法行為に基づくものであり、第三者に対する損害賠償責任は、債務不履行に基づくものである。

A　7　金融商品取引法監査や会社法会計監査人監査に関して訴訟を提起された場合、監査人は、正当な注意を払って監査業務を遂行していないということを利害関係者から立証されない限りその任務を果たしていることになる。

A　8　内閣総理大臣による公認会計士に対する懲戒処分は、戒告、１年以内の業務の停止、登録の抹消の三種である。

A　9　公認会計士が、相当の注意を怠り、重大な虚偽、錯誤又は脱漏のある財務書類を重大な虚偽、錯誤及び脱漏のないものとして証明した場合には、内閣総理大臣は、戒告又は２年以内の業務の停止の処分をすることができる。

Personal-Date-Check

第３節　監査人の法的責任

１：【○】　正しい。（公認会計士法第34条の10の４第１項）　下巻p. 245

２：【○】　正しい。（公認会計士法第34条の10の５第１項）　下巻p. 245

３：【○】　正しい。（公認会計士法第34条の10の５第１・２項）平成30年第Ⅰ回本試験　下巻p. 244

４：【○】　正しい。（公認会計士法第 34 条の 10 の５第１・５項）平成 21 年本試験　下巻 p. 245

５：【×】　有限責任監査法人は、その社員の全部が有限責任社員であり、無限責任監査法人は、その社員の全部が無限責任社員である。（公認会計士法第１条の３第４・５項）平成30年第Ⅰ回本試験　下巻p. 242

６：【×】　被監査会社に対する損害賠償責任は、債務不履行又は不法行為に基づくものであり、第三者に対する損害賠償責任は、不法行為に基づくものである。　上巻p. 51

７：【×】　監査人自ら立証しなければならない

金融商品取引法や会社法は、第三者を保護するためにいわゆる挙証責任の転換を図っている。つまり監査人は、正当な注意を払って監査を実施したことを自らが立証しなければならないのである。（金融商品取引法第21条第２項第２号、会社法第429条第２項）　上巻p. 51

８：【×】　１年以内　→　２年以内

三種の懲戒処分のうち、業務停止の処分については、１年以内ではなく２年以内の業務の停止である。（公認会計士法第29条）　下巻p. 262

９：【○】　正しい。（公認会計士法第30条第２項）　下巻p. 262

A　10　公認会計士法に基づく、内閣総理大臣からの監査法人への行政処分には、戒告、業務管理体制の改善命令、２年以内の期間を定めての業務の全部若しくは一部の停止、解散の処分がある。

A　11　公認会計士が、守秘義務に違反した場合、当該公認会計士は、内閣総理大臣により懲戒処分を下される場合がある。

A　12　公認会計士が、故意に、虚偽、錯誤又は脱漏のある財務書類を虚偽、錯誤及び脱漏のないものとして証明した場合、原則として、内閣総理大臣は、当該公認会計士に対して課徴金納付命令を出すことになる。この場合の課徴金は、監査報酬相当額の２倍に相当する額である。

A　13　特定社員に対する処分には、戒告、監査法人の業務を執行し、監査法人の意思決定に関与し、又は補助者として監査法人の業務に従事することの２年以内の禁止及び登録の抹消の処分がある。

A　14　公認会計士が、著しく不当と認められる業務の運営を行った場合に、登録の抹消という処分が下されることがある。

A　15　公認会計士が、故意に、虚偽のある財務書類を虚偽のないものとして証明した場合には、内閣総理大臣は、2年以内の業務の停止又は登録の抹消の処分をすることができる。

A　16　監査法人の社員が、虚偽の財務書類を虚偽のないものとして証明した場合、正当な注意を行使したと認められる場合であっても、内閣総理大臣は、当該監査法人に対して、監査証明業務を行った期間の監査報酬額に相当する課徴金を国庫に納付するよう命令することができる。

A　17　監査法人の社員が故意に虚偽の財務書類を虚偽のないものとして証明した場合には、内閣総理大臣は、当該業務に重大な責任を有する社員に対して、２年間の範囲内において、当該監査法人の業務の全部又は一部に関与することを禁止することができる。

A　18　監査業務が懲戒処分の対象となった場合において、監査法人に対する処分が下されたときには、当該業務に関与した社員に対して、併せて処分が下されることはない。

Personal-Date-Check

10：【○】　正しい。（公認会計士法第34条の21第２項）　下巻p. 263

11：【○】　正しい。（公認会計士法第31条）　下巻p. 262、267

12：【×】　２倍　→　1. 5倍

公認会計士が故意に虚偽の監査証明を行った場合の課徴金の額は、監査報酬相当額の1. 5倍に相当する額である。また、公認会計士が相当の注意を怠り、虚偽の監査証明をした場合には、監査報酬相当額が課徴金の額とされる。（公認会計士法第31条の２第１項第１・２号）　下巻p. 265

13：【○】　正しい。（公認会計士法第34条の10の17第１項）　下巻p. 263

14：【×】　登録の抹消という処分は下されない。

公認会計士が、著しく不当と認められる業務の運営を行った場合には、戒告又は２年以内の業務の停止のいずれかの処分が下される可能性がある。（公認会計士法第31条第２項）　下巻p. 262

15：【○】　正しい。（公認会計士法第29条第２・３号、第30条第１項）平成31年第Ｉ回本試験　下巻p. 262

16：【×】　正当な注意を払った場合には課徴金納付命令がなされることはない

内閣総理大臣が監査法人に対して監査報酬額に相当する課徴金を国庫に納付するように命令することになるのは、正当な注意を払わずに虚偽の監査証明を行った場合である。（公認会計士法第31条の２第１項第２号、第30条第２・３項）　平成22年第Ｉ回本試験　下巻p. 265

17：【○】　正しい。（公認会計士法第34条の21第３項）　平成22年第Ｉ回本試験　下巻p. 263、264

18：【×】　併せて処分が下されることがある

監査業務が懲戒処分の対象となった場合、監査法人と当該業務に関与した社員に対して併せて処分が下されることもある。（公認会計士法第34条の21第６項）　平成22年本試験第Ｉ回　下巻p. 263、264

C　19　懲戒処分を受けた監査法人が合併により消滅した場合にも、懲戒処分の内容と期間は、存続法人に承継される。

C　20　内閣総理大臣は、懲戒処分を行うに当たって、公認会計士・監査審査会による意見を聴いた上で、その勧告に基づいて聴聞を行うかどうかを決定しなければならない。

A　21　有限責任監査法人は、無限責任監査法人に比べて監査法人の責任は緩和されたが、社員個人の責任は強化されたといえる。

A　22　無限責任監査法人において指定社員制度が採用されている場合、被監査会社との関係において当該会社の監査を担当する指定社員のみが無限責任を負うが、当該指定社員が虚偽の監査証明により第三者に損害を与えた場合には、監査法人の全社員が第三者に対して無限責任を負う。

A　23　被監査会社に対して監査法人の社員が負う損害賠償責任は、無限責任監査法人における指定社員の指定証明に係る場合と、有限責任監査法人における指定有限責任社員の特定証明に係る場合とでは同一である。

A　24　有限責任監査法人において、特定証明に関して負担することとなった当該監査法人の債務については、まず最初に当該特定証明に係る指定有限責任社員が連帯してその弁済の義務を負う。

A　25　公認会計士法においては、公認会計士・監査審査会の設置を規定し、同審査会の権限の一つとして、公認会計士、外国公認会計士及び監査法人に対する懲戒処分を定めている。

B　26　公認会計士法においては、公認会計士の虚偽又は不当な証明の事実がある場合には、株主や債権者の利害関係者に限定することなく、何人からも内閣総理大臣に対して当該事実に関する適当な措置を要求することのできる旨が定められている。

Personal-Date-Check

19：【○】　正しい。（公認会計士法第34条の19第４項）　平成22年第Ⅰ回本試験

20：【×】　内閣総理大臣は聴聞を行った後に、公認会計士・監査審査会の意見を聞く。（公認会計士法第32条第５項、同第35条第２項第２号）平成22年第Ⅰ回本試験

21：【×】　有限責任監査法人は、無限責任監査法人に比べて監査法人の責任が緩和されるということはない。また、有限責任監査法人の社員は、原則として出資の価額（既に有限責任監査法人に対し履行した出資の価額を除く。）を限度として有限責任監査法人の債務を弁済する責任を負うのであるから、社員個人の責任が強化されたとはいえないため誤りである。（公認会計士法第 34 条の 10 の６第７項）平成 23 年第Ⅰ回本試験　下巻 p. 246、247

22：【○】　正しい。（公認会計士法第 34 条の 10 の６第１・４項）平成 24 年第Ⅰ回本試験　下巻 p. 246

23：【○】　正しい。（公認会計士法第 34 条の 10 の６第４・５・８・９項）平成 24 年第Ⅱ回本試験　下巻 p. 246・247

24：【×】　有限責任監査法人において、特定証明に関して負担することとなった当該監査法人の債務については、まず有限責任監査法人の財産から弁済し、有限責任監査法人の財産で完済できなかった場合に、指定有限責任社員が連帯して弁済の責任を負うことになる。（公認会計士法第 34 条の 10 の６第８・９項）平成 24 年第Ⅱ回本試験　下巻 p. 247

25：【×】　公認会計士・監査法人に対する懲戒処分等の権限を持つのは、公認会計士・監査審査会ではなく内閣総理大臣であり、公認会計士・監査審査会は、当該処分に関する事項を調査審議すること及び当該処分その他の措置について内閣総理大臣に勧告する等の権限を有しているが、懲戒処分を下すことはできない。（公認会計士法第 30・31 条、第 34 条の 21 第１～３項、第 35 条第２項第１・２号）平成 24 年第Ⅱ回本試験　下巻 p. 267

26：【○】　正しい。（公認会計士法第 32 条第１項）平成 24 年第Ⅱ回本試験

A　27　公認会計士が著しく不当と認められる業務運営を行った場合には、虚偽又は不当の証明をした場合の懲戒処分と同じ処分が行われる。

A　28　公認会計士が虚偽又は不当の証明を行ったことによる処罰としては、懲戒処分のみが行われる場合、課徴金納付命令のみが行われる場合、懲戒処分と課徴金納付命令のいずれも行われる場合がある。

C　29　監査法人は、業務停止を命じられた場合、その期間の経過前に清算されたときでも、当該処分の手続が結了するまで存続するものとみなされる。

A　30　公認会計士法に違反した事実により、監査法人が処分される場合において、当該監査法人の特定社員につき、公認会計士法違反の事実があるときは、当該特定社員に対しても登録抹消の処分が行われることがある。

C　31　公認会計士が、故意に、虚偽、錯誤又は脱漏のある財務書類を虚偽、錯誤及び脱漏のないものとして証明した場合で、内閣総理大臣によって登録抹消の処分を受けたときであっても、処分の日から所定の期間が経過し、内閣総理大臣の認可を受けた者は、公認会計士として再登録することができる。

A　32　公認会計士に課される課徴金の金額は、看過した虚偽表示によって財務諸表利用者が被ったと推計される経済的損失の総額ではなく、監査報酬相当額を基準として算出される。

A　33　監査法人は、社員の全部が有限責任社員であっても、その名称中に有限責任という文字を使用する必要はない。

A　34　無限責任監査法人における指定証明に関して、被監査会社等に対して負担することとなった当該法人の債務を、当該法人の財産をもって完済することができないときは、指定社員が連帯してその弁済の責任を負う。

A　35　無限責任監査法人が、特定の証明について、1 人又は数人の業務を担当する社員を指定したときには、指定を受けた社員のみが業務を執行する権利を有し、義務を負う。

Personal-Date-Check

27：【×】　公認会計士が著しく不当と認められる業務運営を行った場合には、戒告又は２年以内の業務の停止という懲戒処分がなされるが、虚偽又は不当の証明を行った場合には、故意であるのか又は相当の注意を怠ったのかにより異なるが、戒告、２年以内の業務の停止又は登録の抹消という懲戒処分が下されるため、同じ処分が行われるわけではない。（公認会計士法第 30 条、第 31 条第２項）平成 25 年第Ⅰ回本試験　下巻 p. 262

28：【○】　正しい。（公認会計士法第 31 条の２第２項）平成 25 年第Ⅰ回本試験　下巻 p. 262～265

29：【○】　正しい。（公認会計士法第 34 条の 21 第５項）平成 25 年第Ⅰ回本試験

30：【○】　正しい。（公認会計士法第 34 条の 21 第７項）平成 25 年第Ⅰ回本試験　下巻 p. 264

31：【×】　公認会計士が、登録抹消の処分を受けた場合であっても、一定の期間が経過すれば公認会計士として再登録することができる。しかし、その際に、内閣総理大臣の認可が必要であるという規定は存在しない。平成 27 年第Ⅰ回本試験

32：【○】　正しい。（公認会計士法第 31 条の２第１項）平成 31 年第Ⅱ回本試験　下巻 p. 265

33：【×】　社員全員が有限責任社員であるということは、有限責任監査法人であることを意味するため、当該監査法人は、その名称中に有限責任という文字を使用しなければならない。（公認会計士法第 34 条の３第２項）平成 28 年第Ⅰ回本試験　下巻 p. 266

34：【○】　正しい。（公認会計士法第 34 条の 10 の６第４項）平成 29 年第Ⅰ回本試験　下巻 p. 246

35：【○】　正しい。（公認会計士法第 34 条の 10 の４第１項）平成 28 年第Ⅰ回本試験　下巻 p. 244

B　36　監査法人の社員が、故意により、虚偽、錯誤又は脱漏のある財務書類を虚偽、錯誤及び脱漏のないものとして証明した場合、当該監査法人は公認会計士法違反により刑事責任を問われることがある。

C　37　公認会計士が、故意に、脱漏のある財務書類を脱漏のないものとして証明した場合に該当する事実があると思料される場合において、内閣総理大臣に対し、その事実を報告し、適当な措置をとるべきことを求めることができるのは、当該財務書類を利用した投資家に限られる。

A　38　公認会計士が、故意に、虚偽のある財務書類を虚偽のないものとして証明した場合において、財務書類に係る虚偽が当該財務書類全体の信頼性に与える影響が比較的軽微であると認められるときには、当該公認会計士に課徴金の納付が命じられないことがある。

B　39　日本公認会計士協会は、会員である公認会計士が、相当の注意を怠り、重大な虚偽、錯誤又は脱漏のある財務書類を重大な虚偽、錯誤及び脱漏のないものとして証明した事実があると認めたときは、内閣総理大臣に対し、その事実を報告しなければならない。

B　40　有限責任監査法人は、特定証明に係る業務において指定有限責任社員を指定し、かつ証明を受けようとする者にその指定を通知する。この場合、指定を受けていない社員が補助者として特定証明に係る業務に関与したとき、当該社員は、指定有限責任社員と同一の責任を負わなければならない。

A　41　監査法人は、当該監査法人の公認会計士である社員以外の者に監査証明業務を行わせ、監査報告書の筆頭に署名させてはならない。

A　42　公認会計士法は、制定当初より監査及び会計の専門家として、公認会計士の使命及び職責を定めており、当該規定は監査法人にも準用されている。

A　43　特定社員にも守秘義務があり、特定社員でなくなった後も解除されることはない。

Personal-Date-Check

36：【×】　監査法人の刑事責任を問える規定は存在しない。平成 29 年第Ⅰ回本試験

37：【×】　公認会計士が、故意又は相当の注意を怠って虚偽の監査証明を行った場合には、「何人も」、すなわち誰であっても適当な措置をとるべきことを求めることができる。（公認会計士法第 32 条第１項）平成 28 年第Ⅱ回本試験

38：【○】　正しい。（公認会計士法第 34 条の 21 の２第２項第１号）平成 28 年第Ⅱ回本試験　下巻 p. 265

39：【○】　正しい。（公認会計士法第 46 条の 10）

40：【×】　指定を受けていない社員が指定の前後を問わず指定証明に係る業務に関与したときは、当該社員は、その関与に当たり注意を怠らなかったことを証明した場合を除き、指定社員と同一の責任を負う。ただし、上記の「関与」とは、指定有限責任社員の行為と同一視できる程度の、特定証明に係る業務に実質的なかかわりを持つことであると解されるため、補助者として関与した場合は、必ずしも同一の責任を負うとは限らないと言える。（公認会計士法第 34 条の 10 の６第 10 項、有限責任監査法人制度に関するＱ＆Ａ　Ｑ６）令和２年第Ⅰ回本試験　下巻 p. 247

41：【○】　正しい。（財務諸表等の監査証明に関する内閣府令第４条第１項、公認会計士法第 34 条の 10 の３第１項）令和２年第Ⅰ回本試験　下巻 p. 244、267

42：【×】　公認会計士法における公認会計士の使命及び職責は、監査法人にも準用されるが、公認会計士法の制定当初から定められていたものではない。（公認会計士法第 34 条の２の２第２項）令和２年第Ⅱ回本試験　下巻 p. 241

43：【○】　正しい。（公認会計士法第34条の10の16）平成21年本試験　下巻p. 267

B　44　有限責任監査法人において、登録の義務、財政的基盤及びディスクロージャーの充実が求められているのは、特定証明に係る指定有限責任社員以外の社員の責任が限定され、軽減されていることによる。

B　45　監査法人に対して課徴金制度が導入されたのは、従前の懲戒処分では、監査証明業務の停止等によって、善意の被監査会社に不当な負担を課すことになるためである。

A　46　有限責任監査法人において、虚偽の監査証明によって第三者に損害を与えた場合には、当該監査証明を行った社員が無限連帯責任を負う。

B　47　無限責任監査法人において、指定社員制度を採用する場合、全ての監査証明業務に当該制度を採用しなければならず、受嘱した監査証明業務ごとに特定して、一部の被監査会社のみに対して当該制度を採用することはできない。

A　48　監査法人における特定社員は、監査証明業務を執行する権利を有さず、義務も負わないが、非監査証明業務については、当該業務を執行する権利を有し、義務を負う。

A　49　特定社員が被監査会社と特定の利害関係を有する場合には、監査法人に対して監査証明業務の制限が課せられているが、特定社員には競業禁止の義務は課せられていない。

B　50　監査人の独立性は、監査業務の主要な担当者の長期間の関与によって生じる馴れ合いによって阻害される可能性があり、それに対する対処の例として、主要な担当者のローテーションやより深度のある監査業務の審査の実施が挙げられる。

B　51　主要な担当者が同一の監査業務に長期間にわたって関与した場合、独立性を阻害する馴れ合い及び自己利益を生じさせてしまうことがあるため、監査事務所は、全ての監査業務において、監査責任者及び審査担当者を一定期間でローテーションさせなければならない。

44：【○】　正しい。（公認会計士法第 34 条の 10 の６第８項）令和２年第Ⅱ回本試験

45：【○】　正しい。監査法人に対する業務の停止という処分は、重要な行政処分ではあるが、業務が停止することによる被監査会社への影響が問題視された。そこで、監査法人の責任を追及する手段の一つとして、課徴金納付制度が導入されることとなったのである。令和２年第Ⅱ回本試験

46：【○】　正しい。（公認会計士法第 34 条の 10 の６第８項）令和２年第Ⅱ回本試験　下巻 p. 247

47：【×】　無限責任監査法人においては、特定の証明について指定証明（指定社員）制度を適用することができる。そのため、全ての監査証明業務に当該制度を採用しなければならないというのは誤りである。（公認会計士法第 34 条の 10 の４第１・２項）令和２年第Ⅱ回本試験

48：【○】　正しい。（公認会計士法第 34 条の 10 の２第１・２項）令和２年第Ⅱ回本試験　下巻 p. 244

49：【×】　社員の競業禁止の義務は、特定社員を含むすべての社員に課せられる。（公認会計士法第 34 条の 14 第１・２項）令和２年第Ⅱ回本試験　下巻 p. 245

50：　【○】　正しい。平成 30 年第Ⅱ回本試験改題　下巻 p. 279 参照

51：　【×】　監査事務所が監査責任者、審査担当者及び該当する場合にはローテーションの対象となるその他の者について一定期間でローテーションさせなければならない監査業務は、全ての監査業務ではなく、大会社等の監査業務についてである。（品質管理基準委員会報告書第 1 号第 24 項）平成 31 年第Ⅰ回本試験　下巻 p. 255

第13章
職業倫理

第１節　監査人の職業倫理

A　1　公認会計士の使命は、監査及び会計の専門家として独立した立場において財務情報の信頼性を確保することにより、国民経済の健全な発展に寄与することであるが、公認会計士は、個々の依頼人や雇用主の要請を満たすだけでは社会から期待された当該使命を果たすことはできない。

A　2　会員（日本公認会計士協会の会員及び準会員をいう、以下同じ）の使命は、国民経済の健全な発展に寄与することであり、個々の依頼人や雇用主の要請を満たすことではない。

B　3　会員は、倫理規則を遵守して行動する必要があるが、倫理規則に規定されていない事項についてまで、その制定の趣旨に照らして行動する必要はない。

A　4　会員は、いかなる場合でも誠実に行動しなければならない。

A　5　会員は、重要な虚偽又は誤解を招く情報であると認識しながら、報告、回答、コミュニケーション又はその他の情報に関与してはならない。仮に、このような情報に対して、修正するよう対応したとしても、規定に反することになる。

A　6　会員は、基本原則の遵守を阻害する要因の重要性の程度の高低にかかわらず、セーフガードを適用して、その重要性の程度を許容可能な水準にまで軽減しなければならない。

A　7　倫理規則における第三者テストとは、合理的な判断を行うことができる会員以外の第三者に依頼し、判断を求めることをいう。

Personal-Date-Check

第１節　監査人の職業倫理

１：【○】　正しい。（倫理規則第１項）平成30年第Ⅰ回本試験　下巻p. 270

２：【×】　会員の使命は、国民経済の健全な発展に寄与することとされているが、個々の依頼人や雇用主の要請を満たすことを疎かにすることが認められているわけではない。（倫理規則第１項）下巻p. 270

３：【×】　会員は、倫理規則を遵守して行動することはもとより、倫理規則に定められていない事項についても、その制定の趣旨を正しく理解して行動しなければならない。（倫理規則第１項）　下巻p. 270

４：【○】　正しい。会員は、常に誠実に行動しなければならない。（倫理規則Ｒ111. 1項）　下巻p. 273

５：【×】　修正するよう適切な対応をすれば、規定に違反することにはならない

前半は正しい。しかし、そのような報告、回答、コミュニケーション又はその他の情報に関して、確実に情報を修正するよう適切な対応をとるならば、会員は、規定に違反しない。（倫理規則Ｒ111. 2項、第111. 2 A1項）　下巻p. 273

６：【×】　重要性の程度が許容できる水準以下の場合は対応が求められない

基本原則の遵守を阻害する要因の重要性の程度が、許容できる水準ではないと評価された場合、阻害要因を除去するか、セーフガードを適用してその重要性の程度を許容可能な水準にまで軽減しなければならない。（倫理規則R120. 10項）　下巻p. 279

７：【×】　第三者に実際に判断をしてもらうわけではない

倫理規則における第三者テストとは、第三者的な観点で検討することを求めるものであり、実際に会員以外の他の第三者に判断してもらうわけではない。（倫理規則第120. 5 A6項）　下巻p. 280

A　8　会計事務所等所属の会員は、セカンド・オピニオンの依頼人が現任会員と協議することに同意しない場合には、意見を提供してはならない。

A　9　勧誘が、社会通念上許容される範囲を超える場合、阻害要因の水準に与える影響は余りに大きく、いかなるセーフガードを適用しても、阻害要因を許容可能な水準にまで軽減することはできない。

A　10　会計事務所等所属の会員が、他の者よりも低い報酬を提示することは認められない。

A　11　会計事務所等所属の会員は、保証業務に限り紹介手数料の授受が認められる。

A　12　会計事務所等は、監査業務に関連して、直接的又は間接的に成功報酬を請求してはならない。

A　13　成功報酬に基づいて非保証業務を受嘱した場合、客観性の原則の遵守を阻害する要因が生じる可能性があり、その阻害要因の重要性は、セーフガードにより軽減することができない。

A　14　社会的影響度の高い事業体である監査業務の依頼人に対する報酬の依存度が２年連続して15%を超える場合、当該依頼人と３年目以降の監査業務の契約を締結することはできない。

A　15　長期関与により生じる馴れ合い及び自己利益という阻害要因を除去し得る対応策の例には、担当者をローテーションにより監査業務チームから外すことが考えられる。

Personal-Date-Check

□ □ □

8：【×】　すべての状況をより慎重に判断し、意見を提供することが適切か否かを決定する

会計事務所等所属の会員は、セカンド・オピニオンの依頼人が現任会員と協議することに同意しない場合には、すべての状況をより慎重に判断し、セカンド・オピニオンを提供することが適切か否かを決定しなければならない。（倫理規則R321.4項）　下巻p.286

9：【○】　正しい。（倫理規則第340.11 A2JP項）　下巻p.288

10：【×】　低い報酬を提示すること自体が直ちに問題になるわけではない

会計事務所等所属の会員が他の者よりも低い報酬を提示すること自体は、直ちに倫理上の問題が生じるとはいえない。しかし、正当な根拠に基づかない低廉な報酬見積額の提示は、適用される技術的及び職業的専門家としての基準に従って専門業務を実施することが困難となることが考えられることから、職業的専門家としての能力及び正当な注意の原則の遵守に対する自己利益という阻害要因が生じる。（倫理規則R330.3 A2項）　下巻p.290

11：【×】　保証業務に関する紹介手数料の授受は認められない

会計事務所等所属の会員は、保証業務を紹介し、又は紹介されたことに関して、紹介手数料その他当該業務から生じる報酬若しくはその他の対価を受領し、又は支払ってはならない。（倫理規則R330.5 JP項）　下巻p.292

12：【○】　正しい。（倫理規則R410.9項）　下巻p.293

13：【×】　セーフガードを適用することによって除去又は軽減できる

成功報酬は、特定の状況において、基本原則の遵守を阻害する要因を生じさせ、特に客観性の原則の遵守に対する自己利益という阻害要因を生じさせる可能性がある。しかし、対価の算定基準をあらかじめ書面の形で依頼人と合意しておく等のセーフガードにより、阻害要因の重要性の程度を軽減することができる。（倫理規則第330.4 A1、A3項）　下巻p.293

14：【×】　契約を締結できる

本肢の状況においては、セーフガードの検討及び実施をしなければならないが、3年目以降監査業務の契約を締結できないわけではない。（倫理規則R410.18項）　下巻p.294

15：【○】　正しい。（倫理規則第540.3 A5項）平成30年第Ⅱ回本試験類題　下巻p.279

第２節　秘密の保持義務

Ａ　1　監査人には守秘義務が求められているが、訴訟手続の過程で文書を作成し又は証拠を提出する場合や品質管理レビューに応じる場合は、守秘義務が解除される要件に該当する。

Ａ　2　公認会計士は、訴訟手続において自らの職業上の利益を擁護するときであっても、依頼人から守秘義務の解除の了解が得られない場合は、守秘義務を保持しなければならない。

Ａ　3　監査人は、業務上知り得た秘密を正当な理由なく他に漏らしてはならないが、この正当な理由には、日本公認会計士協会による品質管理レビューや公認会計士・監査審査会の立入検査を受ける場合も含まれる。

Ａ　4　公認会計士は、依頼人である被監査会社から得た秘密に対しては守秘義務を負うが、潜在的な依頼人及び雇用主である所属監査法人から得た秘密に対しては守秘義務を負わない。

Ｂ　5　監査人の交代に当たって、監査人予定者への監査業務の引継は正当な理由に該当するため、前任監査人は自らの判断において守秘義務を解除することができる。

Ａ　6　守秘義務の対象となる業務上知り得た秘密には、監査人が担当した被監査会社に関する秘密のみならず、監査事務所内で入手した、自らが監査を行っていない会社に関する秘密も含まれる。

Ａ　7　監査人は、守秘義務に違反することのないよう、日常生活においても注意を払い、特に違反の自覚なく家族や近親者に対して秘密を漏えいしないように十分留意しなければならない。

Ａ　8　公認会計士の守秘義務は、監査人として監査業務上知り得た秘密全般に及ぶが、監査業務以外の専門業務についてはその限りではない。

Ａ　9　公認会計士は、使用人、その他の従業者、及び公認会計士の求めに応じて助言・支援を行う者にも守秘義務を遵守させなければならない。

第２節　秘密の保持義務

１：【○】　正しい。（倫理規則第114.1 A1項）平成19年本試験　改題　下巻p.275

２：【×】　訴訟手続において自らの職業上の利益を擁護する場合には、守秘義務は解除される。（倫理規則第114.1 A1項）平成23年第Ⅰ回本試験　下巻p.275

３：【○】　正しい。（倫理規則第114.1 A1項）平成26年第Ⅰ回本試験　下巻p.275

４：【×】　会員は、潜在的な依頼人及び雇用主である所属監査法人から得た秘密についても守秘義務を負う。（倫理規則R114.1項）平成27年第Ⅱ回本試験　下巻p.275

５：【×】　自らの判断のみで解除できるわけではない
監査人の交代に当たっての前任監査人からの引継ぎの場合には、関係者間の合意を得るなどにより、守秘義務の解除を図る必要がある。（監査基準の改訂について（平成14年）三２（７））平成22年第Ⅱ回本試験

６：【○】　正しい。業務上知り得た秘密には、監査人が、会計事務所等から知り得た秘密が含まれる。「監査事務所内で入手した」秘密は、「会計事務所等から知り得た」秘密のため、正しい肢となる。（倫理規則 R114.1 項）平成 22 年第Ⅱ回本試験　下巻 p. 275

７：【○】　正しい。（倫理規則R114.1項）平成27年第Ⅱ回本試験　改題　下巻p.275

８：【×】　公認会計士の守秘義務は、監査業務のみならず監査以外の専門業務についても及ぶ。（倫理規則 R114.1 項）平成 23 年第Ⅰ回本試験　下巻 p. 275

９：【○】　正しい。（倫理規則R114.1項）平成20年本試験　下巻p.275

A　10　会員は、業務上知り得た秘密を利用してはならないが、業務上知り得た秘密を利用しているのではないかという外観を呈するかどうかについて留意する必要はない。

A　11　守秘義務は、公認会計士が監査法人を退職し、依頼人又は当該監査法人との関係が終了した後も解除されない。ただし、公認会計士が所属する監査法人を変更した場合に、以前の経験を活かすこと、及び業務上知り得た秘密を利用することは守秘義務違反とはならない。

A　12　監査人は、業務上知り得た秘密に関する守秘義務が解除されている場合でも、当該秘密の開示に当たって第三者も含めた利害関係者の利益が不当に損なわれるおそれがないかどうかを考慮しなければならない。

B　13　監査人は業務上知り得た秘密を正当な理由なく他に漏らしてはならないが、同一の監査事務所内における監査業務の審査担当者に対しては、守秘義務を解除する手続は必要ない。

B　14　親子会社で監査人が異なる場合、親会社の監査人が子会社の監査人から秘密を入手することは、監査業務の充実に関連することであり、そのような場合には守秘義務の解除を図る必要がある。

C　15　監査人は、守秘義務に違反した場合には日本公認会計士協会による懲戒処分の対象となるだけでなく刑事罰の対象ともなり得るが、告訴がなければ刑事責任を問われることはない。

Personal-Date-Check

10：【×】　利用しているのではないかという外観についてまで留意する必要がある
　会員は、業務上知り得た秘密を利用しているのではないかという外観を呈することがないよう留意しなければならない。（倫理規則R114.1 JP項）　下巻p.275

11：【×】　会員が所属する組織を変えた場合、以前の経験を活かすことは否定されないが、業務上知り得た秘密を利用したり漏洩したりしてはならない。（倫理規則R114.1・2項）平成27年第Ⅱ回本試験　下巻p.275、276

12：【○】　正しい。（倫理規則第114.1 A2項）平成30年第Ⅰ回本試験　下巻p.276

13：【○】　正しい。平成29年第Ⅰ回本試験

14：【○】　正しい。（監査基準の改訂について（平成14年）三２（７））平成30年第Ⅰ回本試験

15：【○】　正しい。（公認会計士法第52条第１・２項）平成24年第Ⅱ回本試験

Personal-Data-Check

第14章
保証業務

第１節　保証業務

A　1　財務情報等に係る保証業務の概念的枠組みに関する意見書が対象とする保証業務には、財務情報以外の事項を対象とする保証業務は含まれない。

B　2　保証業務の概念的枠組みに照らせば、例えば、公認会計士法における「監査又は証明」業務は、公認会計士の行う保証業務を包含するものと捉えることができる。

A　3　主題に責任を負う者が自己の責任において主題情報を想定利用者に提示しない場合に、業務実施者が、主題それ自体について一定の規準によって評価又は測定した結果を結論として表明する業務は、保証業務ではない。

A　4　保証業務は、合理的保証業務と限定的保証業務に分類することができる。この分類によると、財務諸表の監査は、その意見の対象が財務諸表に限られているので限定的保証業務に分類される。

A　5　業務実施者は、職業的専門家としての倫理を遵守し、かつ、業務の遂行に当たっては独立の立場から公正不偏の態度を保持し、さらに、自らの業務を適正に遂行するための専門的な技能や知識を有し、品質管理に関する業務規範に服することが求められる。

A　6　業務実施者は、保証業務について要請される要件及び保証業務の実施に関する基準に準拠して適切に業務を行わなかった場合には責任を負う。通常、この業務実施者の責任の対象となる範囲は、合理的保証業務と限定的保証業務では同一のものとなる。

Personal-Date-Check

第１節　保証業務

１：【×】　財務情報以外の事項を対象とする保証業務も含まれる

財務情報等に係る保証業務の概念的枠組みに関する意見書は、財務情報以外の事項を対象とする保証業務にも援用することが可能と考えられる。（財務情報等に係る保証業務の概念的枠組みに関する意見書一３（２））　下巻p. 301

２：【×】　保証業務は、「監査又は証明」業務を包含する

保証業務の概念的枠組みに照らせば、例えば、公認会計士の行う保証業務は、公認会計士法における「監査又は証明」業務を包含するものと捉えられる。（財務情報等に係る保証業務の概念的枠組みに関する意見書一４）

３：【×】　主題に責任を負う者が自己の責任において主題情報を想定利用者に提示しない場合に、業務実施者が、主題それ自体について一定の規準によって評価又は測定した結果を結論として表明する業務も保証業務に含まれる。（財務情報等に係る保証業務の概念的枠組みに関する意見書二２（１））　下巻p. 302

４：【×】　限定的保証業務　→　合理的保証業務

保証業務を合理的保証業務と限定的保証業務に分類する方法は、保証業務リスクの程度による分類である。そして、合理的保証業務とは、業務実施者が、当該業務が成立する状況のもとで、積極的形式による結論の報告を行う基礎として合理的な低い水準に保証業務リスクを抑える業務であるとされる。したがって、財務諸表の監査は、合理的保証業務に分類されることになる。（財務情報等に係る保証業務の概念的枠組みに関する意見書二２（２））　下巻p. 302

５：【○】　正しい。（財務情報等に係る保証業務の概念的枠組みに関する意見書二３（１））　下巻p. 303

６：【×】　合理的保証業務と限定的保証業務では同一のものとはならない

通常、限定的保証業務における実施手続は、合理的保証業務の場合よりも限定されるため、業務実施者の責任の対象となる範囲も制限されることになる。（財務情報等に係る保証業務の概念的枠組みに関する意見書二３（３））令和４年第Ⅰ回本試験類題　下巻p. 303

A　7　保証業務には、業務実施者が、主題に責任を負う者又は特定の利用者との間で合意された手続に基づき発見した事項のみを報告する業務も含まれる。

A　8　通常、保証業務は、業務実施者、主題に責任を負う者及び想定利用者からなる三当事者が関わることにより成立する。しかし、例外的に三当事者が存在しない場合もある。

A　9　主題に責任を負う者は、業務実施者と保証業務契約を締結する当事者でなければならない。

A　10　保証業務における適合する規準とは、業務実施者が業務を実施するにあたって準拠しなければならない一定の規準である。したがって、財務諸表の監査においては、一般に公正妥当と認められる監査の基準がここでいう適合する規準に該当する。

A　11　業務実施者は、効率的に証拠を入手することが求められる。このため、費用上の観点のような正当な理由がある場合には、十分かつ適切な証拠の収集を省略することが認められる。

A　12　保証業務リスクとは、主題情報に重要な虚偽の表示がある場合に業務実施者が不適切な結論を報告する可能性をいい、業務実施者は、保証業務リスクを合理的保証業務又は限定的保証業務に求められる水準に抑えなければならない。

Personal-Date-Check

7：【×】　含まれる　→　含まれない

本肢の業務（「合意された手続」という。）は、実施される手続が主題に責任を負う者又は限られた利用者との間の合意によって特定されるため、業務実施者が自らの判断により証拠を入手しないこと、及び、手続の結果のみが報告され結論が報告されないことから、保証業務の定義を満たさない。（財務情報等に係る保証業務の概念的枠組みに関する意見書二４（１）①）　下巻p. 304

8：【×】　三当事者が存在しない場合もある　→　三当事者が存在しない場合はない

業務実施者、主題に責任を負う者及び想定利用者からなる三当事者の存在は、保証業務の要件であり、これらの者がいない業務が保証業務となることはない。（財務情報等に係る保証業務の概念的枠組みに関する意見書三（１）・四１）　下巻p. 307

9：【×】　保証業務契約を締結する当事者が主題に責任を負う者であるとは限らない

主題に責任を負う者は、必ずしも業務実施者と契約する当事者である必要はない。（財務情報等に係る保証業務の概念的枠組みに関する意見書四３）　下巻p. 307

10：【×】　適合する規準とは、業務実施者が準拠しなければならない規準ではない

保証業務における適合する規準とは、主題に責任を負う者が主題情報を作成する場合及び業務実施者が結論を報告する場合に主題を評価又は測定するための一定の規準である。したがって、財務諸表の監査においては、一般に公正妥当と認められる企業会計の基準が適合する規準に該当する。（財務情報等に係る保証業務の概念的枠組みに関する意見書六１）　下巻p. 309

11：【×】　費用上の観点は証拠の収集を省略する正当な理由とはならない

業務実施者は、効率的に証拠を入手することが求められるが、費用上の観点から、十分かつ適切な証拠の収集を省略することは妥当ではない。（財務情報等に係る保証業務の概念的枠組みに関する意見書七３（１））　下巻p. 310

12：【○】　正しい。（財務情報等に係る保証業務の概念的枠組みに関する意見書七５（１）・（２））　下巻p. 310

A　13　限定的保証業務であるレビューでは、主に分析的手続及び質問によって、レビューにおいて求められる十分かつ適切な証拠が得られると考えられている。

A　14　業務実施者は、適用した一定の規準や実施した手続に関する事項などを含めて、業務を実施して得た保証に関する結論を、通常、保証報告書により報告する。しかし、一定の場合には保証報告書によらずに結論を報告する場合がある。

A　15　業務実施者は、保証業務を受託した後に、一定の規準が必要とされる要件を満たしていないか、あるいは主題が保証業務に適切でないことが判明した場合、その重要性や影響の程度を勘案して、限定付の結論若しくは適正性や有効性等が認められないとの結論を報告する。しかし、財務諸表の監査とは異なり結論を表明しないという対応をすることはない。

A　16　監査人は、独立性を保持するために、自ら財務諸表の作成に責任を負う者となることはできないが、想定利用者となることはできる。

A　17　監査をはじめとする保証業務は、業務実施者、主題に責任を負う者及び想定利用者の三当事者の存在、適切な主題、適合する規準、十分かつ適切な証拠、合理的保証業務又は限定的保証業務について適切な書式の保証報告書からなる要素から構成され、それぞれの要素に関する要件に適格である必要がある。

A　18　保証業務の前提として、主題に責任を負う者が自己の責任において主題情報を想定利用者に提示することが必要である。主題に責任を負う者が自己の責任において主題情報を想定利用者に提供しない場合、業務実施者は主題それ自体に対する責任を負うことができないため、保証業務は成立しない。

Personal-Date-Check

13：【○】　正しい。（財務情報等に係る保証業務の概念的枠組みに関する意見書七６（２））　下巻p. 310

14：【×】　保証業務の結論の報告には適切な書式の保証報告書が必要である

業務実施者は、適用した一定の規準や実施した手続に関する事項などを含めて、業務を実施して得た保証に関する結論を保証報告書により報告する。（財務情報等に係る保証業務の概念的枠組みに関する意見書三（５）・八１）　下巻p. 311

15：【×】　財務諸表の監査と同様に結論を表明しないという対応をすることがある

保証業務を受託した後に、一定の規準が必要とされる要件を満たしていないか、あるいは主題が保証業務に適切でないことが判明した場合には、業務実施者は、その重要性や影響の程度を勘案して、限定付の結論若しくは適正性や有効性等が認められないとの結論を報告するか又は結論を表明しないなどの措置を取る。（財務情報等に係る保証業務の概念的枠組みに関する意見書八４）　下巻p. 311

16：【×】　監査人は、想定利用者になることはできない。

（財務情報等に係る保証業務の概念的枠組みに関する意見書四２）平成 23 年第Ⅰ回本試験　下巻 p. 307

17：【○】　正しい。（財務情報等に係る保証業務の概念的枠組みに関する意見書三）平成18年本試験　下巻p. 306

18：【×】　主題に責任を負う者が自己の責任において主題情報を想定利用者に提供しない場合も保証業務は成立する。（財務情報等に係る保証業務の概念的枠組みに関する意見書四３）平成 18 年本試験　下巻 p. 302

A　19　合理的保証業務である監査では、業務実施者は、積極的形式により結論を報告するために、主題及び業務環境の理解を含む相互に関連性のある系統だった業務プロセスを経て、十分かつ適切な証拠を得る必要がある。限定的保証業務であるレビューでは、業務実施者は主に分析的手続及び質問によって、十分かつ適切な証拠が得られることから、主題及び業務環境の理解を含む相互に関連性のある系統だった業務プロセスまでは必要としない。

A　20　保証業務は、保証業務リスクの程度により、合理的保証業務と限定的保証業務に分類される。限定的保証業務における保証業務リスクは、合理的保証業務におけるそれよりも低い水準ではあるが、消極的形式による結論の報告を行う基礎としては受け入れることができる程度の水準でなければならない。

A　21　保証業務の対象には主題と主題情報がある。このうち主題としては、例えば、企業の財政状態、経営成績及びキャッシュ・フローの状況に関する財務諸表の表示又は開示や、非財務的な成果又は状況の効率性や有効性を示す指標がある。

A　22　保証業務の実施者が作成した保証報告書を利用する者を想定利用者という。想定利用者は保証報告書の名宛人には限定されない。保証報告書の名宛人以外であっても、当該保証報告書を入手可能な者は、想定利用者に含まれる。なお、主題に責任を負う者は、想定利用者の一人となることはできるが、唯一の利用者となることはできない。

B　23　保証業務の実施者は、主題に責任を負う者が想定利用者への主題情報を提示しない場合、主題について直接に積極的形式又は消極的形式によって結論を報告する。この場合、保証業務の実施者は、主題それ自体に対して、結論の表明形式に応じた責任を負うことになる。

B　24　財務情報等に係る保証業務の範囲は、公認会計士法に規定する監査又は証明業務以外の保証業務である。

Personal-Date-Check

19：【×】　限定的保証業務においても相互に関連性のある系統だった業務プロセスが必要である。（財務情報等に係る保証業務の概念的枠組みに関する意見書七６）平成 18 年本試験　下巻 p. 310

20：【×】　限定的保証業務における保証業務リスクは、合理的保証業務におけるそれよりも低い水準ではなく、高い水準であるが、消極的形式による結論の報告を行う基礎としては受け入れることができる程度の水準でなければならない。（財務情報等に係る保証業務の概念的枠組みに関する意見書七５（３））平成 19 年本試験　下巻 p. 310

21：【×】　本肢の企業の財政状態、経営成績及びキャッシュ・フローの状況に関する財務諸表の表示又は開示等は、主題そのものではなく、主題情報となる。（財務情報等に係る保証業務の概念的枠組みに関する意見書五２（１）（２））平成 19 年本試験　下巻 p. 308

22：【○】　正しい。（財務情報等に係る保証業務の概念的枠組みに関する意見書四４）平成 19 年本試験　下巻p. 307

23：【×】　主題に責任を負う者が自己の責任において主題情報を想定利用者に提示しない場合に、業務実施者が、主題それ自体について一定の規準によって評価又は測定した結果を結論として表明する保証業務があるが、この場合においても、業務実施者は、主題それ自体に対する責任を負うものではなく、主題それ自体の信頼の程度を高めることに責任を負う。本肢は、保証業務の実施者が主題それ自体に対して責任を負う旨を記述している点が誤りである。（財務情報等に係る保証業務の概念的枠組みに関する意見書二２（１））平成 19 年本試験

24：【×】　公認会計士の行う保証業務は、公認会計士法における「監査又は証明」業務を包含するものと捉えることができるとされている。（財務情報等に係る保証業務の概念的枠組みに関する意見書一４）平成 21 年本試験

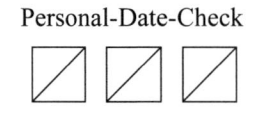

A　25　保証業務において、主題に責任を負う者は、必ずしも業務実施者と契約する当事者である必要はないが、想定利用者となることはできない。

A　26　ＩＴシステムの有効性に対する直接報告業務は、主題情報が主題に責任を負う者から提供されないので、保証業務には含まれない。

A　27　保証業務において、主題に責任を負う者が当該保証業務の契約当事者とならない場合においても、当該主題に責任を負う者は、当該保証業務に係る保証報告書の想定利用者となることができる。

B　28　業務実施者は、保証業務に利用する規準が特定の想定利用者にのみ利用可能な場合には、保証報告書において積極的形式による結論を報告してはならない。

A　29　主題に責任を負う者が、主題情報を自己の責任において想定利用者に提示しない場合に、業務実施者が、直接に当該主題について、消極的形式によって結論を報告することはあるが、積極的形式によって結論を報告することはない。

Personal-Date-Check

25:【×】 主題に責任を負う者は、想定利用者の１人となることはできるが、唯一の利用者となることはできない。(財務情報等に係る保証業務の概念的枠組みに関する意見書四３・４) 平成 21 年本試験　下巻 p. 307

26:【×】 保証業務には、直接保証業務、すなわち、主題に責任を負う者が自己の責任において主題情報を想定利用者に提示しない場合に、業務実施者が、主題それ自体について一定の規準によって評価又は測定した結果を結論として表明する保証業務もある。(財務情報等に係る保証業務の概念的枠組みに関する意見書二２（１)、同五２（４)) 平成 21 年本試験　下巻 p. 302

27:【○】 正しい。保証業務において、主題に責任を負う者が当該保証業務の契約当事者となるか否かにかかわらず、主題に責任を負う者は、当該保証業務に係る保証報告書の想定利用者の１人となることができる。(財務情報等に係る保証業務の概念的枠組みに関する意見書四３・４) 平成 24 年第Ｉ回本試験　下巻 p. 307

28:【×】 保証業務に利用する規準が特定の想定利用者にのみ利用可能な場合でも、業務実施者は保証報告書において積極的形式による結論を報告することはできる。この場合においては、当該規準に基づいた結論を報告する保証報告書の利用が、当該特定の利用者又は特定の利用目的に制限されるのであって、業務実施者の結論の報告形式は制限されない。(財務情報等に係る保証業務の概念的枠組みに関する意見書六３) 平成 24 年第Ｉ回本試験

29:【×】 主題に責任を負う者による想定利用者への主題情報の提示がない場合は、業務実施者は、直接に主題について積極的形式又は消極的形式によって結論を報告する。 (財務諸表等に係る保証業務の概念的枠組みに関する意見書八２（３)) 平成 30 年第Ⅱ回本試験　下巻 p. 302

A　30　業務実施者が、合理的保証業務と限定的保証業務を依頼人に対して同時に提供する場合には、それぞれの保証報告書における結論は同一の形式で報告される。

B　31　財務情報等に係る保証業務の概念的枠組みに関する意見書が公表された趣旨は、公認会計士が提供する業務を、監査人としての業務とその他の業務に区別することにより、公認会計士が提供できる保証を伴う業務の範囲を明確化することであった。

B　32　業務実施者は、保証業務を受託するに当たり、保証業務における主題が適切であるかどうかを判断する。この判断は、当該業務が合理的保証業務か限定的保証業務であるかにより影響を受ける。

B　33　保証業務は、保証業務リスクの程度により合理的保証業務の場合と限定的保証業務の場合とに分類されるが、いずれにおいても、保証業務リスクの構成要素である固有リスク及び統制リスクを公認会計士が検討する程度は同じである。

A　34　定量的か定性的か、客観的か主観的か、といった主題の性格は、公認会計士が主題情報についての保証を得る際の正確性及び入手可能な証拠の説得力に影響するため、保証報告書にはこうした主題の性格について記載することが必要である。

A　35　公認会計士が、主題に責任を負う者との間で合意された手続に基づいて発見した事項のみを報告する業務は、そこでいかなる結論も報告されず、いかなる保証も提供されないため保証業務ではない。

A　36　保証業務における適合する規準は、「目的適合性」、「完全性」、「信頼性」、「中立性」、「理解可能性」という要件を備えている必要がある。

A　37　合理的保証業務と限定的保証業務という分類は、保証業務リスクの程度による分類であり、結論が積極的形式で報告されるか、消極的形式で報告されるかとは無関係である。したがって、限定的保証業務の結論が積極的形式によって報告される場合もありうる。

Personal-Date-Check

30：【×】　合理的保証業務は、積極的形式による結論の報告を行い、限定的保証業務は、消極的形式による結論の報告を行うため、両業務を依頼人に対して同時に提供する場合でも、それぞれの保証報告書における結論は、同一の形式では報告されない。（財務情報等に係る保証業務の概念的枠組みに関する意見書二２（２））平成 25 年第Ⅰ回本試験　下巻 p. 311

31：【○】　正しい。（財務情報等に係る保証業務の概念的枠組みに関する意見書一１（３））平成 25 年第Ⅰ回本試験

32：【×】　主題の適切性は、保証水準の影響を受けない。すなわち、主題が合理的保証業務において適切でない場合には、限定的保証業務においても適切ではなく、また、主題が限定的保証業務において適切でなかった場合も同様である。（保証業務実務指針3000実務ガイダンス第２号第45項）令和２年第Ⅰ回本試験

33：【×】　公認会計士（業務実施者）が各構成要素（固有リスク、統制リスク、発見リスク）を検討する程度は、業務環境、特に主題の性質及び合理的保証業務か限定的保証業務かの区別により影響を受ける。（財務情報等に係る保証業務の概念的枠組みに関する意見書七５（１））平成27年第Ⅰ回本試験

34：【○】　正しい。（財務情報等に係る保証業務の概念的枠組みに関する意見書五３）平成27年第Ⅰ回本試験　下巻p. 308

35：【○】　正しい。（財務情報等に係る保証業務の概念的枠組みに関する意見書二４（１）①）平成27年第Ⅰ回本試験　下巻p. 304

36：【○】　正しい。（財務情報等に係る保証業務の概念的枠組みに関する意見書六１）平成29年第Ⅱ回本試験　下巻p. 309

37：【×】　合理的保証業務では、業務実施者が、当該業務が成立する状況のもとで、「積極的形式による結論」の報告を行う基礎として合理的な低い水準に保証業務リスクを抑え、限定的保証業務では、「消極的形式による結論」の報告を受け入れることができる程度に保証業務リスクの水準を抑えることになり、限定的保証業務の結論が積極的形式によって報告されることはない。（財務情報等に係る保証業務の概念的枠組みに関する意見書二２（２））平成29年第Ⅱ回本試験　下巻p. 302

A　38　保証業務は、原則として業務実施者、主題に責任を負う者及び想定利用者からなる三当事者が関わることにより成立するが、主題に責任を負う者が唯一の想定利用者となる場合がある。

A　39　保証業務のなかには、主題に責任を負う者が自己の責任において想定利用者に主題情報を提示せず、業務実施者が主題について一定の規準により評価又は測定した結果を結論として表明するものもある。この保証業務における業務実施者の責任は、主題それ自体の信頼の程度を高めることにある。

A　40　業務実施者が作成した保証報告書を利用する者が、当該業務実施者になることはないが、主題に責任を負う者になることはある。

A　41　業務実施者が、合理的保証業務ではなく、限定的保証業務を実施する場合に、自らが実施すべき手続、実施の時期及び範囲の決定についての責任を負わないことがある。

A　42　主題に責任を負う者が、主題情報を自己の責任において想定利用者に提示しない場合に、業務実施者は、当該主題それ自体に対する想定利用者の信頼の程度を高めることには責任を負うが、当該主題それ自体には責任を負わない。

B　43　二重責任の原則は、保証業務を実施する場合に適用されるものであり、合意された手続のような保証業務に該当しない業務には、適用されない。

A　44　合意された手続を保証業務としない主たる理由は、合意された手続が、主題に責任を負う者のみの利用又は利益のために行われる業務であり、主題に責任を負う者が唯一の利用者となるためである。

B　45　保証業務の規準は、想定利用者にとって利用可能であることが求められるため、業務実施者は、特定の想定利用者にのみ利用可能であるような規準によって保証業務を行う場合、想定利用者を制限する旨を保証報告書に記載しなければならない。

A　46　保証業務の規準は、目的適合性、完全性、信頼性、中立性及び理解可能性の要件を満たすことが要求されるが、保証業務の受託後、これらのうち一部の要件を満たさないことが明らかになった場合、業務実施者は、当該業務の継続の可否や結論への影響を検討しなければならない。

Personal-Date-Check

38：【×】　主題に責任を負う者が、唯一の想定利用者となることはできない。（財務情報等に係る保証業務の概念的枠組みに関する意見書四４）平成29年第Ⅱ回本試験　下巻p. 307

39：【○】　正しい。（財務情報等に係る保証業務の概念的枠組みに関する意見書二２（１））平成29年第Ⅱ回本試験　下巻p. 300

40：【○】　正しい。（財務諸表等に係る保証業務の概念的枠組みに関する意見書四２・４）平成30年第Ⅱ回本試験　下巻p. 307

41：【×】　業務実施者は、自らが実施すべき手続、実施の時期及び範囲の決定について責任を有する。（財務諸表等に係る保証業務の概念的枠組みに関する意見書四２）平成 30 年第Ⅱ回本試験　下巻 p. 307

42：【○】　正しい。　（財務諸表等に係る保証業務の概念的枠組みに関する意見書二２（１））平成 30 年第Ⅱ回本試験　下巻 p. 300

43：【○】　正しい。　二重責任の原則は、財務諸表の作成責任と財務諸表に対する意見表明責任を区別する原則であり、保証業務ではない業務においては、適用されない。平成 31 年第Ⅱ回本試験

44：【×】　合意された手続は、実施される手続が主題に責任を負う者又は限られた利用者との間の合意によって特定されるため、業務実施者が自らの判断により証拠を入手しないこと、及び、手続の結果のみが報告され結論が報告されないことから、保証業務の定義を満たさない。（財務情報等に係る保証業務の概念的枠組みに関する意見書二４（１）①）平成 31 年第Ⅱ回本試験　下巻 p. 304

45：【○】　正しい。　（財務情報等に係る保証業務の概念的枠組みに関する意見書四４）平成 31 年第Ⅱ回本試験

46：【○】　正しい。　（財務情報等に係る保証業務の概念的枠組みに関する意見書六１、八４）平成 31 年第Ⅱ回本試験　下巻 p. 311

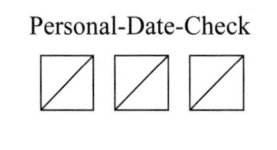

A　47　保証業務には、業務実施者自らが主題情報を作成し、その主題情報を結論として保証報告書に報告する業務がある。

A　48　保証業務における規準は、保証報告書の想定利用者にも利用可能であることが求められている。

B　49　保証業務リスクの構成要素である固有リスクや統制リスクを検討する程度は、その業務が合理的保証業務か限定的保証業務かの区別により影響を受けない。

Personal-Date-Check

47：【○】　正しい。直接報告による保証業務（主題に責任を負う者により、主題情報が想定利用者に提示されない保証業務）では、業務実施者が適合する規準を適用して主題を測定又は評価した結果である主題情報が、保証報告書に記載されるか、又は保証報告書に添付される。よって、業務実施者が主題情報を作成することがあると考えられる。（保証業務実務指針3000実務ガイダンス第２号付録２　２）令和２年第Ｉ回本試験　下巻p. 302

48：【○】　正しい。（財務情報等に係る保証業務の概念的枠組みに関する意見書六３）令和２年第Ｉ回本試験　下巻p. 309

49：【×】　業務実施者が固有リスクや統制リスク等の保証業務リスクの各構成要素を検討する程度は、業務環境、特に主題の性質及び合理的保証業務か限定的保証業務かの区別により影響を受ける。（財務情報等に係る保証業務の概念的枠組みに関する意見書七５（１））令和２年第Ｉ回本試験

Personal Data Check

第15章
監査の歴史

A　1　平成14年の改訂では、「第一 監査の目的」が新設された。この背景には、監査基準がその目的を明確にしてこなかったために、監査の役割について期待ギャップが醸成されてきたとの理解があった。そこで、この新設に当たっては、一般目的の財務諸表を対象とした適正性監査の目的と、特別目的の財務諸表を対象とする準拠性監査の目的が分けて規定され、こうした期待ギャップ問題の解決が図られることとなった。

B　2　昭和20年代には、証券取引法及び公認会計士法が成立し、施行されるとともに、企業会計原則が設定され、我が国における会計及び監査制度の基盤が整備された。また、公認会計士法に基づいて第1 回の公認会計士試験が実施された。

B　3　昭和30年代には、企業活動が国際化したことに伴い、海外の会計事務所と連携して組織的な監査を実施する必要性が高まったことを受け、公認会計士法が改正され、監査法人を組織することが法律上認められることとなった。

B　4　昭和40年代には、いわゆる粉飾決算事件が多発したことを受け、株式会社等の監査等に関する商法の特例に関する法律が成立し、施行され、同法で規定される大会社に対して会計監査人による監査が義務付けられた。

B　5　昭和50年代には、監査法人制度が社会制度として定着した一方で、監査基準を補足する具体的な指針を示す役割は日本公認会計士協会に委ねられることとなったため、監査実施準則及び監査報告準則が廃止された。

A　6　平成30年の改訂では、監査報告書において意見表明とは別に、独立した区分を設けて継続企業の前提に関する事項を記載することとした。これは、従来どおり継続企業の前提に関する事項が財務諸表に適切に注記されていることを確かめた上で記載することとされており、継続企業の前提に関する評価と開示に関する経営者及び監査人の対応についてより明確にすることを目的としている。

A　7　令和元年の改訂では、守秘義務の対象に係る文言について、「業務上知り得た事項」が「業務上知り得た秘密」に改められた。これは、公認会計士法上の「業務上取り扱ったことについて知り得た秘密」との文言上の整合性をとったものであり、業務上知り得た企業に関する未公表の情報全てが守秘義務の対象であることに変わりない。

B　8　国際会計士連盟による国際監査基準の明瞭性プロジェクトの完了を受け、我が国においても平成22年3月に監査基準が改訂されたが、この改訂は、国際会計基準が我が国に強制適用されることを前提としてなされたものである。

Personal-Date-Check

1：【×】 特別目的の財務諸表の監査、準拠性の監査の目的が分けて規定されたのは、平成 26 年の監査基準の改訂においてである。(監査基準の改訂について（平成 26 年）二１）令和２年第 I 回本試験　上巻 p. 57、下巻 p. 158

2：【○】 正しい。証券取引法が施行されたのは昭和 23 年（昭和 22 年制定の証券取引法を全部改正）、公認会計士法が施行されたのが昭和 23 年、第１回の公認会計士試験が実施されたのが昭和 24 年である。平成 29 年第 I 回本試験

3：【×】 監査法人を組織することが法律上認められたのは、昭和 41 年である。平成 29 年第 I 回本試験

4：【○】 正しい。会計監査人監査が導入されることとなった法律は、昭和 49 年に施行されている。平成 29 年第 I 回本試験

5：【×】 監査実施準則及び監査報告準則が廃止されたのは、平成 14 年である。(監査基準の改訂について（平成 14 年）二２）平成 29 年第 I 回本試験

6：【○】 正しい。（監査基準の改訂について（平成30年）二２（２））令和２年第２Ⅱ回本試験　下巻p. 53・137

7：【×】 業務上知り得た企業に関する未公表の情報すべてではなく、業務上知り得た企業に関する秘密が守秘義務の対象となる。（監査基準の改訂について（令和元年）二２）令和２年第２Ⅱ回本試験　上巻p. 53

8：【×】 国際会計基準（IFRS）の適用と関連したものではない。

平成22年３月の監査基準の改訂は、改正後の国際監査基準と我が国の監査基準との間に一部差異が生じることとなったことから、報告基準における国際監査基準との差異を調整することを中心になされた改訂である。（監査基準の改訂について（平成22年）一）

A　9　監査人による財務諸表全体レベルでの重要な虚偽表示リスクの評価には、固有リスク及び統制リスクの評価は含まれない。

Personal-Date-Check

9：【○】　正しい。固有リスクと統制リスクに分けて評価するのは、財務諸表全体レベルではなく、アサーション・レベルでの重要な虚偽表示リスクの評価においてである。（監査基準の改訂について（令和２年）二２（１））令和３年本試験　下巻p. 319

＜出題実績から導く苦手にしてはいけない分野＞

	2019Ⅰ	2019Ⅱ	2020Ⅰ	2020Ⅱ	2021Ⅰ	2022Ⅰ	2022Ⅱ	2023Ⅰ	2023Ⅱ	2024Ⅰ
公認会計士法	○	○	○	○	○	○	○	○	○	○
金融商品取引法	○	○	○	○	○	○	○	○		○
会社法	○	○	○	○	○	○	○	○	○	○
内部統制監査	○	○	○	○	○	○		○	○	○
四半期レビュー	○	○	○	○	○	○	○	○		
品質管理	○	○	○	○	○	○	○	○	○	○
不正、不正リスク対応	○	○	○	○	○	○	○	○	○	○
監査報告	○	○	○	○	○	○	○	○	○	○
監査報告書	○	○		○		○			○	○
追記情報	○					○	○			
一般基準	○	○	○	○	○		○		○	○
ＧＡＡＳ	○	○	○	○	○	○				
継続企業の前提		○	○	○						
倫理規則	○				○				○	
監査証拠					○		○			○
監査手続		○		○	○	○		○		
監査総論	○	○	○		○	○		○	○	○
内部統制・ＩＴ								○		
違法行為	○	○								
監査計画	○		○		○	○		○	○	
監査上の重要性	○		○						○	
リスク評価手続	○	○		○	○			○	○	
リスク対応手続	○	○		○					○	○
監査上の主要な検討事項		○	○		○	○				
監査サンプリング	○			○	○					○
中間監査							○	○		
歴史				○			○	○		○
特別目的の財務諸表		○	○						○	
保証業務		○	○		○	○		○	○	○
監査調書		○				○				
比較情報				○			○			

リスク・アプローチ			○		○	○				
特別な検討を必要～		○	○					○		
交代						○				○
会計上の見積り						○	○			○
コミュニケーション		○	○						○	○
関連当事者										
グループ監査		○			○				○	
専門家								○		
内部監査の利用		○				○				
委託業務										
監査契約の前提条件				○						
その他の記載内容							○	○		
法令の検討										○

過去10回分の出題実績は、上記の通りである。ご覧いただくとわかるように、出題分野に偏りがある。そこで、ほぼ毎年出題されており、十分な準備が必要となる（肢別のBランク等を解くの分野を決定する際に優先すべき）分野を示すため、学習の参考にしていただきたい。

ただし、注意点として、下記の分野をすべて正解できたとしても60点しか獲得できず、さらに、下記の分野が常に正解できるわけではない。よって、下記の分野は、より時間をかけて学習すべき分野ではあるが、そこだけを学習すればよいという分野ではないため、注意していただきたい。

＜ほぼ毎年一問（４肢）は出題されている分野＞　特に優先すべき

① 公認会計士法
② 金融商品取引法
③ 会社法
④ 内部統制監査
⑤ 四半期レビュー
⑥ 品質管理
⑦ 不正、不正リスク対応

特に、会社法と内部統制監査は、２問出題されることもある。

＜ほぼ毎年少なくとも一肢（多くの場合一問）出題されている分野＞　優先すべき

① 監査報告
② 監査報告書
③ 追記情報
④ 一般基準
⑤ ＧＡＡＳ（一般基準、実施基準、報告基準除く）

正誤・法改正に伴う修正について

本書掲載内容に関する正誤・法改正に伴う修正及び、シラバスの変更による情報については「資格の大原書籍販売サイト　大原ブックストア」の「正誤・改正情報」よりご確認ください。

https://www.o-harabook.jp/
資格の大原書籍販売サイト　大原ブックストア

内容に関する解説指導・ご質問対応等は行っておりません。
予めご了承ください。

2025年対策　大原の公認会計士受験シリーズ　短答式対策　監査論肢別チェック問題集

2024年３月７日　初版発行

■著　　者――資格の大原 公認会計士講座
■発 行 所――大原出版株式会社
〒101-0065
東京都千代田区西神田1-2-10
TEL 03-3292-6654
■印刷・製本――セザックス株式会社

落丁本、乱丁本はお取り替えいたします。定価はカバーに表示してあります。
ISBN978-4-86783-090-1　C3033